佛氏　　顯

잡변과 정론

佛氏

顯

잡변과 정론

정 도 전 저

기 화 득 통 찬

로 담 정 안 역

White Wave

시작하는 의미

　지금의 광양시는 도선 국사(827년~898년) 재세 시에는 희양현(曦陽縣)이었고, 보조 국사 재세 시에는 광양현(光陽縣)이었으며, 이후 광양면, 광양군, 광양읍, 광양시가 되었다. 옥룡은 도선 국사의 호이다. 그래서 옥룡에 가면 도선 국사의 전설이 이곳저곳에 배어 있다. 연못을 메워 아홉 마리 용을 쫓아내고 절을 세운 옥룡사 이야기, 지네가 많아 흰 닭을 상징하는 백계산(白鷄山)이라 이름하고 동백나무를 심었다는 동백 숲 이야기, 그로 인해 백씨 성을 경계했으나 연못에서 쫓겨난 용인 백씨에 의해 열반에 들게 된 이야기, 열반에 든 이후 천수경을 공중에서 범음으로 전했다는 이야기 등이 전해 온다. 까닭에 옥룡사지는 도선 국사 열반 터로 되어 있다.

　고려 지눌 보조 국사(1158년~1210년)는 수선결사에 매진하면서도 광양의 억보산 백운암 적취암, 서석산 규봉암 조월암 등을 왕래하면서 후학 제접과 양성에 힘썼다. 특히 지눌 보조 국사 세납 48세인 1205년, 입적하시기 5년 전에 광양 억보산 백운암에서 계초심학

인문을 지어, 정혜결사에 참여한 후학들의 일상생활 지침으로 가르치게 했다.

또 억보산 백운암에서 지눌 보조 국사의 법을 이은 수선 2세 혜심 진각 국사의 일화는 유명하다. 진각 국사 혜심은 억보산(億寶山 광양 백운산)을 도반들과 함께 오르면서 백운암 천 보(仟步) 밖에서 스승인 보조 국사가 시자 부르는 소리를 듣고 게송을 지었다.

呼兒響落松蘿霧 아이 부르는 소리에 송라에 운무 흩어지고
煮茗香傳石徑風 차를 달이는 향기는 오솔길 바람에 전한다.
才入白雲山下路 겨우 백운산 아랫길에 들어섰는데
已叅庵內老師翁 이미 암자 안의 노스승을 참배했네.

지눌(知訥) 노스승은 이 게송을 듣고 웃으면서 가지고 있던 부채를 혜심에게 주었다.

그러자 혜심 진각 국사가 게송을 지었다.

昔在師翁手裏 예전에 스승의 손에 있던 부채가
今來弟子掌中 지금은 제자의 손에 전해졌네.
若遇熱忙狂走 만약 열망하는 미친 이를 만나면
不妨打起淸風 청풍을 일으켜 방해받지 않으리라.

늙은 스승이 크게 웃으며 좋아하셨다고 한다.

조선(朝鮮) 중종(中宗 21년, 1526년)에는 광양 옥룡 백운산 초천
사(招川寺)에서 현정론(顯正論)이 개판(開板)되었다. 현정론을 개
판하는 일은 어느 누구 한 사람이 할 수 있는 일이 아니다. 현정론을
개판하는 데에는 배울 수 있는 많은 대중이 있어야 하고, 현정론을
후학들에게 가르쳐야 할 시대적 소명과 이를 자각한 선각자가 있어
야 하고, 개판을 하는데 필요한 비용을 댈 대 시주자가 있어야 한다.
즉 시절 인연과 대중 인연, 선지자의 자각 인연, 시주 인연 등이 함
께해야 개판할 수 있는 것이다(嘉靖五年丙戌 七月 日 全羅道光陽
地 白雲山 招川寺開板 幹善山人 子弘 大施主 梁花日兩主 化主 性淸).

　　초천사(招川寺)에서 개판한 현정론의 저자는 함허(涵虛) 기화(己
和)의 찬(撰)이다. 즉 함허(涵虛) 기화(己和)가 지었다는 명문으로,
기화(己和)라는 법호를 사용하게 된 이후라는 것이다. 당호를 함허
(涵虛)라고 한 것은 1414년 나이 39세이고, 기화(己和) 득통(得通)
이라는 법호를 사용하게 된 것은 오대산 영감암(靈鑑庵)에서 나옹
스님 진영에 분향하고 신인에게 받은 법호로 나이 45세(1420년)이
다. 정도전이 1398년에 불씨잡변을 지어 유포한 지 22년이 지났으
며, 한유(韓愈)가 당(唐) 헌종(憲宗)에게 불골표(佛骨表)를 올린 지
819년이며, 이 나라(고구려 372년)에 불교가 들어온 지 천 년 넘어
나타낸 정론이다. 현존 간본으로 가정(嘉靖) 5년(1526년) 백계산(白
鷄山) 송천사간본(松川寺刊本)과 가정(嘉靖) 16년(1537년) 전라도
흥덕현(興德縣) 연희사개판본(烟熙寺改版本) 및 가정(嘉靖) 23년
(1545년) 정월의 황해도 학봉산(鶴鳳山) 석두사(石頭寺) 개판 등이
한국 불교 전서에 실려 있다. 또 함허당 현정론을 "안평대군이 초주

갑인자로 모인(模印 8,600자) 해 1450년 세종 32년 윤 1월 올렸다.”[1]
고 했다. 여기에서는 한국 불교 전서에 실려 있는 내 고향 광양 옥룡
송천사에서 개판한 각본으로 역(譯)을 했다.

정도전(鄭道傳, 1342년~1398년)이 1398년 죽기 전에 불씨잡변
(佛氏雜辨)을 지었다, 불씨잡변이 유포되기 전에 이방원에 의해 죽
임을 당했다.

나는 유가에서 언필칭 왜 요순(堯舜)의 임금과 하(夏), 은(殷), 주
(紂)의 왕조를 말하는지 알지를 못한다. 요순 시대에 공자가 태어나
요순의 정치적 이념이나 애민받던 백성도 아니고, 그렇다고 요순 임
금이 공자의 제자로 공자의 '인의예지신(仁義禮智信)'의 가르침을
받은 것도 아니어서 공자의 사상을 이야기하고, 성리학을 말하는 데
에 요순(堯舜)과 하, 은, 주의 왕조를 들먹이는 것에 대하여 이해를
하지 못하는, 어쩌면 일연 스님이 집필한 삼국유사를 일독하고 단군
신화를 말하는 편이 낫다고 생각하는 어리석음이 나에게 있다. 까닭
에 정도전의 불씨잡변(佛氏雜辨)과 기화(己和) 득통(得通)의 현정
론(顯正論)을 오늘을 살아가는 우리들이 생각해야 할 몫으로 잡변
(雜辨)과 정론(正論)으로 제명(題名)하였다.

나 어릴 적 60년대에는 산속 불교는 망해 없어진다고 했다.
우리 집은 광양에서 백운산 백운암까지 가는 중간에 있었고, 교통
이 발달하지 않은 그때에는 광양에서 백운암까지 하루 걸음 거리이

---

1 [출처] 훈민정음의 길 - 혜각 존자 신미 평전. 박해진 지음.

다. 스님들이 광양에서 백운암까지 걸어 오르내리는 길이면 집에 들려 점심 공양을 하고 가시곤 했다. 그도 그럴 것이 우리 어머님이 독실한 불자이시기 때문이다.

하루는 공양을 마치신 스님에게 스님이 되면 무엇을 하느냐고 물었다. "스님이 되면 평생 공부할 수 있다."고 말씀을 하셨다. 출가하면 평생 공부한다는 것에 공부는 그렇고, 어머님이 좋아하는 불교가 망해 없어진다는 세상사에 홀로, 내가 승복을 입고 오래도록 살아 있는 한 불교는 남아 있을 것이라는 어린 생각을 했다. 출가를 결심하고 어머님께 말씀드렸더니 "수행하다 논두렁 베고 죽을 자신 있느냐."고 되물으셨다. 그때는 되물으신 뜻을 몰랐다. 참으로 알 수도 없었을 뿐 아니라, 세상 가장 어려운 이야기라는 것을, 쉬이 할 수 있는 일이 아니라는 것을, 지금에야 조금 이해를 한다. 그래서 요즘 변명이 생겼다. "나는 무엇을 알아 중노릇 잘하려고 출가한 것이 아니라 그냥 승복만 입고 오래 살려고 출가 했다."고.

그런데 요즘 어머님 말씀이 바뀌었다. 지금까지 수행하면서 의료비, 화장비도 준비 못 했느냐고 꾸중하시듯 말씀을 하신다. 처음 들을 때에는 어머니 생각이 바뀌신 것인가 했다. 이는 어머님 생각이 바뀌신 것이 아니라 나에게 초심(初心)과 발심(發心) 회향(回向)이 다름을 보이신 것이었다. 수행자는 면도날 칼끝에서 얻어지는 수행의 힘이 보험이고, 의료비이며, 화장비일 것이나 수행자의 수행을 지켜보는 일에는 오백 년이고 천 년이고 두고 바라볼 수 있는 여유로움이 있어, 논두렁 베고 죽는 일이 참으로 편안했으면 좋겠다.

스승의 가르침에 부합하지 못하고 밖으로 도는 상좌를 말없이 지켜봐 주시는 은사 현문 대종사님의 은혜에 감사드립니다. 잡변(雜辨)과 정론(正論)의 발문으로 적극적 지지를 해 주신 문학박사 김은령 시인에게 감사드립니다. 또 기꺼이 출판을 맞아 준 출판사 사장님께 감사드립니다. 부지런함보다 게으름이 업을 쌓는 지름길이라며 평안하게 살지 말라고 경책하는 도반들에게 감사드립니다. 언제나 성원과 후원을 아끼지 않는 보원사 창건주 무불지 보살님과 20년 넘게 일상의 걱정을 덜어 주신 보원사 신도와 한 집안에 태어나 빈자리를 채워 준 형제들 등 모든 지인들에게 감사를 드립니다. 성불하십시오.

2023년 아가타 보배동산에서

로담 정안 합장

차례

벽불소闢佛疏

불씨잡변

佛氏雜辨

정도전 저

로담 정안 역

불씨잡변(佛氏雜辨)

佛氏雜辨說序
불씨잡변설서

權近
권근

予嘗患佛氏之說惑世之甚。爲之言曰。天之所以爲天。人之所
以爲人。儒與佛之說不同矣。自有曆象之後。寒暑之往來。日月
之盈虧。皆有其數。用之千萬世而不差。則天之所以爲天者定。
而佛氏須彌之說。誣矣。天以陰陽五行。化生萬物。所謂陰陽五
行者。有理有氣。得其全者爲人。得其偏者爲物。故五行之理。
在人而爲五常之性。其氣爲五臟。此吾儒之說也。

내가 일찍이 불씨(佛氏)의 설(說)이 세상을 현혹함이 심한 것을 걱
정하여 그대들을 위해 말하기를, '하늘은 하늘이 해야 할 것과 사람
은 사람이 해야 할 것에 유가(儒家)와 불가(佛家)의 말이 같지 않다.
역상(曆象)이 있은 이후로부터 추위와 더위가 가고 오고 해와 달이
차고 기우는 데에는 다 그 수(數)가 있어 천만세를 사용해도 어긋남
이 없다. 곧 하늘은 하늘이 해야 할 것을 정한다. 그러니 불씨(佛氏)
의 수미(須彌)의 설(說)은 속이는 것이다. 하늘은 음양오행(陰陽五
行)으로 만물을 생성, 변화시킨다. 음양오행(陰陽五行)이란 이(理)

가 있고 기(氣)가 있는 것으로, 온전히 얻으면 사람이 되고 치우쳐 얻으면 물(物)이 된다. 까닭에 오행의 이치는 사람에 있어 오상의 성(性)이 되고, 그 기(氣)는 오장(五臟)이 된다. 이것이 우리 유가의 설(說)이다.

*불씨잡변(佛氏雜辨): 조선 태조(太祖) 때의 문신 학자인 정도전(鄭道傳)이 1398년(태조 7년)에 저술한 불교 비판서. 한혁(韓奕)이 정리하고, 윤기견(尹起畎)이 교정 간행함. 19편으로 나누어 불교를 비판함.

권근(權近): 권근(權近, 1352년~1409년 2월 14일)은 고려 말 조선 초의 학자·문신이다.

력상(曆象): 책력으로 미루어 짐작하여 해나 달, 별 따위의 천체가 궤도를 따라 움직이는 현상을 봄.

수미(須彌): 불교의 우주관에서, 우주의 중심에 있다는 거대한 산.

오상(五常): 인(仁), 의(義), 예(禮), 지(智), 신(信).

오장(五臟): 다섯 가지 내장이라는 뜻으로, 곧 간장, 심장, 폐장, 신장, 비장을 통틀어 이르는 말.

醫者以五行。診其臟脉虛實。而知其病。卜者以五行。推其運氣衰旺。而知其命。亦用之千萬世而皆驗。則人之所以爲人者定。而佛氏四大之說。妄矣。原其始。不知人之所以生。則反其終。安知人之所以死哉。則輪迴之說。亦不足信。予持此論久矣。今觀三峯先生佛氏雜辨二十篇。其言輪迴及五行醫卜之說。

最爲明備。其餘論辨。亦極詳切而著明。無復餘蘊矣。

'의원은 오행으로 장(臟)과 맥(脉)의 허(虛)와 실(實)을 진단해 그 병을 알고, 점을 치는 사람은 오행으로 운기(運氣)의 쇠퇴하고 왕성함으로 그 명(命)을 안다. 또 천만세를 사용해도 모두 증험되므로 곧 사람은 사람이 해야 할 것을 정한다. 그러니 불씨의 사대(四大)의 설은 허망한 것이다. 그 시작의 근원에 사람이 어떻게 태어나는지를 알지 못하는데 그 끝을 되돌려 사람이 죽게 되는 것을 어떻게 알겠는가. 곧 윤회(輪廻)의 설(說)은 또한 족히 믿을 수 없는 것이다.' 하였다. 나는 이러한 논리를 오래도록 지속하였다. 이제 삼봉 선생의 불씨잡변(佛氏雜辨) 20편을 보니 윤회(輪廻)와 오행(五行)을 의학(醫學), 점술(占術)의 설(說)로 말하였는데 참으로 명백하게 갖추었다. 그 나머지 논변(論辯)도 지극히 자상하고 간절하게 밝혀 다시 남은 것이 없다.

*사대(四大): 세상 만물을 구성하는 땅, 물, 불, 바람의 네 가지 요소.
여온(餘蘊): 남아 있는 저축.

先生自幼讀書明理。慨然有行所學闢異端之志。講論之際。孜孜力辨。學者翕然聽從。嘗著心氣理三篇。以明吾道異端之偏正。其有功於名敎大矣。遭逢盛朝。繇綸王化。以興一代之治。所學之道。雖未盡行。亦庶幾矣。而先生之心猶嫌然。必欲堯舜其君民。至於異端。尤以未能盡闢而悉去之爲己憂。戊寅夏。告病數日。又著是書。示予曰。佛氏之害。毁棄倫理。必將至於率禽獸而滅人類。主名敎者。所當爲敵而力攻者也。

   선생은 어려서부터 독서(讀書)를 하여 이치에 밝으며, 분연히 배운 대로 이단(異端)을 물리칠 뜻을 행하였다. 강론할 때에는 열심히 힘써 구분하니 배우는 이들은 하나가 되어 듣고 따랐다. 일찍이 심(心), 기(氣), 이(理) 세 편을 지어 우리 도(道)와 이단(異端)의 편파와 공정을 밝혀 명교(名敎)를 크게 한 공이 있다. 왕성한 왕조를 만나 왕의 덕화를 돕고 한 시대의 정치를 일으켰다. 배운 도(道)를 비록 다 행하지는 못했지만 시대의 인물이었다. 선생의 마음은 오히려 그러함을 싫어했다. 반드시 임금과 백성을 요(堯)와 순(舜) 시대이게 하고자 했다. 이단(異端)에 이르러서는 더욱 능히 모두를 물리쳤고 제거하지 못한 것을 자기의 걱정거리로 삼았다. 무인년(戊寅年: 1398년, 태조 7년) 여름 병이 든 지 수일이 되었다고 알리더니, 또 이 책을 저술하여 나에게 보여 주면서 말하기를 '불씨의 해(害)가 윤리를 헐어 버리고 반드시 장차 금수(禽獸)로 이끌어 인류가 멸함에 이르게 될 것이니, 명교(名敎)의 주인 된 자는 적으로 삼아 힘써 공격해야 마땅할 것이다.' 하고.

*명리(明理): 도리를 잘 알다. 사리에 밝다. 분명한 도리.

개연(慨然): 감개하다. 시원시원하다. 흔쾌하다.

자자(孜孜): 부지런하다. 주시하다. 내심 기뻐하다. 근면하다.

흡연(翕然): 말과 행동이 일치하는 모양. 화합(和合)하는 모양.

편정(偏正): 편파(偏頗)와 공정(公正).

명교(名敎): 유가[儒家]의 가르침. 사람이 지켜야 할 도리를 밝혀 가르침.

조봉(遭逢): 우연히 만남.

왕화(王化): 임금의 덕화. 군주의 덕화(德化).

미륜(彌綸): 보좌. 협조.

서기(庶幾): 어느 한도에 가까운 정도로. 어지간하다. 당대의 뛰어난 인재.

훼기(毀棄): 헐거나 깨뜨려서 버림.

소당(所當): 마땅히 할 바.

吾嘗謂得志而行。必能闢之廓如也。今蒙上知。言聽計從。志
可謂得矣。而尙不能闢之。則是終不能闢之矣。憤不自已。作爲
是書。以望後人於無窮。欲人之皆可曉也。故其取比多鄙瑣。欲
彼之不得肆也。故其說辭多憤激。然觀於此。則儒佛正邪之辨。
瞭然可知。縱不得行於時。猶可傳於後。吾死且安矣。

'나는 일찍이 뜻을 얻으면 행해 반드시 능히 물리쳐 드넓게 해야
한다고 말했었는데. 이제 주상(主上)이 알아주심에 힘입어, 말하는
것을 들어주시고 계획한 것을 따라 주시니 뜻을 참으로 얻었다고 말
할 수 있으나 오히려 저들을 능히 물리치지 못하고, 끝내 저들을 물
리치지 못했으니, 분함에 스스로 그만두지 못하고 이 글을 지어 바
라는 것은 후대에 다함이 없는 사람들이 모두 옳게 알게 하고자 한

것이다. 까닭에 그들에게서 취합하여 비교하는 것이 다분히 구차하고 자질구레하다. 이는 저들이 방자하지 못하게 하고자 한 것이다. 까닭에 그 말과 글이 다분히 분하고 격해졌다. 그러나 이것을 보고 유가(儒家)와 불가(佛家)의 정(正)과 사(邪)를 구분함에 일목요연하게 알 것이다. 끝내 이때에 행함을 얻지 못하니 오히려 후세에 전하는 것이 옳을 것이며 내가 죽어도 또한 평안할 것이다.' 하였다.

*곽여(廓如): 널찍한 모습. 펼쳐진 모습.

상지(上知): 성인(聖人).

작위(作爲): 의식적으로 행한 적극적인 행위.

비쇄(鄙瑣): 하는 짓이 더럽고 자질구레함.

분격(憤激): 몹시 노엽고 분한 감정이 북받쳐 오름.

요연(瞭然): 일목요연(一目了然).

予受而讀之。亹亹不倦。乃嘆曰。楊墨塞路。孟子辭而闢之。佛法入中國。其害甚於楊墨。先儒往往雖闢其非。然未有能成書者也。以唐韓子之才。籍湜輩從而諝之。猶不敢著書。況其下乎。今先生旣力辨。以化當時。

내가 받아서 이를 읽어 보니 힘써 게을리 하지 않았다. 이내 찬탄하며 말했다. '양주(楊朱)와 묵적(墨翟)이 길을 막으니 맹자(孟子)가 말로써 그들을 물리쳤다. 불법은 중국에서 들어왔다. 그 폐해(弊害)

가 양주(楊朱)와 묵적(墨翟)보다 심하여 선대의 유학자들이 왕왕(往往) 그 그릇됨을 배척하기도 하였다. 그러나 능히 글로 쓰지는 않았다. 당(唐)나라 한비자의 재능으로도 장적(張籍)과 황보식(皇甫湜)의 무리들이 따라다니면서 청하였는데도 오히려 책으로 만드는 것은 감내하지 못했다. 하물며 그 이하이겠는가? 지금의 선생은 이미 힘을 다해 잡변으로 당시를 교화하였다.

*미미(亹亹): 근면(勤勉)하며 지칠 줄 모르는 모양. 시간이 흐르는 모양.

양묵(楊墨): 제자백가 중 양주(楊朱)와 묵자(墨子). 양가(楊家)와 묵가(墨家).

선유(先儒): 선대의 유학자.

한자(韓子): 중국 춘추 시대 말기, 한비(韓非)가 엮은 책.

한비(韓非): 중국 전국 시대 말기의 학자·사상가(B.C.280년?~B.C.233년). 저서에 『한비자(韓非子)』 20권.

적식(籍湜): 한유의 제자인 장적(張籍)과 황보식(皇甫湜)을 가리킨다.

장적(張籍, 768년~830년): 당(唐)나라 때의 문장가로, 장쑤성(江蘇省) 쑤저우(蘇州) 사람으로 자는 문창(文昌)이다.

황보식(皇甫湜): 한퇴지의 문인(門人)인 황보식(皇甫湜).

역변(力辨): 힘써 변론하다.

又成書以垂後世。憂道之念。旣深遠矣。人之惑佛。莫甚於死生之說。先生自以闢佛爲死而安。是欲使人祛其惑也。示人之意。亦深切矣。孟子謂承三聖之統。先生亦繼孟子者也。張子所

謂獨立不懼。精一自信。有大過人之才者。眞先生之謂歟。予實
敬服而欲學焉。故書嘗所言者。以質正云。洪武三十一年後五月
旣望。陽村權近序

  또 책을 만들어 후세에 드리우니 도(道)를 걱정하는 생각이 이미
헤아릴 수 없이 깊다. 사람들이 불가(佛家)에 현혹되는 것은 생사
(生死)의 말보다 심한 것이 없다. 선생은 스스로 부처를 물리치면 죽
어서도 편안하다고 했으니, 이는 사람들로 하여금 그 의혹을 떨어내
고자 하는 것으로, 사람들에게 보여 주고자 하는 뜻이 또한 깊고 간
절한 것이다. 맹자(孟子)는 삼성(三聖)의 계통을 이었다 말하고, 선
생은 또한 맹자를 이었다고 한다. 장자(張子)가 '홀로 서서 두려워하
지 않고, 정일(精一)하게 스스로를 믿고, 크게 남보다 뛰어난 재주가
있는 자라고 말하였는데, 진실로 선생을 말하는 것이다.' 내가 진실
로 존경하고 복종하며 배우고자 하는 까닭에 일찍이 말한 것을 글로
써서 바로잡고자 한다.
  홍무 삼십일 년 후오월(後五月) 기망
  양촌(陽村) 권근(權近)은 서(序)한다.

*심원(深遠): 헤아릴 수 없이 깊다.
 삼성(三聖): 세 성인. 우(禹), 주공(周公), 공자(孔子)를 말한다.
 장재(張載): 성리학의 기초를 닦았다. 자는 자후(子厚)이다. 봉상미현의 횡거진
(橫渠鎭) 출신이었기 때문에 횡거 선생(橫渠先生)이라고 호칭된다. 존칭하여 장자
(張子)라고 불린다.

과인(過人): (남을)능가하다. 남에게 전염하다. (남보다)뛰어나다.

질정(質正): 일의 옳고 그름을 따져 바로잡음.

홍무(洪武): 중국 명나라 태조 때의 연호.

홍무 삼십일 년(洪武三十一年): 1398년 태조 7년.

기망(旣望): 16일.

佛氏輪廻之辨
불씨윤회지변

人物之生生而無窮。乃天地之化。運行而不已者也。原夫大極有動靜而陰陽生。陰陽有變合而五行具。於是。無極大極之眞。陰陽五行之精。妙合而凝。人物生生焉。其已生者往而過。未生者來而續。其間不容一息之停也。

사람과 만물이 태어나고 자라남에 끝이 없는 것은 천지의 조화로 운행이 그치지 않기 때문이다. 원래 저 태극에 동정이 있어 음양이 생기고, 음양이 변하고 합하여 오행이 갖추어졌다.

이에 무극과 태극의 진(眞)과 음양오행의 정(精)이 미묘하게 합하고 엉겨서 사람과 만물이 태어나고 자란다. 이렇게 이미 태어난 것은 지나간 과거가 되고, 아직 생겨나지 않은 것은 와서 이어진다. 그 사이가 한순간의 멈춤도 용납되지 않는다.

*불이(不已): (계속하여)그치지 않다. 그만두지 않다.

佛之言曰。人死。精神不滅。隨復受形。於是。輪廻之說興焉。

부처님 말씀에, '사람은 죽어도 정신은 멸하지 않는다. 다시 형상 받음을 따른다.' 하였다. 이에 윤회의 설이 생겼다.

易曰。原始反終。故知死生之說。又曰。精氣爲物。游魂爲
變。先儒解之曰。天地之化。雖生生不窮。然而有聚必有散。有
生必有死。能原其始而知其聚之生。則必知其後之必散而死。能
知其生也得於氣化之自然。初無精神寄寓於大虛之中。則知其死
也與氣而俱散。無復更有形象尙留於冥漠之內。

　주역에서 말하기를, '시작을 근원으로 끝을 반조한 까닭에 생사의
설을 알 수 있다.' 하였다. 또 말하기를, '정기는 물(物)이 되고, 유혼
(游魂)은 변(變)이 된다.' 하였다.

　선대 유학자가 이를 해석해 말하기를, '천지조화로 비록 태어나
고 자라게 함이 끝이 없으나, 그러나 모임이 있으면 반드시 흩어짐
이 있고, 태어남이 있으면 반드시 죽음이 있다. 능히 그 처음을 근원
으로 해서 그것이 모여 태어난 것임을 알면, 그 후에 반드시 흩어져
서 죽는 것을 안다. 능히 그 태어난다는 것은 기의 조화를 자연스럽
게 얻어 처음에 정신(精神)이 태허(太虛) 가운데 의탁함이 없었다는
것을 알고, 곧 죽음은 기와 함께 모두 흩어져 다시는 형상이 명막(冥
漠) 안에 머물러 있지 않다는 것을 안다.' 하였다.

　*주역(周易): 주역(周易), 계사전 상(繫辭傳上)."만물의 시초를 고찰하고 만물의
마지막을 궁구하므로 삶과 죽음의 원리를 안다[原始反終 故知死生之說]."
　원시(原始): 원래의 처음.
　정기(精氣): 천지만물을 생성하는 근원이 되는 기운.

유혼(游魂): 죽은 사람의 넋.

선유(先儒): 선대의 유학자.

기우(奇遇): 임시로 남의 집에 몸을 의지하고 지냄.

명막(冥漠): '명막하다'의 어근. 아득하게 멀고 넓다.

又曰。精氣爲物。游魂爲變。天地陰陽之氣交合。便成人物。
到得魂氣歸于天。體魄歸于地。便是變了。精氣爲物。是合精與
氣而成物。精魄而氣魂也。游魂爲變。變則是魂魄相離 游散而
變。變非變化之變。既是變則堅者腐。存者亡。更無物也。

　또 말하기를 '정기(精氣)는 물(物)이 되고 유혼(游魂)은 변(變)이
된다.' 하였다. 천지(天地) 음양(陰陽)의 기(氣)가 서로 합하여 문득
사람과 만물을 이루었다가 혼기(魂氣)는 하늘로 돌아가고 체백(體
魄)은 땅으로 돌아가는 데 이르러서는 문득 변화하는 것을 마친다.
　정기(精氣)가 만물이 된다. 이것은 정(精)과 기(氣)가 합하여 만물
을 이룬 것이다. 정(精)은 백(魄)이고 기(氣)는 혼(魂)이다. 유혼(游
魂)은 변(變)이 된다. 변(變)이란 혼과 백이 서로 떨어져서 자유롭게
변(變)한다. 변(變)은 변화(變化)의 변(變)이 아니다. 이미 이것의 변
(變)은 곧 굳은 것이 썩었고, 있었던 것이 없어져 다시는 물(物)은 없다.

　*유혼(游魂): 죽은 사람의 넋.

　혼기(魂氣): 영혼의 기운.

체백(體魄): 죽은 지 오래된 송장.

정기(精氣): 천지만물을 생성하는 근원이 되는 기운.

정백(精魄): 죽은 사람의 넋.

상리(相離): 누구와 서로 떨어지다.

유산(游散): 이리저리 자유롭게 다니다. 한가롭게 산보하다.

天地間如烘爐。雖生物。皆銷鑠已盡。安有已散者復合。而已
往者復來乎。今且驗之。吾身一呼一吸之間。氣一出焉。謂之一
息。其呼而出者。非吸而入之也。然則人之氣息。亦生生不窮。
而往者過，來者續之理。可見也。外而驗之於物。凡草木自根而
幹而枝而葉而華實。一氣通貫。當春夏時。其氣滋至而華葉暢
茂。至秋冬。其氣收斂而華葉衰落。至明年春夏。又復暢茂。非
已落之葉。返本歸源而復生也。

하늘과 땅 사이는 붉은 화로와 같다. 비록 만물이 생겨나지만 모
두 녹아 없어진다. 어찌 이미 흩어졌는데 다시 합치며 이미 갔는데
다시 올 수 있겠는가?

이제 또한 이를 징험(徵驗)하면 나의 몸이 한 번 내쉬고 한 번 들
이쉬는 사이에 기가 한 번 나온다. 이를 한 숨이라 말한다. 내쉬면
나오고 들이쉬지 않아도 들어간다. 그러하기 때문에 사람의 기식(氣
息)은 또한 생기고 자라서 다하지 않기에 가면 지나가고 오면 이어
지는 이치를 볼 수 있다.

밖으로 만물에 징험(徵驗)하면 무릇 나무와 풀은 뿌리로부터 줄기, 가지, 잎, 꽃, 열매는 한 기운으로 관통한다. 봄과 여름에는 그 기운이 가득하여 꽃과 잎이 무성하게 자라고 가을과 겨울에 이르러서는 그 기운을 거둬들임으로 꽃과 잎이 쇠해져 떨어졌다가 다음해 봄과 여름에 이르러 또다시 번창하지만, 이미 떨어진 잎이 본래의 근원으로 돌아가 다시 태어나는 것은 아니다.

*홍로(紅爐): 붉은 화로.

소삭(銷鑠): 녹여 없애다.

징험(徵驗) : 어떤 징조를 경험함.

일식(一息) : 한 숨.

기식(氣息) : 숨을 쉬는 기운. 호흡.

가견(可見) : ……을 볼 수 있다.

자지(滋至) : 불어나다. 번성함에 이르다.

창무(暢茂) : 무성하다. '창무하다'의 어근.

수렴(收斂) : 여럿으로 흩어져 있는 의견이나 사상 따위를 모아 하나로 정리하거나 받아들임.

又井中之水。朝朝而汲之。爨飮食者。火煮而盡之。濯衣服者。日曝而乾之。泯然無迹。而井中之泉。源源而出。無有窮盡。非已汲之水。返其故處而復生也。且百穀之生也。春而種十石。秋而收百石。以至千萬。利其倍蓰。是百穀亦生生也。

또 우물 가운데 물을 아침마다 길러 낸다. 음식을 만드는 사람은 불을 때서 없애고, 옷을 세탁하는 사람은 햇볕에 쬐어 말리면 민연히 흔적이 없어진다. 우물 가운데 솟는 물은 끊이지 않고 솟아 다함이 없다. 이미 길러 낸 물이 옛 장소로 돌아와 다시 솟아나는 것은 아니다.

또 온갖 곡식의 자람도 봄에 열 석의 종자를 심으면 가을에는 백 석 내지 천만 석을 거두어들인다. 이익이 배에서 다섯 곱절이다. 이 모든 곡식 또한 나고 자란 것이다.

*일폭(日曝): 햇볕에 쬐는 것(바래는 것).

민연(泯然): '민연하다'의 어근. 자취도 없다.

원원(源源): 연이어 끊이지 않는 모양.

고처(故處): 예전에 살던 곳.

배사(倍徙): 한 곱절 이상에서 다섯 곱절 가량을 이르는 말.

今以佛氏輪迴之說觀之。凡有血氣者。自有定數。來來去去。無復增損。然則天地之造物。反不如農夫之生利也。且血氣之屬。不爲人類。則爲鳥獸魚鼈昆蟲。其數有定。此蕃則彼必耗矣。此耗則彼必蕃矣。不應一時俱蕃。一時俱耗矣。自今觀之。當盛世。人類蕃庶。鳥獸魚鼈昆虫亦蕃庶。當衰世。人物耗損。鳥獸魚鼈昆虫亦耗損。是人與萬物。皆爲天地之氣所生。故氣盛則一時蕃庶。氣衰則一時耗損明矣。

  이제 불씨(佛氏)의 윤회(輪回)의 설을 이로 보면, 무릇 혈기(血氣)가 있는 것은 스스로 일정한 수가 있다. 오고 가고 가고 오면 다시 더하거나 덜함이 없다. 그러한 즉 천지에 만들어진 만물은 도리어 농부가 이익을 내는 것만 못하다.

  또 혈기는 권속이 인류(人類)만 되는 것이 아니라 곧 새, 짐승, 물고기, 자라, 곤충이 되는데 그 수(數)는 정함이 있다. 이것이 늘어나면 저것이 반드시 줄어들고 이것이 줄어들면 저것이 반드시 늘어난다. 한때라도 함께 늘어나거나 일시에 함께 줄어들지도 않는다.

  이제부터 그것을 관찰해 보면 성(盛)한 세상에서는 인류(人類)도 번성하였고 조수(鳥獸), 어별(魚鼈), 곤충(昆蟲) 또한 번성하고, 쇠퇴한 세상을 당해서는 사람과 만물이 줄어들고 새, 짐승, 물고기, 자라, 곤충들도 또한 줄어든다. 이는 사람과 만물이 다 하늘과 땅의 기(氣)로 생기는 까닭에 기가 성하면 일시에 늘어나고 기가 쇠하면 일시에 줄어드는 것이 분명하다.

  *조물(造物): 만물을 창조하는 신력(神力), 조물주가 만든 만물.

  번서(蕃庶): 수많다. 번식하다. 번다하다.

  모손(耗損): 닳거나 줄어 없어짐.

予憤佛氏輪迴之說。惑世尤甚。幽而質諸天地之化。明而驗諸人物之生。得其說如此。與我同志者。幸共鑑焉。或問子引先儒之說。解易之游魂爲變曰。魂與魄相離。魂氣歸於天。體魄降于地。是人死則魂魄各歸于天地。非佛氏所謂人死精神不滅者耶。曰。古者。四時之火。皆取於木。是木中元有火。木熱則生火。猶魄中元有魂。魄煖者爲魂。故曰。鑽木出火。

　나는 불씨(佛氏)가 윤회설(輪回說)로 세상을 현혹하는 것이 더욱 심하여 분노하는 것이다. 깊이 모든 하늘과 땅의 조화를 본질(本質)로 하고, 분명하게는 모든 사람과 만물의 생장(生長)을 징험하여 도리를 얻은 것이 이와 같다. 나와 더불어 뜻을 함께하는 이는 공감하기를 바란다.

　어떤 이가 묻기를 그대가 선유(先儒)의 말을 인용해 주역(周易)의 '유혼(游魂)은 변(變)이 된다.'는 말을 해석해 말하기를 '혼과 백이 서로 여이어 혼기(魂氣)는 하늘로 돌아가고 체백(體魄)은 땅으로 내려간다.' 하였다. 이는 사람이 죽으면 혼과 백이 각각 하늘과 땅으로 돌아간다는 것으로, 불씨(佛氏)가 말한 '사람이 죽으면 정신이 멸하지 않는다는 것이 아니겠는가?' 하면.

　답할 것이다. 옛날에는 사시의 불은 모두 나무에서 취하였다. 이는 나무 가운데 불이 원래 있어서 나무의 열로 불이 생긴 것이다. 마치 백(魄)가운데 원래 혼(魂)이 있어서 백이 따뜻해지면 혼(魂)이 된다. 까닭에 말하기를 '나무를 비비면 불이 나온다.' 한 것이다.

*사시(四時): 봄, 여름, 가을, 겨울의 네 계절을 아울러 이르는 말.

생장(生長): 생물이 나서 자람.

우심(尤甚): 정도가 더욱 심함.

찬목(鑽木): 불씨를 얻기 위하여 송곳으로 나무를 뚫듯이 나무 막대기로 나무판자에 대고 비빔.

又曰。形旣生矣。神發知矣。形魄也。神魂也。火緣木而存。
猶魂魄合而生。火滅則烟氣升而歸于天。灰燼降而歸于地。猶人
死則魂氣升于天。體魄降于地。火之烟氣。卽人之魂氣。火之灰
燼。卽人之體魄。且火氣滅矣。烟氣灰燼。不復合而爲火。則人
死之後。魂氣體魄。亦不復合而爲物。其理豈不甚明也哉。

또 말하기를 '형상이 이미 생겨나면 신(神)은 지(知)를 발한다. 형상은 백(魄)이고 신은 혼(魂)이다. 불은 나무를 반연(攀緣)한다. 혼백(魂魄)이 합하여 사는 것과 같다. 불이 꺼지면 연기는 올라 하늘로 돌아가고 재는 떨어져 땅으로 돌아간다. 마치 사람이 죽으면 혼기(魂氣)는 하늘로 올라가고, 체백(體魄)은 땅으로 떨어지는 것과 같다. 불의 연기는 곧 사람의 혼기(魂氣)이며, 불의 재는 곧 사람의 체백(體魄)이다. 또 불의 기운이 없어지면 연기와 재는 다시 합하여 불이 되지 않는다. 곧 사람이 죽은 뒤에 혼기와 체백 또한 다시 합하여 물(物)이 되지 않는다. 이러한 이치가 어찌 더욱 분명하지 않는가?

*회신(灰燼): 불에 타고 남은 재.

혼기(魂氣): 영혼의 기운.

체백(體魄): 죽은 지 오래된 송장.

佛氏因果之辨
불씨인과지변

或曰。吾子辨佛氏輪迴之說至矣。子言人物皆得陰陽五行之氣
以生。今夫人則有智愚賢不肖。貧富貴賤壽夭之不同。物則有爲
人所畜。役勞苦。至死而不辭者。有未免網羅釣弋之害。大小強
弱之自相食者。

　의혹하며 말하기를, 나는 그대가 불씨(佛氏)의 윤회설을 지극한
잡변(雜辨)이라 하였으나, 그대는 '사람과 만물은 다 음양오행(陰陽
五行)의 기로 태어남을 얻었다.'고 했다.
　지금의 저 사람들에게는 지혜롭고 어리석고 어질고 불초(不肖)하
고 가난하고 부자이고 귀하고 천하고 장수하고 일찍 죽는 등 같지
않음이 있고, 만물(萬物)에는 사람에 의해 길러져 부림을 받아 수고
롭고 힘들어하며 죽음에 이르러서는 감사해하지도 않음이 있다. 또
그물망과 낚시, 작살의 해를 면하지 못하고 큰 것은 작은 것을 강한
것은 약한 것을 자체 내에 서로 잡아먹는다.

　*불초(不肖): 어버이의 덕망이나 유업을 이을 만한 자질이나 능력이 없음. 닮지
않았다. 매우 어리석다는 뜻으로, 자식이 부모 앞에서 스스로를 낮추어 부르는 말
로 쓰인다.
　자상(自相): 자기들 사이에 서로. 자체 내에 서로. 자기편끼리 서로.

天之生物。一賦一與。何其偏而不鈞如是耶。以此而言。釋氏
所謂生時所作善惡。皆有報應者。不其然乎。且生時所作善惡。
是之謂因。他日報應。是之謂果。此其說。不亦有所據歟。曰。
予於上論人物生生之理。悉矣。知此則輪迴之說自辨矣。輪迴之
說辨。則因果之說。不辨而自明矣。

하늘이 만물을 생성(生成)함에 하나를 주고 하나를 함께하면서 그
치우침이 어찌 균등하지 못함이 이와 같은가? 이로써 말하면 석씨
가 말한 대로 '살아갈 때에 지은 선악(善惡)이 다 보응이 있다' 그러
한 것이 아니한가.

또 살아가면서 지은 선(善)과 악(惡)을 인(因)이라 말하고, 다른 날
의 보응(報應)을 과(果)라 말한다. 그가 말한 이것 또한 근거가 있지
않는가? 대답한다. 나는 위에서 사람과 만물이 태어나고 자라는 이
치를 논했음을 알 것이다. 이를 안다면 곧 윤회의 설을 스스로 구별
할 것이다. 윤회의 설을 구별하면 곧 인과의 설을 구별하지 않아도
자명(自明)하다.

*부여(賦與): 나누어서 줌.

자명(自明): 자명하다. 분명하다. 설명할 필요가 없다.

불변(不辨): 구별하여 가리지 못함.

然子旣有問焉。予敢不推本而重言之。夫所謂陰陽五行者。交運迭行。參差不齊。故其氣也。有通塞偏正淸濁厚薄高下長短之異焉。而人物之生。適當其時。得其正且通者爲人。得其偏且塞者爲物。人與物之貴賤。於此焉分。

그러나 그대가 이미 물었으니 내가 어찌 근본을 들어 거듭 말하지 않겠는가. 대저 말한 음양오행이라는 것은 서로 교차로 돌고 번갈아 행함에 일정하지 않아 가지런하지 않다. 까닭에 기(氣)의 통하고 막히고 치우치고 바르고 맑고 탁하고 두텁고 얇고 높고 낮고 길고 짧음의 다름이 있다. 사람과 만물이 태어남에 그때가 적당하여 바름과 통함을 얻으면 사람이 되고, 치우침과 막힘을 얻으면 물(物)이 된다. 사람과 물(物)의 귀하고 천함이 이로써 나눠진다.

*참차(參差): 길고 짧고 들쭉날쭉하여 같지 않음.

 적당(適當): 적당하다. 적절하다. 알맞다.

又在於人。得其淸者。智且賢。得其濁者。愚不肖。厚者富而薄者貧。高者貴而下者賤。長者壽而短者夭。此其大略也。雖物亦然。若麒麟龍鳳之爲靈。虎狼蛇虺之爲毒。椿桂芝蘭之爲瑞。烏喙菫茶之爲苦。是皆就於偏塞之中。而又有善惡之不同。然皆非有意而爲之。

또 사람에 있어서 청정함을 얻으면 지혜롭고 또 어질지만, 탁함을 얻으면 어리석고 불초(不肖)하다. 두터우면 부자이고 얇으면 가난하다. 높으면 귀하고 낮으면 천하다. 길면 장수하고 짧으면 요절한다. 크게 간추린 것이 이러하다. 비록 물(物)도 또한 그러하나 기린, 용, 봉황은 신령한 것이 되고, 호랑이, 이리, 뱀, 살무사는 독한 것이 된다. 참죽나무, 계수나무, 지초, 난초는 상서로운 것이 되고 오훼(烏喙) 근도(菫荼)는 쓴 것이 된다. 이는 다 치우치고 막힌 가운데를 취한 것으로 또한 선악(善惡)이 같지 않다. 그렇다고 다 뜻(意識)이 있어서 된 것은 아니다.

*불초(不肖): 어버이의 덕망이나 유업을 이을 만한 자질이나 능력이 없음.

오훼(烏喙): 미나리아재빗과에 속하는 여러해살이풀인 이삭바꽃, 세잎돌쩌귀 등의 덩이뿌리를 말린 것.

근도(菫荼): 쓴 나물.

易曰。乾道變化。各定性命。先儒曰。天道無心而普萬物是也。今夫醫卜。小數也。卜者。定人之禍福。必推本於五行之衰旺。至曰。某人以木爲命。當春而旺。當秋而衰。其象貌靑而長。其心慈而仁。某人以金爲命。吉於秋而凶於夏。其象貌白而方。其心剛而明。曰水曰火。莫不皆然。而象貌之醜陋。心識之愚暴。亦皆本於五行禀賦之偏。

주역(周易)에서 말하기를 '하늘의 도가 변화하여 각각의 인성과 천명이 정하여진다.' 하였고, 선유(先儒)가 말하기를 '하늘의 도(道)는 무심(無心)하여 만물에 널리 미친다 하는 것이 이것이다.' 하였다.

지금의 의술이나 점술은 작은 수이지만, 점술은 사람의 화(禍)와 복(福)을 정하는 데에 반드시 오행을 근본으로 하여 왕성함과 쇠퇴함을 추정(推定)한다.

이 말에 이르러, '아무개 사람은 나무의 명이 됨으로 봄에는 왕성하나 가을에는 쇠퇴하며, 그의 형상과 얼굴은 푸르고 길며 그 마음은 자비롭고 어질다. 아무개 사람은 금의 명이 됨으로 가을에는 길(吉)하고 여름에는 흉하며, 모습과 얼굴은 희고 네모지며, 마음은 강하고 밝다. 수명(水命)이 된다 하고, 화명(火命)이 된다.' 한다. 모두 그렇게 하지 않는 이가 없다. 형상과 얼굴이 추하고 미천하고 마음과 인식이 어리석고 폭력적이라 함도 모두 다 오행이 품부(稟賦)한 치우침에 근거한 것이라 한다.

*주역(周易): 주역(周易), 건괘(乾卦) 단사(彖辭).

건도(乾道): 하늘의 도.

성명(性命): 인성과 천명을 아울러 이르는 말.

천도(天道): 하늘이 낸 도리.

목명(木命): 목(木)은 동방(東方)이며, 형체(形體)는 곡직(曲直, 이치의 옳고 그름, 굽음과 곧음)이라 한다.

금명(金命): 금(金)은 서방이며 종혁(從革 사람이 원하는 바에 따라서 개변함)이라 한다.

수명(水命): 수(水)는 북방이며 윤하(潤下, 적시어 내려감, 물)라 한다.

화명(火命): 화(火)는 남방(南方)이며, 염상(炎上 불꽃을 내면서 타오름)이라 한다.

막불(莫不): ……하지 않는 자가 없다. 모두 ……하다.

품부(稟賦): 천성. 품부하다. 천품(天稟). 선천적으로 타고나다.

醫者診人之疾病。又必推本於五行之相感。乃曰。某之病寒。
乃腎水之證。某之病溫。乃心火之證之類。是也。其命藥也。以
其性之溫涼寒熱。味之酸鹹甘苦。分屬陰陽五行而劑之。無不符
合。此吾儒之說。以人物之生。爲得於陰陽五行之氣者。明有左
驗。無可疑矣。

　의사가 사람의 질병을 진료할 때에도 또한 반드시 오행의 서로의
느낌을 근거로 하여 추정(推定)한다. 이내 말하기를 '누구의 병은 한
증(寒症)으로 신수(腎水) 증세(症勢)'라 하고, '누구의 병은 온증(溫
症)으로 심화(心火) 증세(症勢)의 류(類)'라고 하는 것이 이것이다.
약을 처방함에 약의 성품이 따뜻하고 시원하고 차고 뜨거움과 맛으
로는 신맛, 짠맛, 단맛, 쓴맛을 음양오행으로 나누어 묶어서 조제하
면 부합하지 않는 것이 없다. 우리 유가(儒家)의 말인 '사람과 물(物)
이 태어남에 음양오행의 기(氣)를 얻음이 된다.'는 것이 분명하게 증
명(左驗)되었다. 참으로 의심할 것이 없다.

*신수(腎水): 신장의 수기.

심화(心火): 마음속에 북받쳐서 일어나는 화.

명약(命藥): 약 처방.

분속(分屬): 나누어서 다른 것에 딸리게 함.

좌험(左驗): 사건이 일어날 당시에 그 곁에 있어서 그 일을 증명할 만한 사람.

信如佛氏之說。則人之禍福疾病。無與於陰陽五行。而皆出於
因果之報應。何無一人捨吾儒所謂陰陽五行。而以佛氏所說因果
報應。定人禍福。診人疾病歟。其說荒唐謬誤。無足取信如此。
子尙惑其說歟。

　불씨의 말을 믿을 것 같으면, 사람의 재난과 복과 괴로움과 병듦
은 음양오행과는 관계없이 모두 인과보응에서 나온다면, 어떻게 한
사람도 우리 유가에서 말한 음양오행을 버리고, 불씨(佛氏)가 말한
인과보응으로 사람의 재화와 복을 정하고 사람의 고통과 아픔을 진
료함이 없는가? 그 말이 황당(荒唐)하고 잘못됨이 족히 이와 같이
믿을 수 없는데, 그대는 오히려 그 말에 현혹되는가.

*취신(取信) : 신용을 얻다. 신임을 받다.

황당(荒唐) : 황당하다. 방종하다. 터무니없다.

유오(謬誤) : 오류. 잘못.

今以至切而易見者。比之。酒之爲物也。麴蘖之多寡。甆甕之
生熟。日時之寒熱。久近適相當。則其味爲甚旨。若蘖多則味
甘。麴多則味苦。水多則味淡。水與麴蘖適相當。而甆甕之生
熟。日時之寒熱。久近相違而不相合。則酒之味有變焉。而隨其
味之厚薄。其用亦有上下之異。

내가 이제 더없이 간절하게 쉬이 보게 할 것이다. 비유하자면 술
은 물(物)로 된 것이다. 누룩과 엿기름의 적당함과 옹기에서의 숙성
시킴과 날과 시간의 차고 뜨거움과 오래되고 가까움이 적당히 서로
합당하면 그 맛이 아주 깊어진다.

만약 엿기름이 많으면 맛이 달고, 누룩이 많으면 맛이 쓰고, 물이
많으면 맛이 싱겁다. 물과 누룩과 엿기름이 적당히 서로 합당하나
옹기에서의 성글고 숙성함과 날씨와 시간의 차고 따뜻함과 오래되
고 짧음이 서로 어기어 상호 화합하지 못하면 술의 맛이 변하게 된
다. 그 맛의 진함과 옅음에 따라 그 쓰임도 상하로 달라진다.

*지절(至切): 바람이나 정성이 더없이 간절하게.

국얼(麴蘖): 국얼은 쓴 누룩과 단 누룩.

다빈(多貧): 수량의 많고 적음.

자옹(甆甕): 백자(옹기).

생숙(生熟): 날것과 익은 것.

후박(厚薄): 두꺼움과 얇음.

若其糟粕。則委之汚下之地。或有蹴踏之者矣。然則酒之或旨或不旨。或上或下。或用或棄者。此固適然而爲之耳。亦有所作因果之報應歟。此喩雖淺近鄙俚。亦可謂明且盡矣。所謂陰陽五行之氣。相推迭運。參差不齊而人物之萬變生焉。其理亦猶是也。

저 술지게미 같은 것은 더러운 땅에 버려져 혹 차기도 하고 밟기도 하는 이가 있다. 그러나 술은 혹 맛있기도 하고 혹 맛이 없기도 하며, 혹 상품이 되기도 하고 혹 하품이 되기도 하여 혹 쓰기도 하고 혹 버리기도 한다. 이는 굳이 공교롭게 그렇게 될 뿐인데, 역시 지은 대로의 인과보응이 있다는 것인가? 이 비유가 비록 평이(淺近)하고 비리(鄙俚)하나 또한 한마디로 분명하고 다한 것이다.

말한 음양오행의 기(氣)는 서로 밀치고 번갈아 운행하면서 들쭉날쭉 가지런하지 못하기에 사람과 만물을 만 번 변하여 자라게 한다. 그 이치가 또한 이와 같다.

*조박(糟粕) : 술지게미. 쓸모없는 것. 가치가 없는 것.

오하(汚下) : 비하(卑下).

적연(適然) : 마침 공교롭게.

천근(淺近) : 평이하다. 알기 쉽다.

비리(鄙俚) : (풍속이나 언어 등이)거칠고 촌스러움. 상스럽다. 속되다.

가위(可謂) : 한마디의 말로 이르자면.

질운(迭運) : 번갈아 순환.

참차(參差) : 길고 짧고 들쭉날쭉하여 같지 않음.

聖人設敎。使學者變化氣質。至於聖賢。治國者。轉衰亡而進治安。此聖人所以迴陰陽之氣。以致參贊之功者。佛氏因果之說。豈能行於其間哉。

성인은 가르침을 펼쳐 배우는 사람으로 하여금 기질(氣質)을 변화시켜 성현에 이르게도 하고, 나라를 다스리는 사람에게는 쇠퇴하여 망하는 것을 바꾸어 안녕과 질서유지(治安)로 나아가게 한다. 이는 성인이 음양의 기를 돌려서 참여하고 도운 공으로 이른 것이다. 불씨(佛氏)의 인과설이 어찌 능히 그 사이에 행하겠는가.

*쇠망(衰亡): 쇠퇴하여 망함.

참찬(參贊): 참여하여 돕다.

치안(治安): 국가와 사회의 안녕과 질서를 유지하고 보전함.

소이(所以): 어떤 일을 하게 된 이유.

이치(以致): ······이 되다. ······을 가져오다.

佛氏心性之辨
불씨심성지변

心者。人所得於天以生之氣。虛靈不昧。以主於一身者也。性
者。人所得於天以生之理。純粹至善。以具於一心者也。蓋心有
知有爲。性無知無爲。故曰。心能盡性。性不能知檢其心。又
曰。心統情性。又曰。心者。神明之舍。性則其所具之理。觀
此。心性之辨可知矣。

마음(心)이란, 사람이 하늘에서 얻어 생겨나는 기(氣)이다. 신령하
고 잡됨이 없어 어둡지 않아, 한 몸의 주인이다. 성(性)이란 사람이
하늘에서 얻어 생겨나는 이(理)이다. 순수(純粹)하고 지극히 선(善)
하여 한 마음(一心)에 갖추어졌다. 대개 마음(心)에는 지(知)도 있
고 위(爲)도 있으나, 성(性)에는 앎(知)도 없고 함(爲)도 없다. 까닭
에 말하기를 '마음은 능히 성(性)을 다하나, 성(性)은 능히 마음을 검
증(檢證)할 줄 알지 못한다.'고 했다. 또 말하기를 '마음은 정(情)과
성(性)을 통솔한다.' 하고. 또 말하기를 '마음은 신명(神明)의 집이고
성(性)은 이를 갖추어진 이치라'고 말했다. 이를 관하면 심(心)과 성
(性)의 다름을 가히 알 것이다.

*허령(虛靈): 마음이 신령하고 잡된 생각이 없다.

순수(純粹): 대상 그 자체에 전혀 이질적인 잡것의 섞임이 없음.

진성(盡性): 마음껏 하다. 타고난 개성을 충분히 발휘하다.

통솔(統率): 조직이나 집단, 사람들을 거느리고 다스림.

신명(神明): 천지신명.

천지신명(天地神明): 하늘과 땅의 조화를 주재하는 온갖 신령.

지(知): 지혜(知慧).

위(爲): 함이 있다. 된다. 만든다.

彼佛氏以心爲性。求其說而不得。乃曰。迷之則心。悟之則
性。又曰。心性之異名。猶眼目之殊稱。至楞嚴曰圓妙明心。明
妙圓性。以明與圓。分而言之。普照曰。心外無佛。性外無法。
又以佛與法分而言之。似略有所見矣。然皆得於想象髣髴之中。
而無豁然眞實之見。其說多爲遊辭而無一定之論。其情可得矣。
吾儒之說曰。盡心知性。此本心以窮理也。佛氏之說曰。觀心見
性。心卽性也。是別以一心見此一心。心安有二乎哉。彼亦自知
其說之窮。從而遁之曰。以心觀心。如以口齕口。當以不觀觀
之。此何等語歟。

저 불씨(佛氏)는 마음을 성(性)이라 한다. 그 말을 찾았으나 얻지
못하니 이내 말하기를 '미(迷)하면 마음이요 깨달으면 성(性)이다.'
라고 하고, 또 말하기를 '마음과 성의 이름이 다른 것은 눈 안(眼)과
눈 목(目)으로 달리 부르는 것과 같다.'고 하였다. 능엄경에서 말하
기를 '원묘(圓妙)는 명심(明心)이요. 명묘(明妙)는 원성(圓性)이다.'
하였다. 명(明)과 원(圓)을 나누어 말한 것이다.

보조 스님이 말하기를 '마음(心) 밖에 부처 없고 성(性) 밖에 법(法)이 없다.' 했다. 또한 이는 불(佛)과 법(法)을 나누어 말한 것으로 간략한 소견이 있는 것 같으나 그러나 모두 상상으로 비슷함을 얻었을 뿐 활연(豁然)히 진실을 본 것은 아니다. 이 설(說)은 다분히 근거가 없으며 일정한 논거(論據)도 없다. 그 사정 알 수 있다.

우리 유가의 말에는 '마음(心)을 다하면 성(性)을 안다.' 하였다. 이는 본심(本心)을 궁구(窮究)하는 이치이다. 불씨(佛氏)의 말에 '마음(心)을 관하여 성(性)을 보면 마음이 곧 성이다.'고 하였다. 이는 다른 일심(一心)을 써서 이 일심(一心)을 본다는 것이니 마음에 어찌 둘이 있겠는가? 저 또한 스스로 그 말이 궁핍한 줄 알고서 피해 가는 말로 마음으로 마음을 관한다 하니, 입으로 입을 깨무는 것과 같다. 마땅히 관(觀)하지 않으므로 그것을 관(觀)한다 함은 이 무슨 말인가.

*汝等遺失本妙 圓妙明心 寶明妙性

너희들은 본래 미묘한 원묘하고 밝은 마음의 보배처럼 밝고 묘한 성품을 잃어버리고 『대불정여래밀인수증요의제보살만행수릉엄경』 2권

*보조(普照): 성은 정씨(鄭氏). 호는 목우자(牧牛子). 아버지는 국학(國學)의 학정(學正)을 지낸 광우(光遇)이고, 어머니는 조씨(趙氏)이다.

법성(法性): 신라 의상 스님은 마음(心)을 깨달은 말씀(法)을 성(性)이라 하셨다(法性圓融無二相).

방불(彷佛/髣髴): 비등(比等)하다= 비슷비슷하다, 고만고만하다, 비듯하다.

유사(遊辭): 근거 없는 말. 유언비어. 허튼소리

주희(朱熹, 1130년 10월 18일~1200년 4월 23일): 중국 남송의 유학자로, 주자(朱

子), 주부자(朱夫子), 주문공(朱文公) 송태사휘국문공(宋太師徽國文公)이라는 존칭이나 봉호로도 불린다. 자(字)는 원회(元晦), 중회(仲晦)이다.

朱熹,「觀心說」釋氏之學, 以心求心, 以心使心, 如口齕口, 如目視目

-주자문집 권 67

하등(何等): 어떤. 얼마나. 어떠한. 어쩌면 그토록.

종이(從而): 따라서. 그리하여. ……함으로써.

且吾儒曰。方寸之間。虛靈不昧。具衆理應萬事。其曰。虛靈不昧者。心也。具衆理者。性也。應萬事者。情也。惟其此心具衆理。故於事物之來。應之無不各得其當。所以處事物之當否。而事物皆聽命於我也。此吾儒之學。內自身心。外而至於事物。自源徂流。一以通貫。如源頭之水。流於萬沠。無非水也。如持有星之衡。稱量天下之物。其物之輕重。與權衡之銖兩相稱。此所謂元不曾間斷者也。

또 우리 유가에서 말하기를 '방촌의 사이도 텅 비고 신령하여 어둡지 않다. 많은 이치를 갖추고 만사(萬事)에 응한다.' 하였다. 그가 말한 '허령(虛靈)하여 어둡지 않다.'는 것은 마음(心)이다. '많은 이치를 갖추었다.'는 것은 성(性)이다. '만사에 응한다.'는 것은 정(情)이다.

오직 이 마음에 많은 이치를 갖추었다. 까닭에 사물(事物)이 오면 응함에 각각 합당함을 얻지 못함이 없다. 사물이 처하는 합당하고 합당하지 못함은, 사물(事物)이 다 나의 명령을 듣기 때문이다. 이것이 우리 유가의 학문이다. 안으로 몸과 마음으로부터 밖으로는 사물에 이르기까지, 근원으로부터 흘러가는 곳까지 하나로 통관(通貫)한다. 근원(源頭)의 물이 만 갈래로 흐르지만 물 아닌 것이 없는 것과 같다.

저 눈금 있는 저울을 가지고 천하(天下)의 물건을 달면, 물건의 가볍고 무거움은 저울의 중량을 일컬은 것과 같다. 이를 원래 일찍이 '간단(間斷)이 없다.'고 말한 것이다.

*방촌(方寸): 한 치 사방의 넓이라는 뜻으로 좁은 땅을 이르는 말.

허령(虛靈): 마음이 신령하고 잡된 생각이 없음을 일컫는 것이다.

원두(源頭): 발원지. 원천. 근원.

통관(通貫): 꿰뚫어 통함.

칭량(稱量): 무게를 달다.

권형(權衡): 저울추와 저울대라는 뜻으로, '저울'을 이르는 말.

상칭(相稱): 서로 대응하여 균형을 유지함.

수양(銖兩): 얼마 안 되는 중량.

간단(間斷): 계속되던 것이 잠시 그치거나 끊어짐.

佛氏曰。空寂靈知。隨緣不變。無所謂理者具於其中。故於事物之來。滯者欲絶而去之。達者欲隨而順之。其絶而去之者。固已非矣。隨而順之者。亦非也。其言曰。隨緣放曠。任性逍遙。聽其物之自爲而已。無復制其是非而有以處之也。是其心如天上

之月。其應也如千江之影。月眞而影妄。其間未嘗連續。如持無
星之衡。稱量天下之物。其輕重低昻。惟物是順。而我無以進退
稱量之也。故曰。釋氏虛。吾儒實。釋氏二。吾儒一。釋氏間
斷。吾儒連續。學者所當明辨也。

　불씨가 말하기를 '텅 비어 고요하나 신령스럽게 알며, 연에 따라
변하지 않는다.'고 하였다. 말한 바에 이(理)를 그 가운데 갖추지 못
했다. 사물(事物)이 오는 까닭에 막힌 이는 끊고자 해서 버리고, 통
달한 이는 따르고자 하여 받아들인다. 그것을 끊어서 버리는 이는
오로지 이미 아니며, 따르고자 해서 받아들이는 이도 또한 아니다.
　그가 말하기를 '인연(因緣)을 따라 광대하나 성(性)에 맡기어 소요
(逍遙)한다.' 했다. 그 물(物)이 스스로 그러함을 들을 뿐, 다시 옳고
그름을 법제(制)하여 처함이 있는 것은 아니다. 이는 마음은 저 하늘
의 달과 같고, 그 응함은 천강의 그림자와 같아, 달은 참이며, 그림
자는 헛된 것으로 그 사이에 일찍이 연속됨이 없다. 마치 눈금 없는
저울을 가지고 천하 물건의 무게를 달아 가볍고 무거운 것에 오르락
내리락하는 것은 오직 물건을 따를 뿐이며, 자아의 나아가고 물러나
는 것을 칭량(稱量)하는 것은 아니다.
　까닭에 말한다. 석씨(釋氏)는 허(虛)하고 우리 유가(儒家)는 실
(實)하다. 석씨는 둘이고 우리 유가는 하나이다. 석씨는 사이가 끊어
졌고, 우리 유가는 연속(連續)된다. 배우는 이는 마땅한 것은 분명하
게 분별해야 한다.

*공적영지(空寂靈知): 우리의 본래 마음은 텅 비고 고요하며 신령스럽게 알아차리고 있다는 뜻이다. -법집별행록절요 병입사기-

공적(空寂): 조용하고 쓸쓸하다. 텅 비(空)고 고요(寂)하다.

진정(眞淨): 여래 소증의 법이 참으로 청정함을 이르는 말.

기물(器物): 살림살이에 쓰이는 여러 가지 기구.

방광(放曠): 대범하다. 호탕하다.

소요(逍遙): 마음 내키는 대로 슬슬 거닐며 돌아다님.

칭량(稱量): 무게를 달다.

저앙(低昻): 낮았다 높았다 하다. 올렸다 내렸다 하다. 높고 낮음. 하락과 등귀(騰貴).

간단(間斷): 계속되던 것이 잠시 그치거나 끊어짐.

연속(連續): 끊이지 않고 죽 이어지거나 지속함.

佛氏作用是性之辨
불씨작용시성지변

愚按佛氏之說。以作用爲性。龐居士曰。運水搬柴。無非妙
用。是也。盖性者。人所得於天以生之理也。作用者。人所得於
天以生之氣也。氣之凝聚者。爲形質。爲神氣。若心之精爽。耳
目之聰明。手之執。足之奔。凡所以知覺運動者。皆氣也。

   내가 불씨(佛氏)의 말을 살펴보니, 작용(作用)이 성(性)이 된다고
하였다. 방 거사가 말하기를 '물을 나르고 땔나무를 운반하는 것이
묘용 아님이 없다.'고 한 것이 이것이다. 대개 성(性)이란 사람이 하
늘에서 얻어 생겨나는 이(理)이다. 작용(作用)이란 사람이 하늘에서
얻어 생겨나는 기(氣)이다. 기가 엉기고 모여서 형질(形質)이 되고
신기(神氣)가 된다.
   만약 마음이 정상(精爽)하고 이목(耳目)이 총명하고 손으로 잡고
발로 달리는 무릇 지각(知覺)하고 운동(運動)하는 것은 다 기(氣)이다.

*우(愚): 어리석은 마음. 자기의 겸칭.

방 거사(龐居士): 방온(龐蘊, ?~808년)은 자를 도현(道玄)이라 하였고, 호남성(湖
南省) 형양(衡陽) 출신이다. 龐居士曰 日用事無別 唯吾自偶諧 頭頭非取捨 處處勿
張乖

朱紫誰爲號 丘山絶點埃 神通幷妙用 運水與搬 《景德傳燈錄》卷8

*불성즉법(佛性卽法): 善男子！慈卽甘露, 甘露卽慈, 慈卽佛性, 佛性卽法,

法卽是僧，僧卽是慈，慈卽如來。-『대반열반경』14권

　*法卽是心義 -達磨大師血脈論

　*心卽是佛 佛卽是心 心外無佛 佛外無心 -達磨大師血脈論

　주자(朱紫): 주(朱)는 정색(正色)으로 정(正)을, 자(紫)는 간색(間色)으로 사(邪)를 표현한다.

　응취(凝聚): 응집하다. 맺히다.

　정상(精爽): 만물에 근원을 이루는 신령스러운 기운.

　故曰。形旣生矣。神發知矣。人旣有是形氣。則是理具於形氣之中。在心爲仁義禮智之性。惻隱羞惡辭讓是非之情。在頭容爲直。在目容爲端。在口容爲止之類。凡所以爲當然之則。而不可易者。是理也。

　까닭에 말하기를 '형상(形象)은 이미 생기면 신(神)은 지(知)를 발한다.' 하였다. 사람은 이미 형기(形氣)가 있으면, 곧 이(理)는 형기(形氣) 가운데 갖추어진다. 마음에 있는 인의예지(仁義禮智)는 성(性)이 되고, 측은(惻隱), 수오(羞惡), 사양(辭讓), 시비(是非)는 정(情)이 된다.

　머리는 곧(直)고, 눈은 단정(端)하며, 입은 조용(止)하는 류(類)이다. 무릇 당연한 법칙으로 가히 바꿀 수 없다. 이것이 이(理)이다.

　*불가이(不可易): 동요하거나 변할 수 없다.

구용(九容): 군자(君子)의 아홉 가지 몸가짐. 곧 족용중(足容重)·수용공(手容恭)·목용단(目容端)·구용지(口容止)·성용정(聲容靜)·두용직(頭容直)·기용숙(氣容肅)·입용덕(立容德)·색용장(色容莊).

劉康公曰。人受天地之中以生。所謂命也。故有動作威儀之則以定命也。其曰天地之中者。卽理之謂也。其曰威儀之則者。卽理之發於作用者也。朱子亦曰。若以作用爲性。則人胡亂執刀殺人。敢道性歟。且理形而上者也。氣形而下者也。佛氏自以爲高妙無上。而反以形而下者爲說。可笑也已。學者須將吾儒所謂威儀之則。與佛氏所謂作用是性者。內以體之於身心。外以驗之於事物。則自當有所得矣。

유강공이 말하기를 '사람은 천지(天地) 가운데 태어남을 받았으므로 명(命)이라 말한다. 동작(動作)과 위의(威儀)의 법칙을 두어 명(命)을 정(定)한다.' 하였다. 그가 말한 '천지 가운데'라고 한 것은 곧 이(理)를 말하는 것이고, 그가 말한 '위의(威儀)의 법칙'이라 이(理)가 작용(作用)을 발(發)하는 것을 말한 것이다.

주자(朱子)가 또한 말하기를 '만약 작용(作用)이 성(性)이 된다고 한다면 곧 사람이 칼을 들고 살인(殺人)을 하며 어지럽히는데 감히 성이라 말할 수 있겠는가?' 하였다. 또 이(理)는 형이상(形而上)인 것이요. 기(氣)는 형이하(形而下)인 것이다.

불씨는 스스로 고묘(高妙) 무상(無上)하다 하면서 도리어 형이하

(形而下)의 것을 설하니 참으로 우스울 뿐이다.

배우는 이들은 모름지기 장차 우리 유가(儒家)에서 말한 '위의(威儀)의 법칙'이라 한 것과 불씨(佛氏)가 말한 '작용(作用)이 성(性)'이라 한 것과 함께 안으로는 신심(身心)으로 체득(體得)하고 밖으로는 사물(事物)에 증험(證驗)하면, 스스로 마땅히 얻은 바가 있을 것이다.

*정명(定命): 날 때부터 타고난, 정해진 운명.

佛氏心迹之辨
불씨심적지변

心者。主乎一身之中。而迹者。心之發於應事接物之上者也。故曰。有是心。必有是迹。不可判而爲二也。盖四端五典萬事萬物之理。渾然具於此心之中。其於事物之來。不一其變。而此心之理。隨感而應。各有攸當而不可亂也。

마음이란 한 몸의 주인이다. 자취(迹)란 마음이 일에 응하고 사물에 접하는 위에 발현(發現)하는 것이다. 까닭에 말하기를 '마음이 있으면 반드시 흔적이 있다.'고 하였다. 가히 나누어 둘이 될 수 없는 것이다.

대개 사단(四端) 오전(五典)과 만사(萬事) 만물(萬物)의 이(理)는 혼연히 이 마음 가운데 갖추어 있다. 사물이 오면 그 변함이 하나가 아니다. 이 마음의 이(理)는 느낌에 따라 응하며 각각 마땅한 바가 있어 가히 어지럽힐 수가 없다.

*사단(四端): 사람의 본성에서 우러나는 네 가지 마음씨. 곧 인(仁)에서 우러나는 측은지심(惻隱之心), 의(義)에서 우러나는 수오지심(羞惡之心), 예(禮)에서 우러나는 사양지심(辭讓之心), 지(智)에서 우러나는 시비지심(是非之心)의 네 가지를 이른다.

오전(五典): 유교에서 이르는, 사람으로서 지켜야 할 다섯 가지의 인륜(人倫). 곧 군신유의(君臣有義), 부자유친(父子有親), 부부유별(夫婦有別), 장유유서(長幼有

序), 붕우유신(朋友有信)을 이른다.

　　혼연(渾然): 다른 것이 조금도 섞이지 않고 고르게.

　　불가(不可): ……할 수가 없다. (……하지 않으면)안 된다. ……해서는 안 된다.

人見孺子匍匐入井。便有怵惕惻隱之心。是其心有仁之性。故其見孺子也。發於外者便惻然。心與迹。果有二乎。曰羞惡曰辭讓曰是非莫不皆然。次而及於身之所接。見父則思孝焉。見子則思慈焉。至於事君以忠。使臣以禮。交友以信。是孰使之然耶。以其心有仁義禮智之性。故發於外者。亦如此。所謂體用一源。顯微無間者也。

　　사람들은 아이가 우물에 기어 들어가는 것을 보면 문득 놀라 걱정하며 측은한 마음을 낸다. 이는 그 마음에 인(仁)의 성(性)이 있기 때문이다. 까닭에 그 아이를 보고 밖으로 문득 측연(惻然)함을 발하는 것으로 마음과 자취가 과연 둘이겠는가? 수오(羞惡)를 말하는 것도, 사양(辭讓)을 말하는 것도, 시비(是非)를 말하는 것도 다 그러하지 아니함이 없다.

　　다음으로 몸에 접하는 것에 미쳐서는 아버지를 보면 효도할 것을 생각하고 자식을 보면 사랑할 것을 생각하고, 임금을 섬김에 이르러서는 충성으로 하고, 신하는 예로써 대하고, 교우(交友)에게는 믿음으로 하는데 누가 시켜서 그렇게 하겠는가. 그 마음에 인의예지(仁義禮智)의 성(性)이 있기 때문에 밖으로 발하는 것이 또한 이와 같은 것이다. '체(體)와 용(用)이 하나의 근원이며, 현(顯)과 미(微)에 틈이 없다고 말한 것이다.

彼之學。取其心。不取其迹。乃曰。文殊大聖。遊諸酒肆。迹雖非而心則是也。他如此類者甚多。非心迹之判歟。程子曰。佛氏之學。於敬以直內則有之矣。義以方外則未之有也。故滯固者。入於枯槁。疏通者。歸於恣肆。此佛之敎所以陷也。然無義以方外。其直內者。要之亦不是也。王通。儒者也。亦曰。心迹判矣。盖惑於佛氏之說而不知者也。故幷論之。

저들의 학문에는 '그 마음(心)은 취하나 그 자취(迹)는 취하지 않는다.' 하며 이에 말하기를 '문수대성(文殊大聖)이 모든 술집에서 놀더라도 자취는 비록 잘못되었으나 마음은 옳다.'고 한다. 저들에게는 이와 같은 유(類)가 매우 많다. 마음과 자취를 구분하지 않는 것인가?

정자(程子)가 말하기를 '불씨(佛氏)의 학문에는 공경으로 올바르게 하는 내칙(內則)은 있으나, 의(義)로써 방정하게 하는 외칙(外則)은 있지 않다. 까닭에 막히고 완고한 자는 고고(枯槁)함으로 들어가고, 소통한 이는 방자함으로 돌아간다. 이는 불교의 가르침이 좁기 때문이다. 그러함은 의(義)로써 밖을 방정하게 함이 없이 안을 올곧게 하는 것은 모름지기 옳지 않은 것이다.

왕통(王通)은 유자(儒者)이다. 또한 말하기를 '마음과 자취는 나누인다.' 하였다. 대개 불씨(佛氏)의 말에 현혹되어 알지 못하는 자이다. 까닭에 아울러 논한다.

*주사(酒肆): 큰 규모의 술집.

정자(程子): 중국 송(宋)나라의 유학자 정호(程顥), 정이(程頤) 형제에 대한 존칭. 원어 이정자(二程子)

왕통(王通): 수나라의 유학자이다. 자는 중엄(仲淹)이고 별호인 문중자(文中子)로도 불릴 때가 많다. 그는 유가 사상을 이어 가는 것을 필생의 사업으로 생각했다.

내칙(內則): 어떠한 기관이나 단체가 따로 정하여 그 내부에서만 실시하는 규정.

체고(滯固): 한군데로 몰려서 돌려 쓰이지 못함.

고고(枯槁): (초목이)바싹 시들다. (얼굴이)초췌하다. 파리하다.

자사(恣肆): 제멋대로이다. (문필이)호방하여 구애됨이 없다.

왕통(王通): 왕통(王通, 584년~617년). 자는 중엄(仲淹), 사시(私謚)는 문중자(文中子)이며, 강주(絳州) 용문(龍門) 사람이다. 수(隋)나라 때 경학가로, 촉군 사호서좌(蜀郡司戶書佐), 촉왕 시독(蜀王侍讀) 등을 역임하였다.

佛氏昧於道器之辨
불씨매어도기지변

道則理也。形而上者也。器則物也。形而下者也。盖道之大原出於天。而無物不有。無時不然。即身心而有身心之道。近而即於父子君臣夫婦長幼朋友。遠而即於天地萬物。莫不各有其道焉。人在天地之間。不能一日離物而獨立。是以凡吾所以處事接物者。亦當各盡其道。而不可或有所差謬也。此吾儒之學。所以自心而身而人而物。各盡其性而無不通也。

도(道)는 이(理)이다. 형이상(形而上)이다. 기(器)는 물(物)이다. 형이하(形而下)이다.

대개 도(道)의 큰 근원은 하늘에서 나와 만물에 있지 않음이 없고, 때에 그러하지 아니함이 없다. 곧 신심(身心)에는 신심의 도(道)가 있다. 가까이는 부자(父子), 군신(君臣), 부부(夫婦), 장유(長幼), 붕우(朋友)에 즉(卽)했으며, 멀리는 천지(天地) 만물(萬物)에 즉(卽)했다. 각각의 도가 있지 않음이 없다.

사람은 천지(天地)간에 있어 하루도 물(物)을 여이고 홀로 설 수 없다. 이로써 무릇 내가 일을 처리하고 사물을 접함에 또 마땅히 각각 그 도(道)를 다해 혹여 오류(誤謬)가 있어서도 안 된다. 이것이 우리 유가의 학문이다. 까닭에 마음으로부터 몸과 사람과 만물에 각각 그 성(性)을 다하면 통하지 아니함이 없다.

*차류(差謬): 오류(誤謬).

불가(不可): ……할 수가 없다. (……하지 않으면)안 된다. ……해서는 안 된다.

처사(處事): 일을 처리함.

접물(接物): 사물에 접하다.

소이(所以): 그러니. 그래서. ……한 이유는.

蓋道雖不雜於器。亦不離於器者也。彼佛氏於道。雖無所得。
以其用心積力之久。髣髴若有見處。然如管窺天。一向直上去。
不能四通八達。其所見必陷於一偏。見其道不雜於器者。則以道
與器。歧而二之。乃曰。凡所有相。皆是虛妄。若見諸相非相。
卽見如來。必欲擺脫群有。落於空寂。見其道不離於器者。則以
器爲道。乃曰。善惡皆心。萬法唯識。隨順一切。任用無爲。猖
狂放恣。無所不爲。

대개 도(道)는 비록 기(器)에 섞이지 않으나 또한 기(器)를 떠나지
도 않는다. 저 불씨(佛氏)의 도(道)는 비록 얻은 것은 없으나 그 마
음을 쓰고 힘을 모은 지 오래되어서 비슷하게 본 곳이 있는 것 같다.
그러나 대나무 관으로 하늘을 보고 한결같이 곧게 위로만 가는 것
같다. 능히 사통팔달하지 못하고 보는 것이 반드시 한쪽으로 빠졌다.
  그 도(道)가 기(器)와 섞이지 않음을 보고. 즉 도(道)와 기(器)를 나
누어 둘이라 하면서 이내 말하기를 '무릇 있는 바 모든 상(相)은 다
허망한 것이다. 만약 모든 상(相)이 상(相) 아닌 것으로 보면 곧 여래

를 볼 것이다.' 하였다. 반드시 만물(萬物)의 틀을 벗어나고자 하였으나 공적(空寂)에 떨어졌고. 그 도(道)가 기(器)를 떠나지 않았음을 보고 곧 기(器)를 도(道)라 하며 이내 말하기를 '선악(善惡)이 다 마음이라 하고 만법(萬法)이 오직 식(唯識)이라.' 하였다. 일체에 수순(隨順)하여 맡겨 함이 없고, 미쳐 날뛰고 방자하여 하지 않는 것이 없기도 하다.

*방불(髣髴): 유사하다. 비슷하다.

관규(管窺): 견식(見識)이 좁은 것.

파탈(擺脫): 규정된 형식이나 예절 등으로부터 벗어남.

창광(猖狂): 미친 듯이 날뜀.

방자(放恣): 방자하다.

범소유상(凡所有相): 金剛般若波羅蜜經 -5.(如理實見分)

군유(群有): 우주에 존재하는 모든 것. 만물(萬物).

임용(任用): 어떤 일을 맡아 하도록 하기 위해 사람을 뽑아 씀.

此程子所謂滯固者。入於枯槁。疏通者。歸於恣肆者也。然其所謂道者。指心而言。乃反落於形而下者之器。而不自知也。惜哉。

이는 정자가 말하기를 '막히고 고루(固陋)한 자는 마르고 파리함에 들어가고, 소통한 자는 방자함으로 돌아간다.'고 하였다. 그러나 그가 말한 도(道)라는 것은 마음을 가리켜 말한 것이다. 이는 도리어 형이하(形而下)인 기(器)에 떨어진 줄을 스스로 알지 못한 것이다. 애석하다.

   *정자(程子): 중국 송나라의 유학자 정호, 정이 형제에 대한 존칭.

   체고(滯固): 한군데로 몰려서 돌려 쓰이지 못함.

   고고(枯槁): (초목이)바싹 시들다. (얼굴이)초췌하다.

   자사(恣肆): 제멋대로이다. (문필이)호방하여 구애됨이 없다.

佛氏毁棄人倫之辨
불씨훼기인륜지변

明道先生曰。道之外無物。物之外無道。是天地之間。無適而非道也。卽父子而父子在所親。卽君臣而君臣在所嚴。以至爲夫婦爲長幼爲朋友。無所爲而非道。所以不可須臾離也。然則毁人倫去四大。其分於道遠矣。又曰。言爲無不周徧。而實則外於倫理。先生之辨盡矣。

명도(明道)선생이 말하기를 '도(道) 밖에 물(物)이 없고 물(物) 밖에 도(道)가 없다.' 하였다. 이는 하늘과 땅 사이 어디를 가도 도가 아님이 없다는 것이다. 즉 부자는 부자(父子)의 친한 것이 있고, 곧 군신(君臣)은 군신과의 엄한 것이 있고, 부부(夫婦)가 되고 장유(長幼)가 되고 붕우(朋友)가 됨에 이르러서도 하는 것에 도(道) 아닌 것이 없다. 까닭에 잠깐도 떨어질 수 없다. 그러나 인륜을 허물고 사대(四大)를 버리는 것은 도(道)와 멀리 떨어진 것이다. 또 말하기를 말로는 '두루 미치지 아니함이 없다.' 하였으나 실지로는 윤리(倫理) 밖이다. 선생이 다 분별한 것이다.

*정호(程顥): 중국 북송(北宋) 중기의 유학자로 자(字)는 백순(伯淳)이고 호(號)는 명도(明道). 존칭으로 명도 선생(明道先生)이라 불린다. 시호는 순공(純公)이다. 동생 정이(程頤)와 함께 이정자(二程子)로 불린다.

수유(須臾): 매우 짧은 시간. 순식(瞬息)의 10배, 준순(浚巡)의 10분의 1의 시간.

사대(四大): 물질의 구성 요소로, 지地·수水·화火·풍風의 네 종류를 말한다.

주편(周偏): 모든 면에 두루 미침.

佛氏慈悲之辨
불씨자비지변

天地以生物爲心。而人得天地生物之心以生。故人皆有不忍人
之心。此卽所謂仁也。佛雖夷狄。亦人之類耳。安得獨無此心
哉。吾儒所謂惻隱。佛氏所謂慈悲。皆仁之用也。其立言雖同。
而其所施之方。則大相遠矣。蓋親與我同氣者也。人與我同類者
也。物與我同生者也。故仁心之所施。自親而人而物。如水之
流。盈於第一坎而後。達於第二第三之坎。其本深。故其及者
遠。擧天下之物。無一不在吾仁愛之中。故曰。親親而仁民。仁
民而愛物。此儒者之道。所以爲一爲實爲連續也。

하늘과 땅은 만물을 생(生)하는 것으로 마음을 삼는다. 사람은 하
늘과 땅이 물(物)을 생(生)하게 하는 마음을 얻어 태어났다. 까닭에
사람은 모두 차마 하지 못하는 사람의 마음이 있다. 이것을 곧 인
(仁)이라 말한다.

불교는 비록 오랑캐이지만 또한 사람의 류(類)이다. 어찌 유독 이
러한 마음이 없다 하겠는가? 우리 유교에서 말하는 측은(惻隱)이 불
씨(佛氏)가 말하는 자비(慈悲)이다. 모두가 인(仁)의 쓰임이다. 내세
운 말은 비록 같으나 그 시행하는 방법은 크게 서로 멀다.

대개 아버지[親]는 나와 같은 기(氣)이고, 다른 사람과 나는 같은
종류이며, 물(物)과 나는 같이 생(生)하는 것이다. 까닭에 어진 마음
으로 베푸는 것은 아버지로부터 사람 물(物)에 까지 물이 흐르는 것

과 같다. 제일 구덩이가 채워진 이후에 제이 제삼 구덩이에 도달한다. 그것은 근본이 깊은 까닭에 그에 미치는 것도 더딘 것이다. 온 천하(天下)의 물(物)이 하나라도 우리 인애(仁愛) 가운데 있지 않음이 없다. 까닭에 말하기를 아버지에게 친하게 하면 백성에게 어질고, 백성에게 어질게 하면 물(物)을 사랑한다. 이것이 유자의 도(道)이다. 하나가 되고 실(實)이 되고 연속(連續)이 되는 것이다.

*불인(不忍): (마음속에)참을 수 없다. 차마 ……하지 못하다.

이적(夷狄): 동방(東方)의 오랑캐와 북방(北方)의 오랑캐.

입언(立言): 후세에 모범이 될 만한 훌륭한 말을 하다.

佛氏則不然。其於物也。毒如豺虎。微如蚊虻。尙欲以其身餧
之而不辭。其於人也。越人有飢者。思欲推食而食之。秦人有寒
者。思欲推衣而衣之。所謂布施者也。若夫至親如父子。至敬如
君臣。必欲絶而去之。果何意歟。且人之所以自重愼者。以有父
母妻子爲之顧籍也。佛氏以人倫爲假合。子不父其父。臣不君其
君。恩義衰薄。視至親如路人。視至敬如弁髦。其本源先失。故
其及於人物者。如木之無根。水之無源。易致枯渴。卒無利人濟
物之効。而拔劒斬蛇。略無愛惜。地獄之說。極其慘酷。反爲少
恩之人。向之所謂慈悲者。果安在哉。

불씨(佛氏)는 그렇지 않다. 물(物)에 있어서는 독한 승냥이와 호랑이 같은 것과 작게는 모기와 등에 같은 것들에게도 오히려 그 몸을 먹히는 것을 사양하지 않는가 하며, 사람에게 있어서도 월나라 사람이 배고프면 밥을 주려고 밥을 생각하고, 진(秦)나라 사람이 추워하면 옷을 주고자 옷을 생각한다. 말한 바 보시(布施)라는 것이다.

저 부자(父子)와 같은 지친(至親)과 군신(君臣)과 같은 지경(至敬)에서는 반드시 끊어 버리려고 한다. 과연 무슨 뜻에서인가?

또 사람이 하는 일에 스스로 진중(鎭重)하고 신중(愼重)한 것은 부모(父母) 처자(妻子)가 있으므로 소중하게 여기게 된다. 불씨(佛氏)는 인륜(人倫)을 가합(假合)이라 하며 아들은 아버지를 아버지라 아니하고, 신하는 임금을 임금이라 하지 않는다. 은혜(恩惠)와 의리(義理)를 쇠진(衰盡)하고 각박(刻薄)하게 여겨 지친(至親) 보기를 길 가는 사람과 같이 여기고, 지경(至敬) 보기를 버릴 물건같이 여기니, 그 근본(根本)과 원류(源流)를 먼저 잃어버린 것이다. 까닭에 사람과 물(物)에 미쳐서는 나무에 뿌리가 없고, 물은 근원(根源)이 없어, 쉬이 고갈되는 것과 같아 끝내 사람을 유익하게 하고 만물(物)을 구제하는 효과가 없다. 칼을 뽑아 뱀을 죽이는 데에는 조금도 애석해함이 없으면서도 지옥을 말할 때에는 극히 참혹하다. 도리어 약간의 은혜로 사람을 위한 것이다. 지난날에 말한 자비는 과연 어디에 있는가?

　*시호(豺虎): 승냥이와 호랑이를 아울러 이르는 말.

　문맹(蚊蝱): 모기와 등에

　해의추식(解衣推食): 옷을 벗어 주고 음식을 밀어 준다.

　사욕(思欲): 간절히 생각하다.

　지친(至親): 더할 수 없이 가까운 친족이라는 뜻으로, 부모와 자녀 사이 또는 형과 아우 사이를 이르는 말.

　지경(至敬): 지극히 공경스러운.

　고적(顧籍): 자기 몸을 살펴 소중하게 여김.

　변모(弁髦): 쓸데없는 물건을 말함. 옛날의 아이들의 관(冠)과 머리채.

　고갈(枯渴): 물이 말라서 없어짐. 돈이나 물건 따위가 거의 없어져 매우 귀해짐. 정서나 감정이 메마르게 됨.

　소은(少恩): 작은 은혜. 얼마 안 되는 은혜. 약간의 은혜.

　안재(安在): 건재(健在)하다. 어디에 있는가? 평안무사하다.

然而此心之天。終有不可得而昧者。故雖昏蔽之極。一見父
母。則孝愛之心。油然而生。盍亦反而求之。而乃曰。多生習氣
未盡除。故愛根尙在。執迷不悟。莫此爲甚。佛氏之敎。所以無
義無理。而名敎所不容者。此也。

그러나 이 마음의 천륜(天倫)은 끝내 어두워질 수 없다. 까닭에 비
록 혼폐(昏蔽)함이 지극할지라도 한 번 부모를 보면 곧 효도하고 사
랑하는 마음이 저절로 생긴다. 새로이 또한 도리어 그것을 구하면,
이내 말하기를 '다생(多生)에 습기(習氣)를 다 없애지 못한 까닭에
애욕의 뿌리가 오히려 남아 있다.'고 한다. 미혹에 집착하여 깨닫지
못함이 이보다 심할 수 없다. 불씨(佛氏)의 가르침은 의(義)도 없고
이(理)도 없는 것이다. 명교(名敎)가 용납하지 못하는 것도 이것이다.

*가합지신(假合之身): 불교에서는 일체의 사물을 지(地)·수(水)·화(火)·풍(風) 사
대(四大)가 잠시 합쳐져서 이루어진 가합지신(假合之身)이라 본다.

각박(刻薄): (사람을 대하는 것이나 말이)각박하다. 냉혹하다. 박정하다.

변모(弁髦): 쓸데없는 물건을 말함. 무용지물. 경시하다.

참혹(慘酷): 비참하고 끔찍함.

유연(油然): 생각이나 감정이 저절로 일어나는 모양.

습기(習氣): 번뇌로 인하여 형성된 습관이나 버릇.

애근(愛根): 애욕의 번뇌.

명교(名敎): 유가(儒家)의 가르침. 사람이 지켜야 할 도리를 밝혀 가르침.

佛氏眞假之辨
불씨진가지변

佛氏以心性爲眞常。以天地萬物爲假合。其言曰。一切衆生。種種幻化。皆生如來圓覺妙心。猶如空華及第二月。又曰。空生大覺中。如海一漚發。有漏微塵國。皆依空所立。佛氏之言。其害多端。然滅絶倫理。略無忌憚者。此其病根也。不得不砭而藥之也。

불씨(佛氏)는 심성(心性)을 진상(眞常)을 삼고, 천지(天地) 만물(萬物)을 가합(假合)된 것이라 한다. 그가 말하기를 '일체중생의 가지가지 환화(幻化)는 다 여래의 원각묘심에서 나왔다. 마치 공화(空華)이며, 물에 비친 달(第二月)과 같다.'고 한다.

또 말하기를 '공(空)은 대각(大覺) 가운데에서 생긴 것으로, 바다에서 한 물거품이 생기는 것과 같고, 유루(有漏) 미진국(微塵國)이 다 공을 의지해 세워진 것이다.'고 하였다. 불씨(佛氏)의 말에 폐해(弊害)가 매우 많다. 그렇게 윤리(倫理)를 끊어 없애고는 조금도 거리낌이 없는 것은 이 병이 근본이다. 어쩔 수 없이 돌침으로 이를 치료한다.

*심성(心性): 변하지 아니하는 참된 마음. 본디부터 타고난 마음씨.

진상(眞常): 참되고 변하지 않음.

가합(假合): 연기의 도리에 입각해 관찰한 존재의 실상을 간략하게 나타낸 말.

환화(幻化): 우주 만물이 환상과 같이 변화함.

*圓覺經云 一切衆生 種種幻化 皆生如來圓覺妙心 猶如空花從空

-大方廣圓覺修多羅了義經說誼卷上

*空生大覺中, 如海一漚發, 有漏微塵國, 皆從空所生

 -大佛頂如來密因修證了義諸菩薩萬行首楞嚴經卷第六

유루(有漏): 누(漏)에는 욕루(欲漏)·유루(有漏)·치루(癡漏)가 있으며 어리석음이 누의 근본이다. 삼계의 번뇌인 삼루의 번뇌에 얽매여 깨달음을 얻지 못함.

미진국(微塵國): 아주 작은 티끌이나 먼지의 세계. 티끌 하나하나와 같이 많은 세계.

폐해(弊害): 어떤 폐단으로 인하여 생기는 해로움.

공화(空華): 눈앞에 불똥 같은 것이 어른어른 보이는 증세.

다단(多端): 복잡하다.

윤리(倫理): 사람으로서 마땅히 지키거나 행해야 할 도리나 규범.

기탄(忌憚): 어렵게 여겨 꺼림.

병근(病根): 병의 근본 원인.

부득불(不得不): 할 수 없이.

침폄(鍼砭): 질병을 치료하는 쇠침과 돌침이다.

蓋未有天地萬物之前。畢竟先有大極。而天地萬物之理。已渾然具於其中。故曰。大極生兩儀。兩儀生四象。千變萬化。皆從此出。如水之有源。萬派流注。如木之有根。枝葉暢茂。此非人智力之所得而爲也。亦非人智力之所得而遏也。然此固有難與初學言者。以其衆人所易見者而言之。

대개 천지만물이 있기 전에, 필경에 먼저 태극(太極)이 있었다. 천지(天地) 만물(萬物)의 이(理)가 이미 혼연히 그 가운데 갖춰졌다. 까닭에 말하기를 '태극(太極)은 음양을 생(生)하고 음양은 일(日), 월(月), 성(星), 신(辰)을 생(生)한다.' 하였다. 천 번 변하고 만 번이고 바뀌는 것이 다 이를 좇아 나온 것이다. 마치 물이 근원에서 만 갈래로 흐르는 것과 같고, 나무에 뿌리가 있어 가지와 잎이 무성함과 같다. 이는 사람이 지혜와 힘을 얻어서 되는 것이 아니다. 또한 사람이 지혜와 힘을 얻어서 막을 수 있는 것도 아니다. 그러나 이것을 오로지 초학(初學)자와 더불어 말하기에는 어려움이 있다. 많은 사람들이 쉽게 볼 수 있는 것으로 말하려 한다.

*필경(畢竟): 끝장에 이르러.

혼연(渾然): 다른 것이 조금도 섞이지 않고 고르게.

양의(兩儀): 역학에서, 양과 음 또는 하늘과 땅을 아울러 이르는 말.

사상(四象): 일(日), 월(月), 성(星), 신(辰). '金·木·水·火'를 일컫는 말.

유주(流注): 흘러 들어가다.

自佛氏歿。至今數千餘年。天之崐崙於上者。若是其確然也。地之磅礡於下者。若是其隤然也。人物之生於其間者。若是其粲然也。日月寒暑之往來。若是其秩然也。是以天體至大。而其周圍運轉之度。日月星辰逆順徐疾之行。雖當風雨晦明之夕。而不

能外於八尺之璣。數寸之衡。歲年之積。至於百千萬億之多。而
二十四氣之平分。與夫朔虛氣盈餘分之積。至於毫釐絲忽之微。
而亦不能外於乘除之兩策。

불씨(佛氏)가 죽은 지 수천여 년에 이르렀다. 하늘 위로 곤륜(崑崙)인 것은 확실한 것 같고, 땅 아래 방박(磅礴)인 것은 퇴연(隤然)한 것 같으며, 사람과 물(物)이 그 사이에 생(生)하는 것은 찬연(粲然)한 것 같고, 해와 달이 추위와 더위로 가고 오는 것은 질연(秩然)한 것 같다.

이는 하늘의 체(體)가 지대해서 그 주위를 운전하는 궤도(軌度)로, 일(日), 월(月), 성(星), 신(辰)이 역(逆)으로 순(順)으로 느리게 빠르게 행한다. 비록 바람 불고 비 오고 어둡고 밝은 저녁일지라도 능히 팔 척(八尺)의 선기(璿璣)와 수촌(數寸)의 옥형(玉衡)을 벗어날 수 없다. 세월이 쌓이어 백 천 만 억의 많음에 이를지라도 이십사절기로 균등하게 나누인다. 월삭(月朔)의 부족과 절기(節氣)의 차고 남음을 나누고 쌓아 털끝만큼 작은데 이르러서도 또한 능히 곱하고 나누는 두 방책(方策)을 벗어날 수 없는 것이다.

*곤륜(崑崙): 곤륜산 이름.

방박(磅礴): 돌이 크고 단단한 모양.

찬연(粲然): 선명하고 빛나다. 뚜렷이 아주 분명하다.

질연(秩然): 질서 정연한 모양. 정연한 모양.

서질(徐疾): 빠르게도 느리게.

평분(平分): 평균적으로 분배함.

신기옥형(璿璣玉衡): 천체(天體)를 관측하는 기계, 즉 혼천의(渾天儀)를 가리킨다.

삭허기영(朔虛氣盈): 절기는 1년 354일을 기준으로 하여 부족한 것이 없는 반면, 월삭은 부족하여 음력 1년은 360일에 불과하며 그것도 작은달을 계산하면 355일에 불과함을 말한 것이다. 일 년(一年) 12개월에 24절기(節氣)이니, 절기는 꽉 차고(氣盈) 월삭은 부족하여(朔虛) 32개월이 모이면 29일이 남는다. 이것을 가지고 윤달을 두어 四時를 정하고 1년을 이룬다.

호리(毫釐): 자 또는 저울 눈금의 호와 이를 아울러 이르는 말. 극히 미세한 것을 말한다. 예기(禮記)·경해(經解)에 "호리에서 잘못되면 천 리까지 틀려진다.

승제(乘除): 곱하기와 나누기를 아울러 이르는 말.

방책(方策): 일을 하는 방법과 꾀.

孟子所謂天之高也。星辰之遠也。苟求其故。千歲之日至。可坐而致者此也。是亦孰使之然歟。必有實理爲之主張也。且假者。可暫於一時。而不可久於千萬世。幻者。可欺於一人。而不可信於千萬人。而以天地之常久。萬物之常生。謂之假且幻。抑何說歟。

맹자가 말하기를 '하늘은 높고 성신(星辰)은 아득하다. 진실을 찾은 까닭에 천 년의 동지와 하지를 앉아서도 알 수 있다.' 하는 이치(理致)가 이것이다. 이 또한 누가 시켜서 그러한 것이겠는가? 반드시 실질적인 이치가 있어 그렇게 되는 것임을 주장하게 되는 것이다.

또한 거짓이란 일시적으로 잠깐은 가능하겠지만 천만년 오래하기란 불가(不可)하다. 허깨비라는 것도 한 사람을 속일 수 있지만, 천만 사람을 믿게 하기란 불가(不可)하다. 하늘과 땅은 항상 오래하며, 만물도 항상 생(生)한다. 말한 거짓이라 함과 또한 허깨비라 함은 도대체 무슨 말인가?

*성신(星辰): 별의 총칭

일지(日至): 동지 또는 하지.

실리(實理): 현실의 이치나 도리.

불가(不可): ……할 수가 없다. (……하지 않으면)안 된다. ……해서는 안 된다.

억하심정(抑何心情): 도대체 무슨 심정으로 그러하는지 알 수 없음을 이르는 말.

豈佛氏無窮理之學。求其說而不得歟。抑其心隘。天地之大。萬物之衆。不得容於其中歟。豈樂夫持守之約。而厭夫窮理之煩。酬酢萬變之勞歟。張子曰。明不能盡。誣天地日月以爲幻妄。則佛氏受病之處。必有所自矣。要之其所見蔽。故其所言詖如此。嗚呼惜哉。予豈譊譊而多言者歟。予所言之而不已者。正惟彼心之迷昧爲可憐。而吾道之衰廢爲可憂而已耳。

어찌 되었던 불씨(佛氏)는 이치를 궁구(窮究)하는 학문이 없어서 그 설(說)을 구하여도 얻지 못해서인가? 좁은 마음이 억압되어 천지의 광대함과 만물의 다양함을 그 안에서 용납함을 얻지 못해서인가? 어찌 수지(受持)하고 지키겠다는 약속(約束)은 좋아하면서 이치를 궁구(窮究)하는 번거로움과 만변(萬變)에 응대하는 수고로움을 싫어하는 것일까?

장자(張子)가 말하기를 '밝음(明)은 능히 다할 수 없다.'고 했다. 천지일월(天地日月)이 허깨비이고 허망하다는 것은 무모한 것이다. 곧 불씨(佛氏)가 받은 병은 반드시 스스로 한 바가 있을 것이다. 요컨대 그의 보는 바가 가려진 까닭에 그가 말한 것도 이와 같이 치우친 것이다.

참으로 애석하다. 내가 어찌 이러쿵저러쿵 많은 말을 하겠는가? 내가 말을 멈추지 못하는 것은 정히 저들의 마음이 미혹(迷惑)하고 우매(愚昧)함을 참으로 불쌍히 여기면서도, 우리의 도(道)가 쇠폐(衰廢)될까 걱정할 뿐이다.

*지수(持守): 절조(節操)를 지키다.

궁리(窮理): 일을 처리하거나 개선하기 위하여 마음속으로 이리저리 따져 깊이 생각함.

수작(酬酢): 주인이 객에게 답하는 것을 수(酬), 객이 주인에게 잔을 돌리는 것을 작(酢)이라고 한다. 주객(主客)이 서로 술잔을 주고받다.

만변(萬變): 끝없이 변화함. 천변만화하다.

장자(張子): 장재(張載, 1020년~1077년)는 중국 송나라 시대의 사상가이다. 성리학의 기초를 닦았다. 자는 자후(子厚)이다. 봉상 미현의 횡거진(橫渠鎭) 출신이었기 때문에 횡거 선생(橫渠先生)이라고 호칭된다. 존칭하여 장자(張子)라고 불린다.

유소(有所): 다소 ……하다.

요지(要之): 요컨대. 한마디로 말하면.

요요(譊譊): 왁자지껄. 아옹다옹. 요란하게 따져서 결론이 나지 아니함.

불이(不已): (계속하여)그치지 않다. (……해)마지않다. 그만두지 않다.

쇠폐(衰廢): 힘이나 세력이 점점 줄어서 없어짐.

佛氏地獄之辨
불씨지옥지변

先儒辨佛氏地獄之說曰。世俗信浮屠誑誘。凡有喪事。無不供佛飯僧。云爲死者。滅罪資福。使生天堂。受諸快樂。不爲者。必入地獄。剉燒舂磨。受諸苦楚。殊不知。死者形既朽滅。神亦飄散。雖有剉燒舂磨。且無所施。又況佛法未入中國之前。人固有死而復生者。何故都無一人誤入地獄。見所謂十王者歟。此其無有而未足信也。明矣。或曰。釋氏地獄之說。皆是爲下根之人。設此怖令爲善耳。

선배 유학자가 불씨(佛氏)의 지옥설(地獄說)을 피력하여 말하기를, '세속인들은 스님들이 유혹하고 속이는 말을 믿고, 무릇 사람이 죽는 일이 있으면 부처님께 공양을 올리고 스님들에게 밥을 먹게' 한다. 죽은 이를 위한 것이라면서, '죄를 멸하고 복을 받아 천당(天堂)에 태어나 모든 즐거움을 받고, 하지 않는 자는 반드시 지옥에 들어가 칼에 잘리고 불에 태워지며 방아에 찧기고 맷돌에 갈리는 많은 고초(苦楚)를 받는다.'고 말한다. 자못 알지 못하겠다. 죽은 이는 형상은 이미 썩어 없어졌고 정신 또한 바람에 흩어졌다. 비록 칼에 잘리고 불에 태워지며 방아에 찧기고 맷돌에 갈림이 있더라도 또한 시행할 곳이 없다.

또 더구나 불법이 중국에 들어오기 이전에도 특이하게 사람이 죽어서 다시 태어난 적이 있다. 무슨 까닭에 한 사람도 지옥에 잘못 들어가 불씨가 말한 시왕(十王)을 보았다는 자가 없었겠는가? 이는 그것이 있지도 않아서 족히 믿지 않는 것이 분명하다.

누군가 말하기를 '석씨(釋氏)의 지옥설(說)은 다 하근기(下根機)의 사람들을 위해 두려운 말을 내세워 선한 행을 하게 할 뿐이다.' 하였다.

*분변(分辨): 사물의 시비나 선악 따위에 대해서 구별하여 앎.

세속(世俗): 보통 사람들이 사는 사회.

광유(誑誘): 남을 속여서 꾀어냄.

상사(喪事): 사람이 죽은 일.

반승(飯僧): 승려를 공경하는 뜻에서 재식(齋食)을 베푸는 행사.

운위(云爲): 말과 행동.

좌소용마(剉燒舂磨): 칼로 자르고, 불로 태우고, 방아로 찧고, 맷돌로 간다고 함은 그 고통의 심함을 극언한 것이다.

자복(資福): 복을 받게 함.

고초(苦楚): 심한 어려움과 괴로움.

고유(固有): 어느 사물에만 특별히 있거나 본래부터 지니고 있음.

도무지(都無知): 도대체 알 수 없음.

위선(爲善): 선을 행하다. 착한 일을 하다.

程子曰。至誠貫天地。人尙有不化。豈有立僞敎而人可化乎。昔有僧問予曰。若無地獄。人何畏而不爲惡乎。予曰。君子之好

善惡惡。如好好色。如惡惡臭。皆由中而出。無所爲而爲之。一
有惡名至。則其心愧恥。若撻于市。豈待地獄之說。然後不爲惡
乎。其僧默然。於此幷書之。俾世之惑於其說者。知所辨焉。

　정자(程子)가 말하기를 '지극한 정성이 하늘과 땅을 뚫어도 사람
은 오히려 감화되지 않음이 있는데 어찌 거짓된 가르침으로 사람을
교화할 수 있겠는가?' 하였다.

　지난날에 어떤 스님이 나에게 묻기를 '만약 지옥이 없으면 사람이
무엇이 두려워서 악을 짓지 않겠는가?' 하기에. 내가 말했다. '군자
(君子)는 선(善)을 좋아하고 악(惡)을 싫어한다. 좋은 색을 좋아하는
것과 같고, 나쁜 냄새를 싫어하는 것과 같다. 모두 심중(心中)에서
나왔다. 하는 바 없이 하는 것이다. 한 번 악한 이름을 남기면 곧 그
부끄러워하는 마음은 시장에서 매를 맞는 것과 같다. 어찌 지옥 말
하기를 기다린 이후에 악한 짓을 하지 않는다 하겠는가?' 하니 그 스
님은 아무런 말을 하지 않았다. 여기에 그것을 함께 글로 써서, 후세
에 그 말을 의혹하는 자들이 분별하여 알게 할 것이다.

*괴치(愧恥): 부끄러워하는 태도를 보임.

묵연(默然): 잠자코 있는 모양

심중(心中): 마음에 품고 있는 것.

佛氏禍福之辨
불씨화복지변

天道福善而禍淫。人道賞善而罰惡。蓋由人操心有邪正。行己
有是非。而禍福各以其類應之。詩曰。求福不回。夫子曰。獲罪
於天。無所禱也。蓋君子之於禍福。正吾心而已。修吾己而已。
福不必求而自至。禍不必避而自遠。故曰君子有終身之憂。無一
朝之患。禍苟有自外而至者。順而受之而已。如寒暑之過於前。
而吾無所與也。

하늘의 도(道)는 선한 사람에게 복을 나쁜 사람에게 화(禍)를 주듯
이, 사람의 도(道)는 착한 사람에게 상(賞)을 나쁜 사람에게는 벌을
준다. 대개 사람은 마음먹기에 따라 삿됨과 바름이 있고, 행동에는
옳고 그름이 있어 재앙과 복이 각각 그 류(類)에 따라 응한다. 시경
에서 말하기를 '복을 구함에 삿되지 않아야 한다.'고 하였으며, 부자
(夫子)가 말하기를 '하늘에 죄를 받으면 빌 곳이 없다.' 하였다.

대개 군자는 화(禍)와 복(福)을 자신의 마음을 바르게 할 뿐이고,
자기의 몸을 닦을 뿐이다. 복은 반드시 구하지 않아도 자연히 이르
고, 화(禍)는 반드시 피하지 않아도 자연히 멀어진다. 까닭에 말하기
를 '군자(君子)는 몸을 마치도록 해야 할 걱정은 있어도 하루아침의
번민(煩悶)은 없다.' 하였다. 화(禍)는 진실로 밖으로부터 이르는 것
이다. 따르고 받을 뿐이다. 저 추위와 더위가 앞을 지나가는 것과 같
다. 나와 더불어 하지는 않는다.

*조심(操心): 잘못이나 실수가 없도록 말이나 행동에 신경을 씀. 애태우다. 노심하다

시왈(詩曰) : 시경(詩經).

구복불회(求福不回): 복록을 구하되 조상의 도를 위배하지 않음. 시경(詩經) 대아(大雅) 한록(旱麓)에 "화목하고 온화한(愷悌) 군자는, 복록(福祿)을 구하되 조상의 도리를 위배하지 않는다.

회(回): 集註에 回는 邪라 하였다.

*詩云 莫莫葛藟여 施于條枚로다 愷悌君子여 求福不回라하니 鬼神且不回어든 況於人乎아 ('무성한 칡덩굴이여, 나뭇가지에 뻗어 있구나. 화락한 군자여! 복을 구하는 방법이 사특하지 않다네.'라고 하였으니, 귀신도 사특하지 않은데 하물며 사람이랴!')

부자(夫子): 공자를 높여 이르는 말.

우환(憂患): 집안에 좋지 않은 일이나 아픈 사람이 생겨서 나는 걱정이나 근심.

소여(所與): 주어진 바.

彼佛氏則不論人之邪正是非。乃曰歸吾佛者。禍可免而福可
得。是雖犯十惡大憝者。歸佛則免之。雖有道之士。不歸佛則不
免也。假使其說不虛。皆出於私心而非公道也。在所懲之也。況
自佛說興。至今數千餘年。其間事佛甚篤。如梁武唐憲者。皆不
得免焉。韓退之所謂事佛漸謹。年代尤促者。此其說不亦深切著
明矣乎。

저 불씨(佛氏)는 곧 삿되고 바르고, 옳고 그름을 논하지 않고 이내
말하기를 '우리 부처님께 귀의하는 사람은 화(禍)를 면하고 복을 얻
을 수 있다.'고 한다. 이 비록 십악(十惡)을 범한 간악(奸惡)한 사람
일지라도 부처님께 귀의하면 면하게 되고, 비록 도(道)가 있는 선비
일지라도 부처님께 귀의하지 않으면 면하지 못한다는 것이다. 가사
그 말이 헛되지 않는다 할지라도 모두 사사로운 마음에서 나온 것이
지 올바른 도[公道]는 아니다. 응징(膺懲)함이 있어야 할 것이다.

하물며 불설(佛說)이 일어난 지 지금 수천여 년에 이르렀다. 그 사
이 부처님 섬기기를 깊고 돈독하게 한 양(梁)나라 무제(武帝)와 당
(唐)나라 헌종(憲宗) 같은 이도 모두 면함을 얻지 못했다. 한퇴지(韓
退之)가 말한 것처럼 '부처님 섬기는 일을 점점 깊이 할수록 연대(年
代)는 더욱 재촉되었다.' 한 이 말이 또한 깊고 간절하며 분명하지
않는가?

*대대(大憝): 대악(大惡).

원악대대(元惡大憝): 더할 수 없이 奸惡한 사람을 이른다.

가사(假使): 만약. 만일. 가령.

공도(公道): 바른 도리. 정의.

응징(膺懲): 잘못을 깨우쳐 뉘우치도록 징계함.

심절(深切): 심각하고 절실하다. 매우 적절하다.

저명(著明): 두드러지게 뚜렷하다.

한퇴지(韓退之): 한유(韓愈, 대력 3년(768년)~장경 4년(824년))는 중국 당(唐)을 대표하는 문장가·정치가·사상가이다. 당송 8대가(唐宋八大家)의 한 사람으로 자(字)는 퇴지(退之), 호는 창려(昌黎)이며 시호는 문공(文公)이다.

佛氏乞食之辨
불씨걸식지변

食之於人大矣哉。不可一日而無食。亦不可一日而苟食。無食
則害性命。苟食則害義理。洪範八政。食貨爲先。重民五敎。惟
食居首。子貢問政。則夫子以足食告之。此古之聖人。知生民之
道。不可一日而無食。故皆汲汲於斯。敎以稼穡。制以貢賦。軍
國有須。祭祀賓客有給。鰥寡老幼有養。而無匱乏飢餓之嘆。聖
人之慮民遠矣。

먹는 것은 사람에게 큰 것이다. 하루도 먹지 않고는 살 수 없다. 또
하루라도 구차하게 먹을 수는 없는 것이다. 먹지 않으면 성(性)과 명
(命)을 해치고, 구차하게 먹으면 의(義)와 이(理)를 해친다. 홍범 팔
정에 먹[食]는 것과 재물[貨]을 먼저 두었다. 민생에 오교(五敎)를
중하게 여기게 하되 오직 먹는 것을 첫 번째로 두었다.

자공(子貢)이 정사에 대해 묻자 공자(孔子)는 '먹는 것을 만족하게
하라.'고 말했다. 이는 옛 성인도 민중이 살아가는 길은 하루도 먹지
않으면 안 된다는 것을 알기 때문이다. 까닭에 모두 이에 급급하여
농사일을 가르치고, 세금을 제도화하여 군과 국가에 공수(公須)하
고, 제사와 찾아오는 손님을 접대하게 하고, 홀아비, 과부, 노인, 어
린이를 부양하여 궤핍(匱乏)과 기아(飢餓)와 탄식(吞食)함이 없게
하였다. 성인이 백성을 걱정하는 원대(遠大)함이다.

*성명(性命): 인성과 천명을 아울러 이르는 말.

홍범팔정(洪範八政): 서경(書經)의 편명. 홍(洪)은 대(大), 범(範)은 법(法)으로 천하를 다스리는 큰 법이라는 뜻. 팔정(八政)은 첫째는 식(食:음식)이고, 둘째는 화(貨:재화)이고, 셋째는 사(祀:제사)이고, 넷째는 사공(司空)이고, 다섯째는 사도(司徒)이고, 여섯째는 사구(司寇)이고, 일곱째는 빈(賓:손님)이고, 여덟째는 사(師:스승)이다.

오상(五常): 오륜(五倫) 인(仁)·의(義)·예(禮)·지(智)·신(信).

급급(汲汲): 골똘하게 한정된 일에만 마음을 씀.

가색(稼穡): 이전에, 벼나 보리, 밀 따위의 주식이 되는 곡물을 재배하는 농업을 이르던 말.

공부(貢賦): 예전에, 나라에 바치는 물건과 세금을 이르던 말.

공수(公須): 공공의 목적으로 씀.

환과(鰥寡): 홀아비와 과부.

궤핍(匱乏): (물자가)결핍하다. 부족하다.

부양(扶養): 스스로의 생활 능력이 없는 사람의 생활을 돌봄.

上而天子公卿大夫。治民而食。下而農工商賈。勤力而食。中而爲士者。入孝出悌。守先王之道。以待後之學者而食。此古之聖人。知其不可一日而苟食。故自上達下。各有其職。以受天養。其所以防民者至矣。不居此列者。奸民也。王法所必誅而不赦者也。

위로 천자와 공경대부(公卿大夫)는 백성을 다스림으로 먹고, 아래로 농(農), 공(工), 상고(商賈)는 부지런히 힘써서 먹고, 가운데 선비된 자는 집에 들어가면 효도하고 집을 나와서는 우애(友愛)로 선왕(先王)의 도(道)를 지키고 후대를 기다려 가르침으로써 먹게 한다. 이는 옛 성인들이 하루라도 구차하게 먹어서는 안 된다는 것을 아는 까닭에 위로부터 아래에 달하기까지 각각 그 직분이 있어서 하늘의 양생(養生)을 받아 백성들의 궁핍함을 방비함에 이른 것이다. 이러한 반열(班列)에 머물지 아니한 이는 간악한 백성이라 하여 왕법으로 반드시 죽여서 용서하지 않게 한 것이다.

*공경대부(公卿大夫): 중국의 주나라 시대 3공 9경 27대부를 둔 이래 높은 벼슬아치들을 일컫는 말로 쓰였다.

치민(治民): 백성을 다스림.

효제(孝悌): 부모에 대한 효도와 형제에 대한 우애.

상고(商賈): 이윤을 목적으로 물건을 파는 것을 업으로 하는 사람.

간민(奸民): 간악한 백성.

소이(所以): 어떤 일을 하게 된 이유.

반열(班列): 품계나 신분, 등급 따위의 차례.

金剛經曰。爾時。世尊食則着衣持鉢。入舍衛城。乞食於其城中。夫釋迦牟尼者。以男女居室爲不義。出人倫之外。去稼穡之事。絶生生之本。欲以其道。思以易天下。信如其道。是天下無人也。果有可乞之人乎。是天下無食也。果有可乞之食乎。

금강경에서 말하기를 '이때에 세존께서 공양을 하려고 곧 옷을 입고 발우(鉢盂)를 지니고 사위성(舍衛城)에 들어가 그 성 가운데에서 걸식을 하였다.' 한다.

대저 석가모니(釋迦牟尼)는 남여가 함께 집에 거하는 것은 옳지 못함이 되니 인륜(人倫) 밖을 벗어나 가색(稼穡)하는 일을 버리고 낳고 기르는 근본을 끊게 하였다. 그러한 도(道)로써 천하를 바꾸고자 하는 생각을 하였다. 그러한 도(道)를 믿을 것 같으면 천하에 사람이 없어진다. 과연 빌 사람이 있겠는가. 천하에 밥이 없는데 과연 빌어먹을 수 있겠는가?

*사위성(舍衛城): 인도 중부에 있던 고대 왕국인 코살라국의 수도.

가색(稼穡): 이전에, 벼나 보리, 밀 따위의 주식이 되는 곡물을 재배하는 농업을 이르던 말.

釋迦牟尼者。西域王之子也。以父之位爲不義而不居。非治民者也。以男耕女織。爲不義而去之。何勤力之有。無父子君臣夫婦。則又非守先王之道者也。此人雖一日食一粒。皆苟食也。信如其道。誠不食如蚯蚓。然後可也。何爲乞而食乎。且食在自力則爲不義。而在乞則爲義乎。

석가모니(釋迦牟尼)는 서역(西域) 왕의 아들이다. 아버지의 왕위(王位)를 옳지 않다 하며 머물지 않았다. 백성은 다스릴 자가 아니며, 남자가 밭을 갈고 여자는 베를 짜는 것은 의(義)가 아니라며 버리게 하였다. 무엇에 부지런히 힘쓸 수 있겠는가. 부자(父子)도 군신(君臣)도 부부(夫婦)도 없으며, 또한 선왕(先王)의 도(道)를 지키는 자도 아니다. 이 사람은 비록 하루 한 알을 먹더라도 모두 구차하게 먹는 것이다. 이 도(道)를 믿을 것 같으면 진실로 지렁이와 같이 먹지 말아야 한다. 그런 이후에야 가능할 것이다. 어찌 빌어서 먹으려 하는가? 또 먹는 것을 스스로의 힘으로 하는 것이 옳지 않다고 하면, 걸식(乞食)을 하는 것은 옳은 것인가.

*서역(西域): 예전에, 중국인이 중국의 서쪽 지역을 통틀어 이르던 말.
구인(蚯蚓): 환형동물 빈모강에 속한 동물을 통틀어 이르는 말. 지렁이.

佛氏之言。無義無理。開卷便見。故於此論而辨之。佛氏其初。不過乞食而食之耳。君子尙且以義責之。無小容焉。今也。華堂重屋。豊衣厚食。安坐而享之。如王者之奉。廣置田園臧獲。文簿雲委。過於公卷。奔走供給。峻於公務。其道所謂斷煩惱出世間。淸淨寡欲者。顧安在哉。

불씨(佛氏)의 말에는 의(義)도 없고 이(理)도 없는 것이 책만 펼치면 문득 보인다. 까닭에 여기에 이를 논해 분명히 하려 한다. 불씨

는 처음 걸식을 해서 먹는 데 지나지 않았다. 군자는 오히려 또한 의
(義)로서 그것을 꾸짖으며 조금도 용납하지 않았다. 지금은 화려한
금당과 중후한 집과 풍성한 옷, 좋은 음식을 편안히 앉아서 그들이
받는 것이 왕(王)을 받드는 것 같고, 넓은 전원(田園)과 노비를 두고
문서와 장부가 구름처럼 쌓인 것이 공문서보다 많고, 분주히 공급하
는 것이 공무보다 준엄하다. 그들의 도에서 말한 바 번뇌를 끊고 세
간을 떠나 욕심 없는 청정한 자는 어디를 돌아봐야 있는가?

*불과(不過): ……에 지나지 않다. ……에 불과하다.

 장획(臧獲): 노비(奴婢).

 문부(文簿): 문서와 장부.

 과욕(寡慾): 욕심이 적음.

 과욕(過慾): 욕심이 지나침.

 공급(供給): 물품이나 물질을 일정한 곳에 제공하거나 대어 줌.

 공무(公務): 국가나 공공 단체의 사무.

 안재(安在): 건재(健在)하다. 어디에 있는가? 평안 무사하다.

不惟坐費衣食而已。假托好事。種種供養。饌食狼藉。壞裂綵
帛。莊嚴幢幡。蓋平民十家之產。一朝而費之。噫。廢棄義理。
旣爲人倫之蟊賊。而暴殄天物。實乃天地之巨蠹也。張子曰。上
無禮以防其僞。下無學以稽其蔽。非獨立不懼。精一自信。有大
過人之才。何以正立其間。與之較是非計得失哉。噫。先正之所

以深致嘆息者。豈偶然哉。豈偶然哉。

오로지 앉아서 의식을 소비할 뿐만 아니라, 좋은 일이라 핑계 삼아 가지가지 공양에 좋은 음식이 낭자(狼藉)하고, 채색 비단을 오려서 당번(幢番)으로 장엄한다. 대개 평민 열 집에서 생산한 것을 하루아침에 소비한 것이다. 아아! 의리(義理)를 저버렸으니 이미 인륜(人倫)의 모적(蟊賊)이 되었으며, 하늘의 물건을 멸절(滅絶)시키니 실로 하늘과 땅의 아주 큰 좀벌레이다.

장자(張子)가 말하기를 '위로는 예(禮)로서 그 거짓을 막을 수 없고, 아래로는 배움으로 그 폐단을 계고(稽考)할 수 없으며, 홀로 서지 못해도 두려움 없이 정일(精一)하게 스스로를 믿고, 큰 허물이 있는 사람의 재주로 어떻게 바르게 그 사이에 서서 그와 더불어 옳고 그름을 비교하고 얻고 잃음을 계산하겠는가?' 하였다. 아아! 선인이 진정(眞正)으로 깊이 탄식함에 어찌 우연(偶然)이라 하며 어찌 우연(偶然)이라 하리요.

*가탁(假托): 핑계 삼다. (남의 명의를) 빌다.

낭자(狼藉): 난잡하게 어질러지다. 평판이 나쁘다.

괴열(壞裂): 일이 중도에 깨짐.

당번(幢幡): 당번. 부처 앞에 세우는 깃발.

폐기(廢棄): 못 쓰게 되거나 필요 없어진 물건을 아주 버림.

모적(蟊賊): 곡식의 뿌리를 갉아 먹는 해충이라는 뜻으로, 백성의 재물을 빼앗는 탐관오리를 비유적으로 이르는 말.

폭진(暴殄): (돈·시간·물건 따위를) 낭비하다. 멸절(滅絶)시키다.

거두(巨蠹): 큰 좀. 큰 좀벌레. 대악당. 대악도.

탄식(嘆息): 탄식하다. 한숨.

우연(偶然): 뜻하지 않게 일어난 일.

계고(稽考): 고찰하다. 검사하다. 조사하다.

정일(精一): 정신을 한곳에 집중하다. 순수하다. 전일(專一)하다. 섞임이 없다.

대과(大過): 큰 허물이나 잘못.

과인(過人): (남보다)뛰어나다. (남을)능가하다.

선정(先正): 선인(先人). 현인(賢人).

심치(深致): 원대한 포부. 깊은 생각.

佛氏禪敎之辨
불씨선교지변

佛氏之說。其初不過論因緣果報。以誑誘愚民耳。雖以虛無爲
宗。廢棄人事。尙有爲善得福。爲惡得禍之說。使人有所懲勸。
持身戒律。不至於放肆。故人倫雖毁。義理未盡喪了。

불씨(佛氏)의 말은 처음 인연(因緣)과 과보(果報)를 논(論)하여 어
리석은 백성을 속이고 유혹하는데 불과했다. 비록 허(虛)와 무(無)
로 종을 삼아 인사(人事) 폐기하였으나 오히려 선(善)을 행하면 복
을 얻고, 악(惡)을 행하면 화(禍)를 얻는다는 말이 있어, 사람들로 하
여금 징계하고 권장함이 있고, 몸으로 계율을 지니게 하여 방자하지
않도록 하는 까닭에 인륜(人倫)은 비록 훼손하였으나 의리를 다 잃
어버린 것은 아니다.

*광유(誑誘): 남을 속여서 꾀어냄.

허무(虛無): 세상의 진리나 인생 따위가 공허하고 무의미함을 이르는 말.

징권(懲勸): 나쁜 일을 징계하고 착한 일을 권장하다.

至達摩入中國。自知其說賤陋。不足以惑高明之士。於是曰。
不立文字。言語道斷。直指人心。見性成佛。其說一出。捷徑便

開。其徒轉相論述。或曰。善亦是心。不可將心修心。惡亦是心。不可將心斷心。善惡勸懲之道絶矣。或曰。及淫怒癡。皆是梵行。戒律持身之道失矣。自以爲不落窩臼。解縛去械。憜然出於禮法之外。放肆自恣。汲汲如狂。無復人理。所謂義理者。至此都喪也。

달마(達磨)가 중국에 들어옴에 이르러 스스로 그 말이 천하고 비루하여 족히 고명한 인사들을 매혹시키지 못함을 알고, 이에 말하기를 '문자(文字)를 세우지 않아 언어(言語)의 도(道)가 끊어졌다. 바로 사람의 마음을 가리켜 성품을 보면 부처를 이룬다.'고 하였다. 그 말이 한 번 나오니 빠른 길이 문득 열려 그의 문도들이 서로 굴리면서 논술하였다. 혹자는 말하기를 '선(善) 또한 마음이다. 마음을 가지고 마음을 닦을 수 없으며 악(惡)도 또한 마음이다. 마음을 가지고 마음을 끊을 수 없다.' 하니 선을 권하고 악을 징계하는 도(道)도 끊어졌다. 혹자는 말하기를 '음(淫)과 노(怒)와 치(癡)도 모두 청정 행이다.' 하니, 계율을 몸에 지녀야할 도(道)를 잃은 것이다.

스스로 구덩이에 떨어지지도 않고 속박을 풀고 사다리를 제거했다 하면서, 오만하게 예법(禮法) 밖을 벗어나 제멋대로 자자를 하며 급급하기가 미치광이 같다. 다시 사람의 도리(道理)도 없고, 말한 바 의리(義理)도 이에 이르러 모두 잃었다.

*첩경(捷徑): 가깝게 질러서 가는 빠른 길.

권징(勸懲): 착한 일을 권장하고 악한 일을 징계함.

범행(梵行): 청정한 행위. 항상 번뇌와 욕망에 물들지 않고 맑고 깨끗한 자비심으로 중생을 제도하는 일.

방사(放肆): 제멋대로 하다. 난폭하다. 방자하다.

자자(自恣): 하안거를 마칠 때, 모든 승려들이 서로 자기의 죄과를 고백하고 참회하여 다른 승려들에게서 훈계를 받는 일. 제멋대로이다.

급급(汲汲): 골똘하게 한정된 일에만 마음을 씀.

朱文公憂之日。
西方論緣業。卑卑喩群愚。流傳世代久。梯接凌空虛。
顧瞻指心性。名言超有無。捷徑一以開。靡然世爭趨。
號空不踐實。躓彼荊蓁塗。誰哉繼三聖。爲我焚其書。
甚哉。其憂之深也。予亦爲之憮然三嘆。

주문공이 근심하며 말하기를,

'서역에서는 인연 업보를 논하여 애써 많은 어리석은 이를 일깨웠으나,

세상에 전해 내려온 지 오래되니 의지한 사다리는 공(空)과 허(虛)로 업신여기고,

돌아보고 심(心)과 성(性)을 가리키며 유무(有無)를 초월했다 말한다.

빠른 길이 한번 열리니 바람에 휩쓸리듯 세상 사람들이 다투어 쫓아,

공(空)이라 부르면서 실천하지 않더니 저 무성한 가시넝쿨에 넘어

졌네.

  누가 삼성(三聖)의 뒤를 이어 나를 위해 저 책을 불사를 텐가?' 하였다.

  깊다. 그의 근심이 깊다. 나 또한 실망하여 세 번 탄식한다.

  *주희(朱熹, 1130년~1200년)는 중국 남송의 유학자로, 주자(朱子), 주문공(朱文公) 송태사휘국문공(宋太師徽國文公)이라는 존칭이나 봉호로도 불린다. 자(字)는 원회(元晦), 중회(仲晦)이다. 호는 회암(晦庵), 회옹(晦翁), 운곡 노인(雲谷老人), 등이다. 시호(諡號)는 문(文), 휘국공(徽國公)이다. 송나라 복건성(福建省) 우계(尤溪)에서 출생했으며 19세에 진사가 된 후 여러 관직을 지내면서 공자, 맹자 등의 학문에 전념하였다. 주돈이, 정호, 정이 등의 유학 사상을 이어받았다. 그는 유학을 집대성하였으며 오경의 참뜻을 밝히고 성리학(주자학)을 창시하여 완성시켰다.

  비비(卑卑) : 애써 노력하는 모양. 아주 천하다.

  고첨(顧瞻) : 돌아보다. 돌이켜 보다.

  명언(名言) : 사리에 맞는 훌륭한 말.

  삼성(三聖) : 우(禹), 주공(周公), 공자(孔子).

  미연(靡然) : 초목이 바람에 기울어지는 모양.

  무연(憮然) : 실망한 모양. 멍한 모양.

儒釋同異之辨
유석동의지변

先儒謂儒釋之道。句句同而事事異。今且因是而推廣之。此曰虛。彼亦曰虛。此曰寂。彼亦曰寂。然此之虛。虛而有。彼之虛。虛而無。此之寂。寂而感。彼之寂。寂而滅。此曰知行。彼曰悟修。此之知。知萬物之理具於吾心也。彼之悟。悟此心本空無一物也。此之行。循萬物之理。而行之無所違戾也。彼之修。絶去萬物。而不爲吾心之累也。

선배 유학자가 말하기를, 유가(儒家)와 석가(釋家)의 도(道)는 구구절절(句句節節)은 같으나 사사건건(事事件件)은 다르다. 이제 또 이로 인해 널리 그것을 추론해 보면, 우리가 말하는 허(虛)를 저들 또한 허(虛)라고 말하고, 우리가 말하는 적(寂)을 저들도 또한 적(寂)이라 말한다. 그러나 우리가 말하는 허(虛)는 비었음이 있고, 저들의 허(虛)는 비었음이 없는 것이며, 우리의 적(寂)은 고요함으로 느끼는 것이요. 저들의 적(寂)은 고요함으로 없는 것이다.

우리는 지(知)와 행(行)을 말하고 저들은 오(悟)와 수(修)를 말한다. 우리의 지(知)는 만물의 이치가 내 마음에 갖추어졌음을 아는 것이요. 저들의 오(悟)는 이 마음은 본래 공하여 한 물건도 없음을 깨닫는 것이다. 우리의 행(行)은 만물의 이치를 따라 행하여 어김이 없는 것이요. 저들의 수(修)는 만물을 끊어 버려서 나의 마음에 얽매이지 않게 하는 것이다.

*구절(句節): 한 토막의 말이나 글.

사사(事事): 일을 하다. 모든 일. (어떤)일에 종사하다. 만사.

위려(違戾): 위반(하다).

此曰心具衆理。彼曰心生萬法。所謂具衆理者。心中原有此
理。方其靜也。至寂而此理之體具焉。及其動也。感通而此理之
用行焉。其曰。寂然不動。感而遂通天下之故。是也。所謂生萬
法者。心中本無此法。對外境而後法生焉。方其靜也。此心無有
所住。及其動也。隨所遇之境而生。其曰。應無所住而生其心。

우리는 마음에 많은 이치를 갖추었다고 말하고, 저들은 마음이 만
법을 낳는다고 말한다. 말한 대로 많은 이치를 갖추었다는 것은 마
음 가운데 원래 이러한 이치가 있다는 것이다. 바야흐로 그것이 고
요하여 지극한 적정(寂靜)에 이르면 이치의 체(體)를 갖추고, 그것
이 동(動)함에 미쳐서 감통(感通)하면 이 이치의 용(用)이 행하는 것
이다. 그가 말한 '적정(寂靜)할 적에는 동(動)하지 않다가 느끼게 되
면 드디어 천하의 연고(緣故)에 통한다.' 한 까닭이 이것이다.

말한 대로 '만법을 낳는다는 것은 마음 가운데 본래 이 법이 없다
가 외부 경계를 대한 이후에 법이 생(生)한다.'는 것이다. 바야흐로
그것이 고요할 적에는 이 마음에 머무는 곳이 없다가. 그 동(動)함에
미쳐서는 만나는 곳의 경계에 따라 생긴다는 것으로, 그가 말한 '응

당히 머무는 곳 없이 그 마음을 낸다.'고 한 것이다.

*연고(緣故): 혈통, 정분 또는 법률 따위로 인연을 맺은 관계.

감이수통(感而遂通): 점괘에 신이 감응하여 모든 일이 통하게 됨.

應無所住而生其心(응무소주이생기심) -금강견 장엄정토분 제10-

又曰。心生則一切法生。心滅則一切法滅。是也。此以理爲固
有。彼以法爲緣起。何其語之同而事之異。如是耶。此則曰酬酢
萬變。彼則曰隨順一切。其言似乎同矣。然所謂酬酢萬變者。其
於事物之來。此心應之。各因其當然之則。制而處之。使之不失
其宜也。如有子於此。使之必有孝而不爲賊。有臣於此。使之必
爲忠而不爲亂。至於物。牛則使之耕而不爲抵觸。馬則使之載而
不爲踶齕。虎狼則使之設檻寘穽而不至於咬人。蓋亦各因其所固
有之理而處之也。

또 말하기를, '마음이 생(生)하면 일체의 법이 생하고, 마음이 멸
(滅)하면 일체의 법이 멸한다.' 하는 것이 이것이다. 우리[儒家]는 이
(理)가 진실로 있다고 하는데, 저들[佛家]은 법이 연(緣)이 되어 일
어난다 한다. 어찌 그 말은 같으나 일의 다름이 이와 같은가? 우리는
만변(萬變)에 응대하는 것이라고 말하지만, 저들은 일체에 따른다
고 말한다. 그 말이 같은 것 같은가?

그러나 말한 대로 '만변(萬變)에 응대한다.'는 것은 사물이 올 때에

이 마음이 그것에 응하여 각각 그 당연한 법칙으로 인해 제도로 처하게 하고, 그 마땅함을 잃지 않게 하는 것이다. 자식이 있으면 반드시 효자로 있게 하고 도적이 되지 않게 하며, 신하로 있으면 반드시 충신이 되게 하고 난신이 되지 않게 하는 것과 같다.

물(物)에서도 소로 밭을 갈게 하지 들이받지 않게 하며, 말에게는 물건을 실어 나르게 하지 물거나 차지 않게 하며, 호랑이나 이리는 올무를 설치하고 함정을 파서 사람을 해치지 않게 한다. 대개 또한 각각 본래 지니고 있는 이치에 인하여 처하게 하는 것이다.

*수작(酬酢): 주객(主客)이 서로 술잔을 주고받다. 응대하다. 벗과 교제하다. 주인이 객에게 답하는 것을 수(酬), 객이 주인에게 잔을 돌리는 것을 작(酢)이라고 한다.

저촉(抵觸): 법률이나 규칙 등에 위반되거나 거슬림.

心生則一切法生(심생즉일체법생) -기신론 제 상권-

사호(似乎) : 마치(……인 것 같다).

고유(固有) : 어느 사물에만 특별히 있거나 본래부터 지니고 있음.

若釋氏所謂隨順一切者。凡爲人之子。孝者自孝。賊者自賊。爲人之臣。忠者自忠。亂者自亂。牛馬之耕且載者。自耕且載。抵觸踶齕。自抵觸踶齕。聽其所自爲而已。吾無容心於其間。

만약 석씨(釋氏)가 말한 대로 '일체에 따른다.'고 하면, 무릇 사람의 아들은 효자(孝子)는 스스로 효자이고 도적은 스스로 도적이 된 것이며, 사람의 신하는 충신(忠臣)은 스스로 충신이고 난신(亂臣)은 스스로 난신이 된 것이다. 소와 말이 밭을 갈고 또 짐을 싣는 것도 스스로 밭을 갈고 또 짐을 싣는 것이며, 들이받거나 물리는 것을 저촉함도 스스로 들이받고 물어뜯은 것을 저촉한 것이니, 스스로 하는 것을 들었을 뿐이다. 나는 그 사이에 마음 둘 곳이 없다.

*위인(爲人): 됨됨이로 본 그 사람.

저촉(抵觸): 법률이나 규칙 등에 위반되거나 거슬림.

용심(容心): 개의(介意)하다. 마음에 두다. 신경 쓰다.

佛氏之學如此。自以爲使物而不爲物所使。若付一錢則便沒乃何他。此其事非異乎。然則天之所以生此人。爲靈於萬物。付以財成輔相之職者。果安在哉。其說反復。頭緖雖多。要之。此見得心與理爲一。彼見得心與理爲二。彼見得心空而無理。此見得心雖空而萬物咸備也。故曰。吾儒一。釋氏二。吾儒連續。釋氏間斷。然心一也。安有彼此之同異乎。蓋人之所見。有正不正之殊耳。

불씨(佛氏)의 학문은 이와 같다. 스스로 '물(物)을 부리기는 하지만 물에 부림을 받지는 않는다.' 한다. 만약 일전(一錢)을 주었는데 문득 어찌할 줄 모를 것 같으면 이 일은 이와 다르지 않는가? 그러나 하늘이 이 사람을 생(生)하여 만물(萬物)의 영장(靈長)이 되게 하고,

재성(財成)과 보상(輔相)의 직책을 준 까닭이 과연 어디에 있는가. 이 말을 반복함에 두서(頭緖)가 비록 많으나, 그것을 요약(要約)하면 우리는 마음을 얻으면 이(理)와 하나가 된다고 본 것이요. 저들은 마음을 얻으면 이(理)와 둘이 된다고 본 것이다. 저들은 마음이 공함을 얻으면 이(理)가 없다고 본 것이요. 우리는 마음이 비록 공함을 얻더라도 만물(萬物)을 다 갖추었다고 보는 것이다.

까닭에 말하기를 '우리 유가(儒家)는 하나요. 저 석씨(釋氏)는 둘이며, 우리 유가(儒家)는 연속(連續)이나, 저 석씨(釋氏)는 끊어졌다.' 한다. 그러나 마음은 하나라는 것은 어찌 저와 우리가 같고 다름이 있겠는가? 대개 사람이 보는 것에는 올바르게 보느냐 올바르지 않게 보느냐의 다름이 있을 뿐이다.

*재성(財成) : 잘 재량하여 일을 성취시킴.

보상(輔相): 예전에, 임금을 도와 나라를 다스리는 일이나 그러한 일을 하는 사람을 이르던 말.

소이(所以): 어떤 일을 하게 된 이유.

안재(安在): 건재(健在)하다. 어디에 있는가? 평안 무사하다.

두서(頭緖): 일의 앞뒤가 드러나는 차례나 구별되는 갈피.

四大身中誰是主。六根塵裏孰爲精。黑漫漫地開眸看。終日聞聲不見形。此釋氏之體驗心處。謂有寧有迹。謂無復何存。惟應酬酢際。特達見本根。此吾儒之體驗心處。且道心但無形而有聲

乎。抑有此理存於心。爲酬酢之本根歟。學者當日用之間。就此
心發見處。體究之。彼此之同異得失。自可見矣。

'사대(四大)의 몸 가운데 누가 주인이며, 육근(六根) 육진(六塵) 속에 무엇이 정(精)이 되는가. 캄캄하고 아득한 땅에 눈을 뜨고 보면 종일토록 들리는 소리에 보이는 형상이 없다.' 하였다. 이것이 석씨(釋氏)가 체험한 마음이 머무는 곳이다.

'있다고 말한들 어찌 흔적이 있으며 없다고 말한들 다시 무엇이 있겠는가. 오직 수작(酬酌)할 때를 응해서 특별히 통달함으로 근본을 본 것이다.' 하였다. 이것이 우리 유가(儒家)가 체험한 마음이 머무는 곳이다. 또 도심(道心)에 무릇 형상이 없는데 소리가 있겠는가? 이러한 이치를 마음에 간직함이 있으면 수작(酬酌)의 근본이 될 것이다. 배우는 이는 마땅히 일상생활 하는 사이에 이 마음이 발현(發現)하는 곳에 나아가 그것을 체험하고 궁구(窮究)하면, 저들과 우리와의 같고 다르고 얻고 잃은 것을 스스로 다 볼 수 있을 것이다.

*사대(四大): 세상 만물을 구성하는 땅, 물, 불, 바람(地水火風)의 네 가지 요소.

육근(六根): 지각하는 기관. 안이비설신의(眼耳鼻舌身意).

육진(六塵): 인간의 본성을 흐리게 하는 여섯 가지의 대상. 눈으로 보는 색경(色境),

귀로 듣는 성경(声境), 코로 냄새를 맡는 향경(香境), 입으로 맛을 아는 미경(味境), 몸으로 느끼는 촉경(触境), 마음으로 아는 법경(法境)인 육경(六境).

만만(漫漫): (시간·벌판 따위가)끝없다. 가없다. 가득하다.

주자(朱子)의 시(詩) "謂有寧有迹 謂無復何存 惟應酬酢處 特達見本根"

특달(特達): 특별히 재주가 뛰어남.

발견(發見): 미처 보지 못했던 사물이나 알려지지 않은 사실을 찾아냄.

발현(發現): 속에 숨겨져 있는 것을 밖으로 드러나게 함.

가견(可見): ……을 볼 수 있다.

請以朱子之說申言之。心雖主乎一身。而其體之虛靈。足以管乎天下之理。理雖散在萬物。而其用之微妙。實不外乎人之一心。初不可以內外精粗而論也。然或不知此心之靈而無以存之。則昏昧雜擾。而無以窮衆理之妙。不知衆理之妙。而無以窮之。則偏狹固滯。而無以盡此心之全。此其理勢之相須。蓋亦有必然者。

청컨대 주자의 말로 설명하면, '마음이 비록 한 몸의 주인으로 그 체(體)는 허령(虛靈)하지만 족히 천하의 이(理)를 관장(管掌)하고, 이(理)는 비록 만물에 흩어져 있지만 그 쓰임은 미묘(微妙)하여, 실로 사람의 한 마음을 벗어나지 않으니, 처음부터 안과 밖 정밀함과 거칠음을 논하는 것에 불과하다. 그러나 혹 이 마음의 신령함을 알지 못하여 그것을 둘 수 없으면 어둡고 혼잡하여, 많은 이(理)의 미묘함을 궁구(窮究)할 수 없다. 많은 이(理)의 미묘함을 알지 못해 이를 궁구(窮究)하지 못하면 치우치고 굳고 막히어 이 마음을 온전히 다할 수 없다.' 하였다. 이는 사리(事理)와 기세(氣勢)가 서로 따르기에 모두 또한 반드시 그러함이 있는 것이다.

*신언(神言): 표명하다. 공언하다. 성명하다.

허령(虛靈): 마음이 신령하고 잡된 생각이 없음을 일컫는다.

정조(精粗): 정밀한 것과 거친 것을 아울러 이르는 말.

관장(管掌): 일을 맡아서 다룸.

혼매(昏昧): 어리석고 사리에 어둡다. 속이다. 어둡다.

요잡(擾雜): 혼잡하다. 난잡하다.

편협(偏狹): 도량이나 생각하는 것이 좁고 한쪽에 치우침.

이세(理勢): 사리와 형세를 아울러 이르는 말.

필연(必然): 반드시 그렇게 되도록 되어 있는 일.

是以聖人設敎。使人默識此心之靈。而存之於端莊靜一之中。
以爲窮理之本。使人知有衆理之妙。而窮之於學問思辨之際。以
致盡心之功。巨細相涵。動靜交養。初未嘗有內外精粗之擇。及
其眞積力久。而豁然貫通焉。亦有以知其渾然一致。而果無內外
精粗之可言矣。今必以是爲淺近支離。而欲藏形匿影。別爲一種
幽深怳惚艱難阻絶之論。務使學者。莽然措其心於文字言語之外。

이를 성인(聖人)이 가르치시기를, 사람들로 하여금 묵묵히 이 마
음의 신령함을 알아, 단정하고 장중하며 정일한 가운데 두고 이(理)
를 궁구(窮究)하는 근본으로 삼게 하였고, 사람들로 하여금 많은 이
(理)의 미묘함이 있는 줄 알아, 배우고 묻고 생각하고 분별할 때를
궁구하여 마음을 다해 공(功)에 이르게 하여, 크고 작은 것이 서로

젖게 하고, 동(動)과 정(靜)이 서로 도와야 하며, 처음부터 일찍이 안과 밖, 정밀하고 거친 것을 가리지 않고 진실로 오래도록 힘쓰면 활연히 관통할 것이다. 또 그것이 혼연히 일치한 줄 알면, 결과적으로 안과 밖 정밀하고 거친 것이 없음을 말할 수 있을 것이다. 이제야 반드시 이를 천근(淺近)하고 지리(支離)하게 여겨 형상은 감추고 그림자를 숨기고자, 특별히 일종의 깊고 희미하고 어렵고 막히고 끊어졌다는 논리로 힘써 배우는 이들을 힘들게 하고, 어지럽게 문자와 언어 밖에 마음을 두게 한다.

*단장(端莊): 단정하고 장중하다.

이치(以致): ……이 되다. ……을 가져오다.

활연(豁然): 환하게 트여 시원하게. (마음이)활짝 트인 모양. 확 뚫린 모양.

관통(貫通): 이쪽에서 저쪽까지 꿰뚫어서 통과함.

혼연일치(渾然一致): 의견이나 주장 따위가 완전히 하나로 일치함.

가언(可言): 말할 만하다.

장형닉영(藏形匿影): 몸통을 감추고 그림자마저 숨긴다.

유심(幽深): 깊숙하고 고요하다. (의미가)심원하다.

간난(艱難): 몹시 힘들고 고생스러움.

망연(莽然): 무성한 모양.

천근(淺近): 천근하다. 평이하다. 알기 쉽다.

지리(支離): 흩어져 있다. (말이나 글이)무질서하다. 불완전하다. 조리가 없다.

조절(阻絶): 막혀서 끊어지다. 두절되다.

무사(務使): 반드시 ……가 될 수 있게 하다. ……을 보장하다.

황망(荒莽): 거칠고 촌스러움.

而曰道必如是。然後可以得之。則是近世佛學詖淫邪遁之尤
者。而欲移之。以亂古人明德新民之實學。其亦誤矣。朱子之
言。反復論辨。親切著明。學者於此。潛心而自得之可也。

그러면서 말하기를 '도(道)는 반드시 이와 같이한 이후에 얻을 수
있다.'고 한다. 곧 이는 근세의 불교학이 편벽되고 어지럽고 삿되며
회피하는 말이 심하다. 이를 전하고자 옛 사람의 명덕(明德)과 신민
(新民)의 실학(實學)을 어지럽게 하는 것 또한 잘못이다. 주자(朱子)
의 말로 거듭해서 논변(論辨)하여 친절하고 분명하게 나타내었으
니, 이를 배우는 이는 마음을 가다듬고 스스로 얻는 것이 옳을 것이다.

*피음사둔(詖淫邪遁): 간사하고 회피하는 말이라는 뜻이다.

명덕(明德): 공명정대하며 도리에 맞는 행동.

신민(新民): 백성을 새롭게 하다. 군자는 자신의 명덕(明德)을 밝힌 뒤에 그 밝은
덕을 극진히 온 천하 백성에까지 베풀어 밝게 만든다.

실학(實學): 참된 학문(實學).

반복(反復): 거듭해서 되풀이함.

저명(著明): 두드러지게 뚜렷하다.

잠심(潛心): 어떤 일에 대해 마음을 가라앉히고 깊이 생각함.

佛法入中國
불법입중국

*(按此以下至事佛甚謹年代尤促。引用眞氏大學衍義說。)

(여기서부터 '부처님을 섬기기를 극진히 할수록 연대는 더욱 단축되었다.'에 이르기 까지는 진씨의 대학연의 설을 인용하였다.)

漢明帝聞西域有神。其名曰佛。遣使之天竺。得其書及沙門以來。其書大抵以虛無爲宗。貴慈悲不殺。以爲人死精神不滅。隨復受形。生時所作善惡。皆有報應。故所貴修鍊。以至爲佛。善爲宏闊勝大之言。以勸誘愚俗。精於其道者。號曰沙門。於是中國始傳其術。圖其形像。而王公貴人。獨楚王英最先好之。

한(漢)나라 명제(明帝)는 서역(西域)에 신(神)이 있는데 그 이름이 불(佛)이란 말을 듣고 사신을 천축(天竺)으로 보내 경서(經書)와 사문(沙門)을 들어오게 하였다. 그 경서(經書)는 대개 허(虛)와 무(無)를 종(宗)으로 삼고, 자비(慈悲)와 불살생(不殺生)을 귀하게 여겨 '사람이 죽으면 정신은 멸하지 않고 다시 형상(形象)받음을 따르는데 살아 있을 때에 지은 선(善)과 악(惡)으로 모두 보응(報應)이 있다.' 하였다. 까닭에 수련(修鍊)을 하여 부처가 되는 것을 귀하게 여긴다. 선(善)은 드넓고 광대하며 수승(殊勝)하고 원대(遠大)하다고 말을 하면서 어리석고 속된 사람들에게 권유(勸誘)한다. 그 도(道)에 정진(精進)하는 사람을 사문(沙門)이라고 부른다. 중국에 처음으로 전해진 방법은 그 형상을 그림으로 그렸다. 왕과 공주(公主) 귀인

(貴人)으로 유독 초(楚)나라 왕 유영(劉英)이 가장 먼저 좋아했다.

*대학연의(大學衍義): 중국 송나라의 진덕수(眞德秀)가 지은 책. 수신제가(修身齊家)를 역설한 경서(經書)로, 43권으로 되어 있다.

진덕수(眞德秀): 중국 송(宋)나라의 유학자이자 정치가로 지금의 푸젠성(福建省)인 건녕부(建寧府) 포성(浦城) 출신이다. 58세에 병으로 세상을 떠났다.

권유(勸誘): 남에게 어떤 일을 권하여 하도록 함.

초왕(楚王) 영(英): 후한(後漢) 광무제(光武帝)의 제6자 유영(劉英)이다. 초왕(楚王)에 봉해졌으므로 초왕 영이라 불린다. 본래 호협한 사람인데, 만년에 황로부도(黃老浮屠)의 학을 즐기며 방사(方士)들과 역모를 꾸미다가 발각되어 자살하였다.-後漢書 卷72

최선(最先): 여럿 가운데 가장 앞섬.

귀인(貴人): 신분이나 지위가 높은 사람. 조선 시대 종일품 내명부의 봉작(封爵).

眞西山曰。臣按此佛法入中國之始也。是時所得者。佛經四十二章。緘之蘭臺石室而已。所得之像。繪之淸涼臺顯節陵而已。楚王英雖好之。然不過潔齋修祀而已。英尋以罪誅。不聞福利之報。其後靈帝始立祠於宮中。魏晉以後。其法寖盛。而五胡之君。若石勒之於佛圖澄。符堅之於道安。姚興之於鳩摩羅什。往往尊以師禮。元魏孝文。號爲賢主。亦幸其寺。修齋聽講。自是至于蕭梁。其盛極矣。而其源則自永平始。非明帝之責而誰哉。

진서산(眞西山)이 말하기를, '신이 불법이 중국에 들어온 처음을 살펴보니, 이때에 얻은 것으로 불경 42장은 난대(蘭臺)의 석실(石室)에 봉해 두었고, 얻어 온 불상(佛像)은 청량대(淸凉臺)와 현절릉(顯節陵)에 그림으로 그려 두었을 뿐이었다. 초(楚)나라 왕 유영(劉英)이 비록 좋아했지만, 그러나 몸을 정갈하게 하고 제사를 지내는 것에 지나지 않았다. 유영(劉英)은 죄로 주살되어 복리(福利)를 받았다는 말은 듣지 못했다. 그 뒤 영제(靈帝)가 처음 궁중(宮中)에 사당을 세웠고, 위(魏), 진(晉) 이후 그 법이 점점 왕성(旺盛)하여, 오호(五胡)의 군왕들이 석륵(石勒)이 불도징(佛圖澄)을, 부견(符堅)이 도안(道安)을, 요흥(姚興)이 구마라습(鳩摩羅什)을, 왕왕 스승의 예로 존경했다. 원위(元魏)의 효문제(孝文帝)를 현명한 군주라고 부른다. 역시 절을 좋아해 절에 가서 재를 올리고 제사를 지내며 강의를 들었다. 이로부터 양나라 무제에 이르기까지 성행함이 극에 달했다. 그 근원이 영평(永平)으로부터 시작하였으니 명제(明帝)를 꾸짖지 않으면 누구이겠는가?' 하였다.

*진서산(眞西山): 호는 진덕수(眞德秀, 1178년~1235년)가 지은 대학연의(大學衍義)

난대(蘭臺): 한대(漢代), 제실(帝室)의 문고(文庫).

결재(潔齋): 주색을 금하고 언행을 조심하여 몸과 마음을 깨끗이 함.

수사(修祀): 제사.

오호(五胡): 동진(東晉) 시대 중원(中原)에 침입한 흉노(匈奴)·갈(羯)·선비(鮮卑)·저(氐)·강(羌)의 다섯 종족.

석륵(石勒): 후조 고조 명황제 석륵은 오호십육국 시대 후조(後趙)의 창건자이다. 흉노(匈奴)의 하위 부족인 갈족(羯族) 출신으로 전조(前趙)의 장수로 활약하다가 독립하여 후조를 건국하였다. 묘호는 고조(高祖), 시호는 명황제(明皇帝)이다.

부견(符堅): 오호십육국 시대 전진(前秦, 351년~394년)의 제3대 황제. 문옥(文玉)이라고도 한다. 자는 영고(永固). 저족(氐族) 출신으로 다재다능하고 박학다식했으며, 한족(漢族) 문화에 대한 교양이 풍부했다.

요흥(姚興): 진 고조 문환황제 요흥(秦 高祖 文桓皇帝 姚興, 366년~416년, 재위: 394년~416년)은 중국 오호십육국 시대 후진의 제2대 황제로, 자는 자략(子略)이다.

원위(元魏): 중국 북조의 한 나라. 선비족(鮮卑族)의 탁발부(拓跋部)가 중국 화북지역에 세운 북조(北朝) 최초의 왕조(386년~534년). 원위(元魏)·후위(後魏)라고도 한다.

소량(蕭梁): 무제의 성이 소씨(蕭氏)이므로 소량(蕭梁)이라 하였다. 양(梁)나라 무제(武帝) 소연(蕭衍)을 말한다.

영평(永平): 중국 북위 선무제 때의 연호(508년~512년). 선무제의 세 번째 연호이다.

명제(明帝): 후한(後漢) 제2대 황제.

事佛得禍
사불득화

梁武帝中大通元年九月。幸同泰寺。設四部無遮大會。釋御服
持法衣。行淸淨大捨。群臣以錢一億萬。祈白三寶。奉贖皇帝。
僧衆默然。上還內。上自天監中用釋氏法。長齋斷肉。日止一
食。惟茶羹糲飯而已。多造塔。公私費損。

양(梁)나라 무제(武帝)는 중대통(中大通) 원년 9월 동태사(同泰
寺)에 행행(行幸)하여 사부대중(四部大衆)에게 무차대회(無遮大
會)를 베풀고 어복(御服)을 벗고 법의(法衣)를 입고 청정대사를 행
했다. 많은 신하들이 돈 일억만을 삼보(三寶)전에 기도로 아뢰고 황
제의 속전(贖錢)으로 바쳤다. 승가 대중이 묵연(默然)함으로 임금은
궁으로 돌아왔다. 임금은 천감(天監)년부터 석씨의 법을 쓰면서 오
래도록 재를 지내며 고기를 먹지 않고, 하루 한 끼만으로 오직 나물
국에 현미밥뿐이었다. 많은 탑을 쌓아 공과 사적으로 비용을 손실하
였다.

*중대통원년(中大通元年): 중국 남북조 시대 양(梁)나라 무제 때의 네 번째 연호
(529년~534년).

동태사(同泰寺): 중국 양(梁)나라 무제(武帝) 대통(大通) 원년(527년)에 수도 건
강(建康)에 세운 절. 무제는 이 절을 건립한 후 공양을 하고 친히 열반경을 강론하
는 등 다양한 활동을 하였다.

청정대사(淸淨大捨): 대사(大捨)는 중사(中捨)·하사(下捨)와 함께 삼사(三捨)의 하나로, 내외(內外)의 심신(心身)을 일시에 모두 버린다는 뜻이다.

삼보(三寶): 불, 법, 승(佛, 法, 僧).

행행(行幸): 임금의 행차.

어복(御服): 임금의 옷.

법의(法衣): 승려가 입는 옷.

사부대중(四部大衆): 출가는 비구와 비구니, 재가는 우바새와 우바이이다.

삼사(三捨): 사신(捨身)·사명(捨命)·사재(捨財)

속전(贖錢): 죄를 면하려고 바치는 돈.

천감(天監): 연호 천감(天監)은 중국 양(梁) 무제(武帝)의 연호이다. 502년 4월에서 519년까지 17년 9개월 동안 사용하였다.

묵연(黙然): 잠자코 있는 모양.

채갱(菜羹): 나물을 넣고 끓인 국.

여반(糲飯): 현미로 지은 밥.

時王侯子弟。多驕淫不法。上年老。厭於萬機。又專精佛戒。每斷重罪。則終日不懌。或謀叛逆事覺。亦泣而宥之。由是王侯益橫。或白晝殺人於都街。或暮夜公行剽掠。有罪亡命。匿於主家。有司不敢搜捕。上深知其弊。而溺於慈愛。不能禁也。

그때에 왕후와 자제들은 다분히 교만하고 음난(淫亂)하여 법을 지키지 않았다. 임금은 나이가 늙어 만사를 싫어했다. 또 부처님 계율을 오로지 하면서 매양 중죄(重罪)를 엄벌할 적에는 종일토록 기뻐하지 못했다. 혹 모반과 역모를 알았더라도 눈물을 흘리면 그를 용서해 주었다. 이로 말미암아 왕후는 더욱 방자하여, 혹 백주에 도시 거리에서 사람을 죽여도, 혹 깊은 밤에 공공연히 약탈을 행하여도 죄는 있으나 명이 없었으므로 주가(主家)에서 숨겨 주면 관리들은 감히 수사하지 못하였다. 임금은 그 폐단을 깊이 알지만 자애(慈愛)에 빠져 능히 금지시키지 못했다.

*만기(萬機): 정치에서의 여러 가지 중요한 일. 임금이 보는 여러 가지 정사.

전정(專精): 전념(하다). (기술·학문 따위에)정통하다.

익횡(益橫): 거만하고 횡포함이 더해짐.

모야(暮夜): 깊은 밤. 한밤.

공행(公行): 공공연히 행하다.

표략(剽掠): 남을 을러메어 빼앗음. 약탈하다.

수포(搜捕): 찾아내어 체포함. 수사하여 체포하다.

주가(主家): 임금. 공주. 공경대부.

中大同元年三月庚戌。上幸同泰寺。遂停寺省。講三慧經。夏四月丙戌解講。是夜同泰寺浮屠災。上曰。此魔也。宜廣爲法事。乃下詔曰。道高魔盛。行善障生。當窮茲土木。倍增往日。遂起十二層浮屠將成。值侯景亂而止。及陷臺城。囚上於同泰寺。上口燥乾。求蜜於寺僧不得。竟以餓死。

중대동(中大同) 원년 삼월 경술(庚戌)일에 임금이 동태사(同泰寺)에 행행(行幸)하여 절에서 마련한 숙소에 머물면서 삼혜경(三慧經)을 강독하기 시작하여 여름 사월 병술 일에 강독이 끝났다. 그날 밤에 동태사(同泰寺) 부도(浮屠)에 불이 났다. 임금이 말하기를 '이는 마구니이다. 의당 법사(法事)를 넓게 하라.' 하며 조서를 내려 말하였다. '도(道)가 높아지면 마(魔)가 성행하고, 선(善)을 행함에 생기는 장애이다. 마땅히 토목공사를 끝내야 한다며 지난날의 배로 증가하라.' 하였다. 드디어 12층탑으로 기공하고 부도가 장차 이루어지는데 후경의 난을 만나 그쳤다. 성(城)과 대(臺)가 함락되자 임금을 동태사(同泰寺)에 가두었다. 임금이 입이 말라 절 승려에게 꿀을 구했으나 얻지 못하고 끝내 굶어 죽었다.

*중대동(中大同): 중국 남북조 시대 양(梁)나라 무제 때의 여섯 번째 연호(546년~547년).

중대동(中大同) 원년(546년) 3월 경술일은 상의 이때 나이 83세였다.

사성(寺省): 절에 마련한 천자용 임시 숙소.

삼혜경(三慧經): 불가(佛家)에서 말하는 세 가지 지혜로, 첫째는 경전을 듣고 보는 데서 생기는 지혜인 문혜(聞慧), 둘째는 진리를 생각하는 데서 생기는 지혜인 사혜(思慧), 셋째는 선정(禪定)을 닦는 데서 생기는 지혜인 수혜(修慧)이다.

후경난(候景亂): 후경의 난(候景-亂)은 548년에 중국 남북조 시대 양나라의 장군이었던 후경이 중심이 되어 일으킨 반란이다.

대성(臺城): 동진(東晉)과 남조(南朝) 때 궁궐이 있던 성으로 둘레는 8리(里)에 달했다.

眞西山曰。魏晉以後。人主之事佛。未有如梁武之盛者也。夫以萬乘之尊。而自捨其身。爲佛之廝役。其可謂卑佞之極矣。以蔬茹麵食。易宗廟之牲牢。恐其有累冥道也。織官文錦。有爲人類禽獸之形者亦禁之。恐其裁翦。有乖仁恕。臣下雖謀叛逆。赦而不誅。剽盜肆行。亦不忍禁。凡以推廣佛戒也。

진서산이 말하기를, '위(魏), 진(晉)나라 이후 임금이 불사(佛事)를 한 것은 양(梁)나라 무제(武帝)만큼 성행함이 있지 않았다. 만승의 지존으로 스스로 그 몸을 버리고 부처님의 시역(廝役)이 되었으니 참으로 낮게 함이 극에 달했다 말할 수 있다. 나물과 국수를 먹고, 종묘(宗廟)의 생뢰(牲牢)를 바꾼 것은 명도(冥道)에 누가될까 두려위함이며, 직관(織官)에게 비단 문양(文樣)에 사람(人類)이나 금수(禽獸)의 형상을 금한 것은 그것이 잘려 인(仁), 서(恕)가 어그러짐이 있을까 두려워하기 때문이며, 신하가 모반하고 반역을 하여도 용서하고 죽이지 않고, 약탈을 하고 방자함에도 참고 금하지 않은 것은 무릇 부처님의 계율을 일반화함이라 하겠다.

*인주(人主): 군주.

시역(廝役): 시도(廝徒), 예전에, 말이나 소를 먹이는 따위의 일을 하던 하인을 이르던 말, 종, 머슴, 하인.

비녕(卑佞): 비굴하게 남에게 아첨하다.

생뢰(牲牢): 집단 성원의 안녕과 풍요를 기원하는 종묘와 사직에 제물로 바치는 소, 양, 돼지 따위의 산 짐승.

명도(冥道): 명계(冥界)로 염라대왕이 있다는 지옥의 저승 세계를 말한다.

표도(剽盜): 큰 힘으로 으르고 협박하여 빼앗음.

사행(肆行): 제멋대로 굴다.

추광(推廣): 널리 보급하다. 확충하다. 일반화하다.

蓋嘗論之。使仙而可求則漢武得之矣。使佛而可求則梁武得之
矣。以二君而無得焉。則知其不可求而得也明矣。縱求而得之。
戎夷荒幻之敎。不可以治華夏。山林枯槁之行。不可以治國家。
況不可求也。漢武貪仙而終致虛耗之禍。梁武佞佛而卒召危亡之
厄。則貪佞之無補又明矣。

대개 일찍이 이를 논하면, 신선을 구할 수 있다면 한(漢)나라 무제
(武帝)가 얻었을 것이요. 부처를 구하는 것이 가능하다면 양(梁)나
라 무제(武帝)가 얻었을 것이다. 이 두 임금이 얻지 못했으니 구한
다고 얻어지는 것이 아님을 분명히 알았을 것이다. 설사 구하여 얻
는다 하여도 오랑캐의 황망하고 헛된 가르침으로 중국을 가르치기
에는 불가한 것이며, 산속에서의 고행으로는 국가를 다스릴 수 없는
것이다. 하물며 구할 수 없는 것이 아니겠는가. 한(漢)나라 무제(武
帝)는 신선을 탐하다 마침내 허비하고 소모하는 화(禍)에 이르렀고,
양(梁)나라 무제(武帝)는 부처에게 아첨하다 마침내 멸망하는 액난
을 초래했다. 탐하고 아첨하여도 도와주는 것이 없음이 또한 분명해졌다.

고고(枯槁): 초목이 바짝 마른 듯함. (얼굴이)초췌하다. 파리하다.

허모(虛耗): 허비하다. 헛되이 소모하다.

위망(危亡): (국가·민족이)멸망의 위기에 봉착하다.

且其捨身事佛。豈非厭塵囂而樂空寂乎。使其能若迦維之嫡嗣視王位如弊屣。褰裳而去之。庶乎爲眞學佛者。而帝也旣以篡弑取人之國。又以攻伐侵人之境。及其老也。雖慈孝如太子統。一涉疑似。忌之而至死。貪戀如此。又豈眞能捨者乎。釋服入道。旣可徼浮屠之福。奉金贖還。又不失天子之貴。是名雖佞佛。而實以誣佛也。

또 그가 몸을 버리며 부처님을 섬기는 것은 어찌 속세의 소란을 싫어하고 공적(空寂)함을 즐기는 것이 아니겠는가. 설사 그가 능히 가비라국의 적자처럼 왕위를 헌신짝같이 보고, 옷자락을 걷어 올리고 갔었다면, 비로소 참으로 불법을 배우는 이가 되었겠지만, 무제(武帝)는 이미 찬탈과 시해로 남의 나라를 취했다. 또 공벌(攻伐)로 남의 경계를 침탈했다. 그는 늙어서는 자비롭고 효성스러운 태자 소통(蕭統) 같은 이를 한번 의심하고 미워하여 죽음에 이르게 하였다. 탐심에 연연하기가 이와 같은데 또 어찌 참된 능사자(能捨者)라 하겠는가. 어복(御服)을 벗고 도(道)에 들어간 것은 이미 부도(浮屠)의 복을 원한 것이며, 속죄의 돈을 바치고 돌아온 것은 또한 천자(天子)의 귀함을 잃지 못한 것이다. 이는 명분상 비록 부처님에게 아첨하였다고 하나, 진실로 부처님을 속인 것이다.

*진효(塵囂): 속세의 소란함과 번거로움.

가유(迦維): 가비라유(迦毘羅維)의 준말로 석가여래(釋迦如來)의 출생지의 이름인데, 전하여 불교(佛敎)를 뜻한 말이다.

적사(嫡嗣): 적자(嫡子). 본처가 낳은, 집안의 대를 이을 맏아들

폐사(弊屣): 헌신짝 버리듯 하다.

건상(褰裳): 치마를 걷고.

서호(庶乎): 비로소.

찬시(篡弑): 찬탈과 시해.

공벌(攻伐): 공격하여 무찔러 없앰.

의사(疑似): 확실한 것 같기도 하고 아닌 것 같기도 하다. 애매모호하다.

소통(蕭統): 소명 태자 소통(昭明太子 蕭統, 501년~531년 5월 7일), 자는 덕시(德施)이고, 양 무제와 귀빈 정령광 사이의 첫째 아들로 태어났다. 502년 11월에 황태자에 책봉되었다.

탐연(貪戀): 연연해하다. 미련을 갖다.

속환(贖還): 빼앗긴 것을 돈이나 물건으로 대갚음하고 도로 찾아옴. 보상하다.

명분(名分): 신분이나 이름에 걸맞게 지켜야 할 도리.

且其織文之非實。猶不忍戕之。彼蚩蚩之氓。性命豈能鳥獸
比。而連年征伐。所殺不可勝計。浮山築堰。浸灌敵境。舉數萬
衆而魚鼈之。曾不小恤。是名雖小仁。而實則大不仁也。且國所
與立。惟綱與常。帝於諸子。皆任以藩維。而無禮義之訓。故正
德以梟獍之資。始捨父而奔敵國。終引賊以覆宗祊。若綸若繹。
或摠雄師。或鎭上游。當君父在亂。不聞有灑血投袂之意。方且
弟兄相仇。叔姪交兵。極人倫之惡。此無佗。帝之所學者釋氏也。

또 비단에 놓인 문양은 실물이 아닌데도 오히려 차마 저를 죽이지
못하면서, 저 백성이 어리석다 하여 천성과 인명을 어찌 능히 새와
짐승에게 비교할 것인가? 해마다 정벌(征伐)하여 죽인 그 수는 헤
아릴 수 없을 것이다. 부산(浮山)에 성을 쌓고 제방을 막아 적의 경
계를 침관(浸灌)시키고, 수만 군중을 움직여 고기와 자라로 만들고
도 조금도 부끄러워하지 않았으니, 이 비록 작은 인이라 부르나, 진
실로 크게 어질지는 못한 것이다. 나라가 존립(存立)하는 것은, 오
직 삼강(三綱)과 오상(五常)인데 모든 아들을 제후로 삼아 나라의
경계를 수호하게 함으로 예의(禮義)로 훈계(訓戒)함이 없었다. 소정
덕(蕭正德)은 불효자의 자질로 처음에는 아버지를 버리고 적국으로
도망갔다가 끝내 적을 이끌고 국가를 전복시켰으며, 소륜(蕭綸)과
소역(蕭繹)은 혹 총웅사(摠雄辭)와, 혹은 상유(上游)에 진을 치고 있
으면서도, 임금인 아버지가 난을 당했는데도 피를 흘리며 싸울 뜻이
있었다는 것을 듣지 못했다. 지방에서는 형제간에 서로 원수가 되었
고, 숙질간에는 서로 싸우니, 인륜(人倫)의 악이 극에 달했다. 이는

다름 아닌 무제(武帝)가 배운 것이 석씨(釋氏)이기 때문이다.

*불인(不忍): (마음속에)참을 수 없다. 차마 ……하지 못하다.

치치(蚩蚩): 아무것도 모르다. 무지함.

성명(性命): 천성과 인명을 합해 설명하는 유교 이론.

침관(浸灌): 물을 뿌리거나 부어서 적심. (큰물이)넘쳐 흘러들다.

부산(浮山): 지금의 산시성 린펀시 푸산현

번유(藩維): 번국(藩國). 나라와 조정을 수호하는 사람에 비유한 말이다.

소여(所與): 주어진 바.

어별(魚鱉): 물고기와 자라.

*帝於諸子: 양 무제에게는 8명의 아들이 있었다. 순서대로 소통(蕭統), 소종(蕭綜), 소강(蕭綱), 소적(蕭績), 소속(蕭續), 소륜(蕭綸), 소강(蕭繹), 소기(蕭紀)이다.

정덕(正德): 소정덕(蕭正德), 양 무제(梁武帝) 소연(蕭衍)의 조카 소정덕(蕭正德).

효경(梟獍): 자기 어미 새를 잡아먹는다는 올빼미와 자기 아비를 잡아먹는다는 짐승이라는 뜻으로, 불효자. 배은망덕한 놈.

종팽(宗祊): 나라 사당.

소륜(蕭綸, 507년?~551년)은 중국 남북조 시대 양나라의 황족이다. 자는 세조(世調)이고 소자(小字)는 육진(六眞)이다. 양 무제의 여섯째 아들이다. 박학했고 글을 잘 지었다. 514년 음력 7월 29일에 소릉군왕(邵陵郡王)에 봉해졌고 영원장군(寧遠將軍)을 맡았다. 이후에 강주자사(江州刺史)를 맡았다.

소역(蕭繹508년~554년): 양(梁) 무제(武帝)의 일곱째 아들이다. 상동왕(湘東王)에 봉해져 547년에 진서장군(鎭西將軍) 형주자사(荊州刺史)가 되었던 소역은 552년 3월 왕승변(王僧弁)에게 대군을 주어 건강을 공격해 황제를 자칭한 후경을 토벌

했다. 그해 소역은 황폐화된 건강을 버리고 강릉에서 정식으로 황제에 즉위했다.

　투메(投袂): 소매를 털고.

　무타(無佗): 다름이 없다는 의미로 무타(無他)와 같다.

　웅사(雄辭): 정병. 강력한 군대. 뛰어나며 힘찬 말(言).

　상유(上游): (강의)상류(上流)

　군부(君父): 백성을 자식으로 보고, 임금을 아버지에 비유하여 이르는 말.

　교병(交兵): 군대가 서로 적대하여 싸움. 교전(交戰)하다.

以天倫爲假合。故臣不君其君。子不父其父。三四十年之間。
風俗淪胥。綱常掃地。宜其致此極也。使其以堯舜三王爲師。不
雜以方外之敎。必本仁義。必尙禮法。必明政刑。顧安有是哉。

　천륜(天倫)을 가합(假合)이라 하는 까닭에 신하는 임금을 임금이
라 하지 않고, 아들은 아버지를 아버지라 하지 않는다. 삼사십 년간
에 풍속은 모두 무너지고 삼강(三綱) 오상(五常)은 쓸어 버렸으니
의당 극에 이르렀다 할 것이다. 이는 요(堯), 순(舜), 삼왕을 스승으
로 삼아 다른 나라의 가르침이 섞이지 않게 하고, 반드시 인의(仁義)
를 근본으로 하며, 반드시 예법을 숭상하고, 반드시 정형(政刑)을 분
명히 하였다면 돌아본들 어찌 이러함이 있으리오.' 하였다.

　*삼왕(三王): 하(夏)나라 우(禹)와, 은나라 탕(湯)과 주(周)나라 문왕(文王)·무왕
(武王)을 말함.

소지(掃地): 청소하다. 없어지게 되다. 땅을 쓸다.

방외(方外): 세속에 구애받지 않는 자유로운 세계. 이역(異域).

정형(政刑): 정치와 형벌.

舍天道而談佛果
사천도이담불과

唐代宗始未甚重佛。宰相元載，王縉皆好佛。縉尤甚。上嘗問
佛言報應。果有之耶。載等對曰。國家運祚靈長。非宿植福業。
何以致之。福業已定。雖時有小災。終不能爲害。所以安史，皆
有子禍。懷恩出門病死。二虜不戰而退。此皆非人力所及。豈得
言無報應也。上由是深信之。常於禁中飯僧百餘人。有寇至則令
僧講仁王經以禳之。寇去厚加賞賜。良田美利。多歸僧寺。載等
侍上。多談佛事。政刑日紊矣。

　당 대종이 처음에는 불교를 심하게 좋아하지 않았다. 재상(宰相)
원재(元載)와 왕진(王縉) 모두 불교를 좋아했다. 왕진이 더욱 심했
다. 임금이 일찍이 부처님이 말씀하신 보응(報應)에 대해 물었다.
'과(果)가 있느냐.' 원재 등이 대답해 말하기를 '국가의 운명이 오래
도록 빛나는 것은 숙세에 심은 복업(福業)이 아니면 어찌 이에 이르
겠습니까. 복업은 이미 정해졌습니다. 비록 때에 따라 작은 재앙이
있을지라도 마침내 해할 수는 없습니다. 까닭에 안록산(安祿山)과
사사명(史思明)은 모두 자식들에게 화(禍)를 당했습니다. 회은(懷
恩)은 문을 나와 병들어 죽었고, 두 오랑캐는 싸우지 않고 물러갔습
니다. 이는 다 사람의 힘으로 미칠 수 있는 것이 아닙니다. 어찌 보
응(報應)이 없다고 말하겠습니까?' 하였다. 임금이 이로 말미암아
신심(信心)이 깊어졌다. 궁중에서 승려 일백 인에게 공양하기를 일

상화했고, 도적이 있으면 승려에게 인왕경 강의로 기도하게 해 도적이 물러가면 후한 상을 더해 주었다. 좋은 논과 큰 이익이 승려와 절로 많이 돌아갔다. 원재(元載) 등이 임금을 모시고 많은 불사(佛事) 이야기를 하니 정사와 형벌은 날로 문란해졌다.

*당 대종 이예(唐代宗 李豫, 727년 1월 9일~779년 6월 10일)는 중국 당나라의 제8대 황제이다. 당 숙종의 장남이며, 어머니는 추존된 장경황후 오씨이다. 초명은 숙(俶)이다.

원재(元載): 중국 당대의 재상. 자는 공보. 봉상기산(지금의 산시 성에 속함) 사람이다. 어려서부터 문장을 잘 지었으며, 제과에 합격하여 관직을 얻었다. 숙종 때 환관 이보국(李輔國)을 만나 말년에는 벼슬이 재상까지 이르렀다.

왕진(王縉): 왕유(王維)의 동생으로 문명(名)이 높았음. 당 대종(代宗, 재위 762년~779년) 조의 재상이다.

운조(運祚): 하늘이 정한 운.

안녹산(安祿山): 당 현종(唐玄宗) 때의 무장(武將).

사사명(史思明, 생년 미상~761년): 당나라의 무장, 영주(營州, 지금의 요령성(遼寧省)) 출신의 북방 민족 사람으로, 안록산(安祿山)의 친한 친구이다. 755년에서 763년까지 당나라를 뒤흔든 안사의 난에서 안록산의 부장으로 활약을 했다. 757년 1월 안록산이 둘째 아들 안경서에게 암살되자, 그 후 759년 안경서를 암살하고 난을 이끌게 된다.

회은(懷恩): 복고회은(?년~765년)은 철륵(鐵勒) 사람이다. 765년 안사의 난을 진압한 당나라 명장.

이로(二虜): 두 오랑캐. 즉, 초, 오.

금중(禁中): 대궐의 안.

미리(美利): 큰 이익.

眞西山曰。代宗以報應爲問。使是時有儒者在相位。必以福善
禍淫。虧盈益謙之理。反復啓告。使人主凜然知天道之不可誣。
而自彊於修德。載等曾微一語及此。乃以宿植福業爲言。而謂國
祚靈長。皆佛之力。毋乃厚誣天道乎。

진서산(眞西山)이 말하기를, '대종(代宗)이 응보(應報)를 물었을
적에 유자(儒者)가 재상의 자리에 있었다면, 반드시 선(善)하면 복
되고, 악(淫亂)하면 화를 당하며, 차면 이지러지고 겸손하면 더 해
준다는 이치를 반복해서 고하여, 임금으로 하여금 늠연(凜然)히 천
도(天道)는 속일 수 없음을 알게 해 스스로 덕을 닦는데 힘쓰도록 했
을 것이다. 원재(元載) 등은 일찍이 작은 한마디 말이 이에 미쳐서는
이내 숙세에 심은 복업(福業)으로 되었다고 말하고, 국가의 운이 신
령하고 장구한 것은 다 부처님의 힘이라 하였으니, 더욱 천도(天道)
를 속이는 말을 한 것이다.

*늠연(凜然): 사람으로 하여금 숙연하게 존경심을 일으키게 할 만한 모습을 말한다.

반복(反復): 거듭해서 되풀이함.

계고(啓告): 윗사람이나 상부 기관에 일에 대한 의견 등을 말이나 글로 알림.

국조(國祚): 나라의 복. 국운.

무(毋): 말할 무.

夫唐之所以歷年者。以太宗濟世安民之功。不可掩也。而所以
多難者。以其得天下也。不純乎仁義綱常。禮法所在。有慙德
焉。繼世之君。克己礪善者少。恣情悖理者多也。天有顯道。厥
類惟彰。此之謂矣。載等捨天道而談佛果。是謂災祥之降。不在
天而在佛也。爲治之道。不在修德而在於奉佛也。代宗惟其不
學。故載等得以惑之。

대저 당나라의 지나온 역사는 태종이 나라를 구제하고 백성을 편
안하게 한 공임은 속일 수 없는 것이다. 많은 어려움 속에 그는 천하
를 얻었다. 인의(仁義)와 삼강(三綱) 오상(五常)이 순일하지 못했고,
예법에 있어서는 부끄러운 덕이 있었다. 대를 이은 임금 가운데 참
고 이겨 내면서 선을 권하는 이는 적고 방자함으로 도리에 어긋나는
자는 많았다. 하늘이 도(道)를 나타냄에 있어 그 류(類)에 따라 더욱
빛난다 함이 이를 말하는 것이다. 원재(元載) 등이 천도(天道)를 버
리고 불교의 인과설(因果說)로 재앙과 상서로움을 내리는 것은 하
늘에 있지 않고 부처에게 있다고 말하며, 치국하는 도(道)는 덕을 닦
는 데 있지 않고 부처님을 받드는 데 있다고 하였다. 대종(代宗)이
배우지 못한 까닭에 원재(元載) 등에게 현혹된 것이다.

*제세(濟世): 세상을 구제함.

자정(恣情): 제멋대로 굴다. 마음 내키는 대로 하다.

패리(悖理): 도리나 이치에 어긋남.

참덕(慙德): 덕화가 널리 미치지 못함을 부끄러워함.

극기(克己): 자기의 감정이나 욕심 따위를 이성적인 의지로써 눌러 이김.

재상(災祥): 재앙과 상서로움을 아울러 이르는 말.

불학(不學): 배우지 못함.

且夫安, 史之亂。以其太眞蠱於內。楊, 李賊於外。醞釀而成
之也。而所以能平之者。由子儀, 光弼諸人盡忠帝室。驅而攘之
也。其所以皆有子禍者。祿山, 史明以臣叛君。故慶緒, 朝義。
以子弑父。此天道之所以類應者也。回紇吐蕃。不戰而自退。則
又子儀挺身見虜。設謀反間之力。推跡本末。皆由人事。載等乃
曰此非人力所及。其欺且誣。顧不甚哉。

또 저 안록산(安祿山) 사사명(史思明)의 난은 태진(太眞)은 안에
서 고혹(蠱惑)으로, 양국충(楊國忠)과 이임보(李林甫)는 밖에서 적
의 모함으로 이룬 것으로, 이를 능히 평정하게 한 이는 곽자의(郭子
儀)와 이광필(李光弼) 등 모든 사람들이 황제에게 충성을 다함으로
말미암아 달려가 물리친 것이다. 그들이 다 자식에게 화를 입은 것
은 안록산(安祿山)과 사사명(史思明)이 신하로서 임금을 반역한 까
닭에 안경서(安慶緒)와 사조의(史朝義)는 아들로서 아버지를 죽인
것이니, 이는 천도(天道)가 류(類)에 따라 응한 것이다. 회흘과 토번
이 싸우지 않고 스스로 물러간 것 또한 곽자의(郭子儀)가 두 오랑캐
를 보고 용감하게 나아가 반간계(反間計)를 꾀한 힘이다. 본말을 추
적해 보면 다 사람으로 말미암은 일이다. 원재(元載) 등이 이내 말하

기를 '이는 사람의 힘이 미치는 것이 아니라고 한 것은 그를 속이고 또 속인 것이니, 생각해 보면 심하지 않은가.' 하였다.

*태진(太眞): 양귀비(楊貴妃, 719년~756년) 중국 당나라 현종(玄宗)의 비. 현종이 태진(太眞)이란 이름을 주었다.

요고(妖蠱): (기본 의미)요염하여 사람을 호림.

고혹(蠱惑): 성적인 아름다움이나 매력에 홀려서 정신을 못 차림.

양국충(楊國忠 양귀중, ?년~756년 7월 15일)은 중국 당 왕조의 무관, 정치가로 양귀비의 사촌 오빠이다. 본명은 양소(楊釗, 양자오)이다. 환관 고력사 등과 결탁한 환관 정치로 40여 개의 관직을 독점하여, 외척 정치의 표본으로 손꼽히는 인물이다.

이임보(李林甫, 683년~753년)는 당 현종(唐玄宗) 때의 재상(宰相)으로 유명한 간신(奸臣).

온양(醞釀): 술을 빚어서 담금. 무근한 사실을 꾸며 모함함.

곽자의(郭子儀, 697년~781년)는 중국 당(唐) 왕조를 섬긴 군인이자 정치가이다. 현종(玄宗)부터 숙종(肅宗), 대종(代宗), 덕종(德宗)에 이르는 4대를 섬겼으며, 안사의 난에서 큰 공을 세우고 이후로도 잇따른 이민족의 침입을 막아 냈다.

이광필(李光弼 708년~764년)은 당나라 중기의 명장이다. 이광필은 영주(營州) 유성(柳城)에서 거란 출신 당나라의 장수인 이해락(李楷落)의 아들로 태어났다.

제실(帝室): 황제의 집안

안경서(安慶緒, ?년~759년) 중국 당(唐)나라 현종(玄宗) 때의 무장(武將). 안녹산(安祿山)의 둘째 아들로, 편애에 불만을 갖고 아버지인 안녹산을 살해하였다가 사사명(史思明)에게 죽임을 당함.

사조의(史朝義, ?년~763년) 연나라의 마지막 황제. 사사명의 장남. 761년, 사조의는 군사를 일으켜 사사명을 죽이고, 황제의 자리에 올랐다. 그러나 사사명 휘하 부장들을 통제하지 못했다. 763년, 사조의는 위구르 제국군과 당군의 협공으로 도피하지 못하고 자결하였다.

토번(土蕃): 미개한 지방의 토착민.

회흘(回紇): 몽골고원 및 중앙아시아에서 활약한 투르크계 민족 및 그들이 건국한 나라.

정신(挺身): 어떤 일에 남보다 앞장서서 나아감. 용감하게 나아가다.

설모(設謀): 계략을 꾸미다.

반간(反間): 아군을 이간시키려는 적의 음모를 거꾸로 이용하는 작전. 본디 손자병법에 나오는 36계 병법 가운데 33번째 반간계(反間計)에서 비롯한 말이다.

事佛甚謹年代尤促
사불심근년대우촉

元和十四年。迎佛骨于京師。先是功德使上言。鳳翔寺塔有佛
指骨。相傳三十年一開。開則歲豐人安。來年應開。請迎之。上
從其言。至是佛骨至京師。留禁中三日。歷送諸寺。王公士民。
瞻奉捨施。如恐不及。

원화 14년 불골(佛骨)을 경사(京師)에서 맞이했다. 먼저 공덕사
(功德使)가 임금에게 말하였다. '봉상사(鳳翔寺) 탑에 부처의 지골
(指骨)이 있습니다. 서로 전하여 삼십 년 만에 한 번 여는데 열 때마
다 세상이 풍요롭고 사람들이 평안하다 하여, 내년에 응당 열 것입
니다. 맞이하시기를 청하옵니다.' 하니, 임금이 그 말을 따랐다. 불골
(佛骨)이 경사(京師)에 이르러 궁중에서 삼 일을 머물다, 여러 사찰
에 보내져 왕과 공경대부 선비 백성들이 우러러보고 시주를 하면서
친견하지 못할까 걱정을 하였다.

*원화 14년(819년): 당(唐)의 11대 황제 헌종(憲宗)의 연호.

경사(京師): 한 나라의 중앙 정부가 있는 곳.

금중(禁中): 대궐의 안.

사시(捨施): 시주하는 일.

刑部侍郎韓愈上表諫曰。佛者。夷狄之一法耳。自黃帝至禹湯文武。皆享壽考。百姓安樂。當是時。未有佛也。漢明帝時始有佛法。其後亂亡相繼。運祚不長。宋齊梁陳元魏以下。事佛漸謹。年代尤促。唯梁武在位四十八年。前後三捨身。竟爲侯景所逼。餓死臺城。事佛求福。乃反得禍。由此觀之。佛不足信可知矣。

형부(刑部) 시랑 한유가 임금에게 표문으로 간하여 말씀드렸다. '불법(佛法)은 오랑캐의 한 법일 뿐입니다. 황제(黃帝)로부터 우(禹), 탕(湯), 문(文), 무(武)에 이르기까지 모두 형통하고 장수하였으며 백성은 안락(安樂)하였습니다. 이러한 때에도 부처님은 있지 않았습니다. 한(漢)나라 명제(明帝) 때에 처음 불법이 있었습니다. 그 후부터 난망으로 서로 잇지 못해 운조(運祚)는 길지 않았습니다. 송(宋), 제(齊), 양(梁), 진(陳), 원(元), 위(魏) 이후 부처 섬기기를 점점 삼가하였고 연대(年代)는 더욱 단축되었습니다. 오직 양(梁)나라 무제(武帝)가 사십팔 년을 제위(帝位)하면서 전후로 세 번 몸을 바쳤으나 끝내 후경(侯景)의 핍박을 받아 대성(臺城)에서 굶어 죽었습니다. 부처를 섬기고 복을 구했지만 도리어 화(禍)를 얻은 것입니다. 이로 말미암아 살펴보면 불법은 족히 믿을 수 없다는 것을 잘 알 것입니다.

*한유(韓愈): 자(字)는 퇴지(退之) 당송팔대가(唐宋八大家)의 한 사람.
　삼황(三黃): 복희(伏羲), 신농(神農), 황제(黃帝).

상계(相繼): 잇따르다. 잇닿다. 연잇다. 계속하다.

운조(運祚): 하늘이 정한 운.

佛本夷狄之人。與中國言語不通。衣服殊製。不知君臣父子之
情。假如其身尙在。來朝京師。陛下容而接之。不過宣政一見。
禮賓一設。賜衣一襲。衛而出之。不令惑衆也。況其身死已久。
枯槁之骨。豈宜以入宮禁。乞付有司。投諸水火。永絶禍本。上
大怒。將加極刑。宰相裴度，崔群等言。愈雖狂。發於忠懇。宜
寬容以開言路。乃貶潮州刺史。

　부처는 본래 오랑캐 사람이어서 중국과는 언어가 통하지 않고, 의
복과 법제(法製)도 다르며 군신(君臣)과 부자(父子)의 정(情)도 알
지 못합니다. 설사 그의 몸이 아직 살아 있어서 우리 경사(京師)에
사신으로 찾아와 폐하의 용안을 그가 접견하겠다고 할 것 같으면,
선정전(宣政殿)에서 한 번 보고 손님의 예로 연회를 한 번 베풀고,
옷이나 한 벌 주어서 호위해 내보내는데 불과(不過)해서, 대중을 미
혹하게 하지 않아야 할 것인데, 하물며 그의 몸은 죽어 이미 오래되
었습니다. 메마른 뼈를 어찌 궁중에 들어오게 할 수 있겠습니까. 원
하옵건대 유사(有司)에게 주어서 물이나 불에 던져 화(禍)의 근본을
길이 끊어 버려야 할 것입니다.' 하였다. 임금이 크게 노하며 장차 극
형을 가하려 하였다. 재상 배도(裴度)와 최군(崔群) 등이 말했다. '한
유(韓愈)가 비록 지나쳤으나 충심과 정성을 발한 것이니 마땅히 너

그러이 용서(容恕)하시어 언로를 열어 주십시오.' 하였다. 이에 조주 자사(潮州刺史)로 좌천시켰다.

*상재(尙在): 아직 살아 있다.

경사(京師): 한 나라의 중앙 정부가 있는 곳.

래조(來朝): 외국 사신이 찾아옴.

일습(一襲): 옷, 그릇, 기구 등의 한 벌.

궁금(宮禁): 군주가 사는 궁궐.

고고(枯槁): 초목이 바짝 마른 듯함.

유사(有司): 관리. 벼슬아치.

배도(裵度, 765년~839년): 배휴(裴休)라고도 한다. 배도는 당나라 때 사람으로 재상을 지냈다. 헌종, 목종, 경종, 문종의 4조에 걸쳐 활약하였으며 백낙천과 함께 자신의 별장 녹야당에서 함께 풍류를 즐겼다. 배탁(裵度)과 쌍둥이 형제이다. 형은 도(度) 동생은 도(度)를 탁으로 불렀다.

최군(崔群, 772년-832년): 당조(唐朝)의 대신으로 자는 돈시(敦詩)이고 호는 양호(養浩)이다.

眞西山曰。按後世人主之事佛者。大抵徼福田利益之事。所謂以利心而爲之者也。故韓愈之諫。歷陳古先帝王之時未有佛而壽考。後之人主事佛而夭促。可謂深切著明者矣。而憲宗弗之悟也。方是時。既餌金丹。又迎佛骨。求仙媚佛。二者交擧。曾未朞年。而其效乃爾。福報果安在耶。臣故幷著之。以爲人主溺意仙佛者之戒。

진서산(眞西山)이 말하기를, '살펴보면 후세 임금이 불사를 하는 것은 대체로 복전의 이익을 원하는 일이니, 말한 대로 이로운 마음에 그리한 것이다. 까닭에 한유(韓愈)가 간하기를 지난 옛적 선왕들 때에는 부처가 있지 않아도 장수를 하였는데 후대에 임금들은 부처를 섬기고도 요절하였다고 한 것은, 한마디로 깊고 간절하고 분명한 말이다. 헌종(憲宗)이 깨닫지 못하였다. 바야흐로 이때 단약을 먹고 또 불골(佛骨)을 맞이한 것이다. 신선(神仙)이 되려하고 부처에게 아첨하는 두 가지를 번갈아 들었으나 일찍이 일 년을 지내지 못했다. 그 효력이 이러한데 복(福)의 보답이 과연 어디에 있다 하겠는가? 신이 이러한 까닭을 모두 드러내서 임금이 신선과 부처에 빠지는 것을 경계하려는 것이다.' 하였다.

*기년(朞年): 한 돌이 되는 해.

대저(大抵): 대체로 보아서.

위지(爲之): 그것 때문에. 그것으로 인해. 그것을 위하여.

력진(歷陳): 상세히 진술하다.

수고(壽考): 오래 삶.

요촉(夭促): 젊은 나이에 죽음.

가위(可謂): 한마디의 말로 이르자면.

저명(著明): 두드러지게 뚜렷하다.

금단(金丹): 신선이 만든다는 장생불사의 환약.

복보(福報): 복으로 갚아 주는 것.

闢異端之辨
벽이단지변

堯舜之誅四凶。以其巧言令色方命圮族也。禹亦曰。何畏乎巧言令色。蓋巧言令色。喪人之心。方命圮族。敗人之事。聖人所以去之而莫之容也。湯武之征桀紂也。一則曰。予畏上帝。不敢不正。一則曰。予不順天。厥罪惟均。天命天討。非己之所得而辭也。

요(堯)와 순(舜) 임금이 네 명의 흉악범을 죽인 것은 모두 말을 교묘하게 하고 얼굴을 꾸미며 명을 어기고 종족을 죽였기 때문이다. 우(禹)왕이 역시 말하기를 '무엇이 두려워 말을 교묘하게 하고 얼굴을 꾸미겠는가?' 하였다. 대개 말을 교묘하게 하고 얼굴을 꾸미는 것은 사람의 마음을 잃게 하고, 명령을 어기고 종족을 죽이는 것은 사람 섬기기를 어그러뜨리는 것이다. 성인(聖人)은 이를 떠나 용납하지 않기 때문이다.

탕(湯)과 무왕(武王)은 걸왕과 주왕을 정벌하였다. 탕왕(湯王)은 한 법칙을 두어 말하기를 '나는 상제(上帝)가 두려워 감히 바르게 하지 않으면 안 되었다.' 하였고, 무왕(武王)은 한 법칙을 두어 '말하기를 내가 하늘의 뜻을 따르지 않으면 죄가 주(紂)와 오직 같을 것이다.' 하였다. 하늘이 명령하고 하늘이 토벌한 것으로, 자기가 얻은 것이 아니라는 말이다.

*사흉(四凶): 요(堯) 임금 시대의 흉악한 네 신하. 악행을 일삼고 천하를 혼란스럽게 했던 공공(共工), 환도(驩兜), 삼묘(三苗), 곤(鯀).

주살(誅殺): 죄를 물어 죄인을 죽임.

교언(巧言): 교묘하고 그럴듯하게 꾸며 대는 말.

영색(令色): 남에게 아첨하기 위하여 꾸미는 표정.

방명(方命): 명령에 거역하다. 스스로 명령을 수행할 능력이 없음을 나타냄.

비족(圮族): 동족을 무너뜨리다.

걸주(桀紂): 중국 하나라의 걸왕과 은나라의 주왕을 아울러 이르는 말.

소이(所以): 그러니. 그래서. ……한 이유는.

일칙(一則): 한 조항.

토벌(討伐): 적 따위를 무력으로 쳐 없앰.

천토(天討): 하늘이 악인을 친다는 뜻.

夫子曰。攻乎異端。斯害也已。害之一字。讀之令人凜然。孟子之好辯。所以距楊墨也。楊墨之道不距。聖人之道不行。故孟子以闢楊墨爲己任。其言曰。能言距楊墨者。亦聖人之徒也。其望助於人者。至矣。墨氏兼愛。疑於仁。楊氏爲我。疑於義。其害至於無父無君。此孟子所以闢之之力也。若佛氏則其言高妙。出入性命道德之中。其惑人之甚。又非楊墨之比也。

부자(공자)가 말하기를 '이단(異端)을 전공하는 것은 해로울 뿐이다.'라고 하였다. 해롭다는 한 글자는 읽는 사람으로 하여금 늠연함을 느끼게 한다.

맹자가 좋은 말을 피력하여 양주(楊朱)와 묵적(墨翟)을 막은 것은 양주(楊朱)와 묵적(墨翟)의 도(道)를 막지 않으면 성인(聖人)의 도(道)를 행할 수 없다. 까닭에 맹자는 양주(楊朱)와 묵적(墨翟)을 물리치는 것을 자기의 소임으로 삼았다. 그가 말하기를 '능히 양주(楊朱)와 묵적(墨翟)을 물리치라고 말하는 이는 이 또한 성인의 문도이다.'라고 하면서 사람들이 도와주기를 바라는 것이 지극했다.

묵씨(墨氏)의 겸애(兼愛)는 인(仁)이 의심스럽고, 양주(楊朱)는 위아(爲我)라 하나 의(義)가 의심되어 그 해(害)는 아버지도 없고 임금도 없음에 이른다. 이에 맹자가 물리치려고 힘썼던 것이다.

저 불씨(佛氏)의 말은 고상하고 미묘하다. 성(性)과 명(命), 도(道)와 덕(德) 가운데를 출입한다. 사람을 현혹함이 심하다. 또 양주(楊朱)와 묵적(墨翟)에 비교할 것이 아니다.

*겸애(兼愛): 구별하지 않고 모든 사람을 똑같이 사랑함.

늠연(凜然): 늠름한 모양. 위풍이 있어 어엿한 모양.

기임(己任): 자기의 소임.

朱氏曰。佛氏之言。彌近理而大亂眞者。此之謂也。以予惛庸。不知力之不足。而以闢異端爲己任者。非欲上繼六聖一賢之心也。懼世之人惑於其說而淪胥以陷。人之道至於滅矣。嗚呼。亂臣賊子。人人得而誅之。不必士師。邪說橫流。壞人心術。人人得而闢之。不必聖賢。此予之所以望於諸公。而因以自勉焉者也。

주씨(朱氏 주자)가 말하기를, '불씨(佛氏)의 말이 더욱 이치에 가까워서 진(眞)을 크게 어지럽힌다.' 한 것은 이를 말한 것이다. 내가 어리석고 용렬하여 힘의 부족함을 알지 못하면서도, 이단(異端)을 물리치기를 나의 소임으로 삼은 것은 위로는 육성(六聖) 일현(一賢)의 마음을 계승하고자 함이 아니라, 세상 사람들이 그 말에 현혹되고 빠져서, 사람들의 도(道)가 없어지는 데에 이를까 걱정되기 때문이다.

오호라 난신(亂臣) 적자(賊子)는 사람 사람들마다 그들을 죽일 수 있으니, 사사(士師)가 필요치 않고, 삿된 말로 옆으로 흐르게 하여 사람의 마음을 무너뜨리는 술사도 사람 사람들마다 물리칠 수 있으니, 반드시 성현이 필요치 않다. 이는 내가 여러분들에게 바라는 것이며, 이런 한 인연으로 스스로 힘쓰는 것이다.

*則彌近理而大亂眞矣- 중용장구서(中庸章句序)

기임(己任): 자기의 소임.

난신(亂臣): 나라를 어지럽게 만드는 신하.

적자(賊子): 부모나 임금의 뜻에 어긋난 행동을 하는 사람.

사사(士師): 고대 중국에서, 법령과 형벌을 맡아 보던 재판관.

횡류(橫流): 물이 제 곬으로 흐르지 않고 옆으로 꿰져 흐름.

佛氏雜辨識
불씨잡변식

道傳暇日。著佛氏雜辨十五篇。前代事實四篇。既成。客讀之
曰。子辨佛氏輪廻之說。乃引物之生生者以明之。其說似矣。然
佛氏之言。有曰。凡物之無情者。從法界性來。凡有情者。從如
來藏來。故曰。凡有血氣者。同一知覺。凡有知覺者。同一佛
性。今子不論物之無情與有情。比而同之。無乃徒費辭氣。而未
免穿鑿附會之病歟。

정도전이 한가한 날에 불씨잡변 십오 편과 전대 사실 네 편을 이
미 완성하였다. 객이 읽어 보고 말하기를 "그대가 불씨(佛氏)의 윤
회설(說)을 잡변(雜辨)하는 데에 물(物)의 낳고 자람을 인용하여 그
것을 밝혔는데, 그 말이 흡사(恰似)하기는 하다. 그러나 불씨(佛氏)
의 말에 '무릇 만물(萬物)의 무정물(無情物)은 법계성(法界性)을 좇
아왔고, 무릇 유정물(有情物)은 여래장(如來藏)으로부터 왔다.'고
하였다.

까닭에 말하기를 '무릇 혈기(血氣)가 있는 것은 동일하게 깨달아
알고 무릇 깨달아 아는 것은 동일한 불성(佛性)이다.'고 하였다. 지
금 자네는 물(物)의 무정(無情)과 유정(有情)을 논하지 않고, 비교하
는 것으로 동일하다 하니 헛되이 말과 기운만 소비하고 천착(穿鑿)
부회(附會)하는 병을 면하지 못한 것이 아닌가." 하였다.

*점두(點頭): 승낙하거나 찬성하는 뜻으로 머리를 약간 끄덕임.

무변(無邊): 끝없이 넓고 큰 것. 무수히 많은 것.

혈기(血氣): 어떤 행동을 하고자 하는 욕망을 일으키는 마음속의 뜨거운 기운.

무내(無乃): (어찌)……하지 않은가? ……이 아니겠는가?

천착(穿鑿): 이치에 맞지 않는 것을 억지로 함.

부회(附會): 근거가 없고 이치에 맞지 않는 것을 억지로 끌어대어 자기에게 유리하도록 맞춤. 억지로 갖다 붙이다.

曰。噫。此正孟子所謂二本故也。且是氣之在天地間。本一而已矣。有動靜而陰陽分。有變合而五行具。周子曰。五行。一陰陽也。陰陽。一太極也。蓋於動靜變合之間。而其流行者有通塞偏正之殊。得其通而正者爲人。得其偏而塞者爲物。又就偏塞之中而得其稍通者爲禽獸。全無通者爲草木。此乃物之有情無情。所以分也。

내가 말하기를, 아! 이것이 진정 맹자가 말한 두 개의 근본인 까닭이다. 또 이 기(氣)는 천지(天地) 사이에 있는 본래 하나일 뿐이다. 동(動)과 정(靜)이 있어 음(陰) 양(陽)으로 나누이고 변(變)하고 합(合)이 있어 오행(五行)이 갖추어지는 것이다. 주자(周子)가 말하기를 '오행(五行)은 하나의 음양(陰陽)이고 음양은 하나의 태극(太極)이다.'라고 하였다. 대개 동(動), 정(靜), 변(變), 합(合)하는 사이에 유행(流行)하는 통(通)하고 막히(塞)고 치우치(偏)고 바름(正)의 다름이 있다. 통하고 바름을 얻으면 사람이 되고 치우침과 막힘을 얻으면 물(物)이 된다. 또 치우치거나 막힘 가운데 조금이라도 통함으로 나아가면 금수(禽獸)가 되고 온전히 통함이 없으면 초목(草木)이 된다. 이에 물(物)이 유정(有情)과 무정(無情)으로 나누어지는 것이다.

*주자(周子): 주돈이(周敦) 자는 무숙(茂叔). 시호는 원공(元公). 주염계(周濂溪)라고도 한다. 중국의 사상 가운데 거의 천 년 동안 국가의 이념으로 자리 잡았던 이학(理學)의 토대를 마련했으며, 또한 부분적으로 신도가(新道家)를 기초로 하여 유교를 다시 체계화했다.

周子曰。動而無動。靜而無靜。神也。以其氣無所不通。故曰神。動而無靜。靜而無動。物也。以其囿於形氣而不能相通。故曰物。蓋動而無靜者。有情之謂也。靜而無動者。無情之謂也。是亦物之有情無情。皆生於是氣之中。胡可謂之二哉。且人之一身。如魂魄五臟耳目口鼻手足之屬。有知覺運動。毛髮瓜齒之屬。無知覺運動。然則一身之中。亦有從有情底父母來者。從無情底父母來者。有二父母耶。

주자가 말하기를 '동(動)하나 동함이 없고, 정(靜)하나 정함이 없는 것이 신(神)이니 그 기(氣)가 통하지 않음이 없다. 까닭에 신(神)이라고 말한다. 동(動)하면 정함이 없고, 정(靜)하면 동함이 없는 것은 물(物)이니 그 형상에 기가 갇혀 있어 능히 서로 통하지 않는다.

까닭에 물(物)이라 한다.' 하였다. 대개 동(動)하여 정(靜)함이 없는 것은 유정(有情)이라 말하고, 정하여 동함이 없는 것은 무정(無情)이라 말한다. 이 또한 물(物)의 유정, 무정이 다 기(氣) 가운데에서 생긴 것이다. 어찌 한마디로 둘이라 하겠는가? 또 사람의 한 몸에도 혼백(魂魄)과 오장(五臟), 귀, 눈, 입, 코, 손발에 속한 것은 지각(知覺)하는 운동(運動)이 있고, 모발 손톱 치아에 속한 것은 지각(知覺)하는 운동(運動)이 없다. 그렇기는 하지만 한 몸 가운데 또한 있는 유정(有情)도 부모로부터 왔고, 무정(無情)도 부모로부터 나왔다. 부모가 둘이 있다는 것인가?' 하였다.

*가위(可謂): 한마디의 말로 이르자면.

客曰。子之言是也。然諸辨之說。出入性命道德之妙。陰陽造化之微。固有非初學之士所能識者。況下民之愚庸乎。吾恐子之說雖精。徒得好辯之譏。而於彼此之學。俱無損益。且佛氏之說。雖曰無稽。而世俗耳目。習熟。恐不可以空言破之也。況其所謂放光之瑞。舍利分身之異。往往有之。此世俗所以歎異而信服之者。子尙有說以攻之也。

객이 말하기를, '그대의 말이 옳기는 하나, 그러나 모든 정변(正辨)의 설(說)에는 성(性)과 명(命), 도(道)와 덕(德)의 미묘(微妙)함과 음(陰), 양(陽) 조화(造化)의 작은 것에까지 넘나들어 오롯한 초학 선비도 능히 알지 못함이 있는데 하물며 그 아래 백성들의 어리석고 용렬함이겠는가? 내가 걱정하는 것은 그대의 말이 비록 면밀하나, 한갓 말 잘한다는 비방이나 받을 뿐이지, 이쪽이나 저쪽이나 배움에는 모두 손익(損益)이 없을 것이다. 또 불씨(佛氏)의 설(說)이 터무니없으나 세속의 이목이 익숙하여 공(空)의 언어를 타파하지 못할까 걱정이다. 하물며 그들이 말한 방광(放光)하는 상서로움이나, 사리(舍利)가 분신(分身)하는 이적(異蹟)은 왕왕 있었다. 이것을 세속에서 찬탄하고 기이하게 여기어 믿고 복종하는 것이다. 자네는 오히려 공격하는 말만 있다.' 하였다.

*호변(好辯): 말솜씨가 능숙함.

정수(精髓): 사물의 본질을 이루는 알짜나 알맹이. 골수, 뇌수.

손익(損益): 손실과 이익.

무계(無稽): 황당무계하다. 근거가 없다. 터무니없다.

습숙(習熟): 배워 익혀 숙달함.

曰。所謂輪廻等辨。予已悉論之矣。雖其蔽之深也。不能遽曉。然一二好學之士。因吾說而反求之。庶乎有以得之矣。玆不復贅焉。至於放光舍利之事。豈無其說乎。且心者。氣之最精最靈的。彼佛氏之徒。不論念之善惡邪正。削了一重。又削了一重。一向收斂。蓋心本是光明物事。而專精如此。積於中而發於外。亦理勢之當然也。佛之放光。何足怪哉。

내가 말했다. 말한 윤회(輪回) 등에 대한 잡변(雜辨)은 내가 이미 다 논(論)했다. 비록 그 폐단이 너무 깊어 능히 갑자기 깨닫게 할 수는 없으나, 그러나 한둘 학문을 좋아하는 선비가 나의 말로 인해 도리어 찾는다면 자못 얻을 수 있을 것이다. 이에 다시 회유하지 않는다. 사리나 방광(放光)하는 일에 이르러 어찌 그런 말이 없겠는가. 또 마음이란 기(氣)의 가장 정밀하고 가장 신령한 것인데, 저 불씨(佛氏)의 무리들이 생각의 선악(善惡) 사정(邪正)을 논하지 않고, 한 겹을 깎아 내고 또 한 겹을 깎아 내어 한 가지로 정리하였다. 대개 마음이란 본시 광명(光明)한 물건이다. 정밀함의 오롯한 것이 이와 같이 가운데 쌓여 밖으로 발하는 것이다. 또한 이세(理勢)의 당연한 것이다. 불교의 방광이 어찌 족히 괴이하다 하겠는가.

*반구(反求): 어떤 일의 원인 따위를 찾기 위하여 자기 자신에게로 눈을 돌려 살핌.

췌(贅): 회유하다(懷柔 어루만지고 잘 달래어 시키는 말을 듣도록 하다).

일향(一向): 언제나 한결같이.

수렴(收斂): 여럿으로 흩어져 있는 의견이나 사상 따위를 모아 하나로 정리하거나 받아들임.

물사(物事): 일. (유형의)물건.

且天之生此心者。以其至靈至明。主於一身之中。以妙衆理而宰萬物。非徒爲長物而無所用也。如天之生火。本以利人。而今

有人焉。埋火於灰中。寒者不得熱。飢者不得爨。則雖有光焰發
於灰上。竟何益哉。佛之放光。吾所不取者。此也。

또 하늘이 이 마음을 내었다. 지극히 신령하고 지극히 밝아 한 몸 가운데 주인으로 미묘한 많은 이치로 만물을 주재(主宰)하며, 비단 만물의 영장이 되어 쓰이는 것만이 아니다. 마치 하늘이 불을 생하는 것은 본래 사람을 이롭게 하는 것이다. 그러나 지금의 어떤 사람이 재속에 불을 묻어 두면 추워하는 이는 열을 얻을 수 없고, 배고픈 사람은 밥을 지을 수 없다. 비록 광염(光焰)이 재위로 발하지만, 끝내 무슨 이익이겠는가? 부처님의 방광(放光)을 내가 취하지 않는 것이 이 때문이다.

*비도(非徒): 비단(非但, ……뿐만 아니라).
소용(所用): 무엇에 쓰임.

抑火之爲物。用之新新。乃能常存而不滅。若埋之灰中。不時
時發視之。始雖熾然。終則必至於灰燼消滅。亦猶人之此心。常
存憂勤惕慮之念。乃能不死而義理生焉。若一味收斂在裏。則雖
曰惺惺着。必至枯槁寂滅而後已。則其所以光明者。乃所以爲昏
昧也。此又不可不知也。至於像設。亦有放光者。蓋腐草朽木。
尚有夜光。獨於此。何疑哉。

더욱이 불이란 물건은 쓸수록 새로워지며 이에 능히 항상 살펴야 소멸하지 않는다. 만약 재 가운데 묻혀서 때때로 살펴보지 못하면, 처음에는 타오르다가 끝내 반드시 재로 소멸하여 다하고 만다. 또한 사람의 이러한 마음도 항상 걱정하고 근심하며 두려워하고 우려하는 생각이 능히 죽지 않고 있어야 의리(義理)가 생길 수 있다. 만약 일미(一味)의 수렴(收斂)함 속에 있다면 비록 성성(惺惺)하다 하더라도 반드시 바짝 말라 적멸한 이후일 것이다. 곧 광명한 것이 이내 혼매(昏昧)하게 될 것이다. 이 또한 알아 두지 않으면 안 된다. 만들어 놓은 형상에 이르러서도 또한 방광(放光)함이 있다. 썩은 풀이나 마른 나무에도 오히려 야광(夜光)이 있다. 이를 유독(唯獨) 어찌 의심하는가?

*신신(新新): 신기하다. 묘하다.

상존(常存): 어떤 일이나 상황이 늘 있음.

회신(灰燼): 불에 타고 남은 재.

고고(枯槁): (초목이)바짝 시들다. (얼굴이)초췌하다. 파리하다.

수렴(收斂): 여럿으로 흩어져 있는 의견이나 사상 따위를 모아 하나로 정리하거나 받아들임.

성성(惺惺): 머리가 맑다. 총명하다. 깨어 있다.

적멸(寂滅): 번뇌의 세계를 완전히 벗어난 경지. 생멸이 함께 없어져 무위 적정한다.

혼매(昏昧): 어리석고 사리에 어둡다. 속이다. 어둡다.

유독(唯獨): 여럿 가운데 오직 홀로.

상설(像設): 상설(像設)은 원래 제사를 받는 사람이나 혹은 소상(塑像)을 일컫는 말이다. 초나라 풍속에 사람이 죽으면 그 방에 그 형상을 두고 제사 지낸 것에서 나온 것이라고도 한다.

若夫人之有舍利。猶蛇虺蜂蛤之有珠。其間所謂善知識者。亦有無舍利者。是則蛇虺蜂蛤而無珠之類也。世傳人藏蜂蛤之珠不穿不蒸者。久而發之。添得許多枚。是生意所存。自然滋息。理也。舍利之分身。亦猶是耳。若曰有佛至靈。感人之誠。分舍利云耳。則釋氏之徒。藏其師毛髮齒骨者多矣。何不精勤乞請以分其物。而獨於舍利。言分身哉。是非物性而何也。

만약 사람에게 사리가 있다는 것은 마치 살무사, 대합조개에 진주가 있는 것과 같다. 그 사이 선지식(善知識)이라 말할지라도 또한 사리가 없는 이도 있다. 이는 살무사와 대합조개에 진주가 없는 종류이다. 세상에 전하기를 '사람이 소장하는 대합 진주를 뚫지 않고 삶지 않고 오래도록 두면 더하여 여러 알로 늘어남을 얻는다.'고 하니, 이는 생의(生意)가 있으면 자연스럽게 생장하는 이치이다. 사리가 분신(分身)하는 것도 또한 이와 같을 뿐이다. 만약에 '부처님이 지극한 신령함이 있어 사람들의 정성에 감응하여 사리가 분신한다.'고 말할 것 같으면, 곧 석씨(釋氏) 무리가 그 스승의 모발(毛髮), 치아(齒), 뼈(骨)를 소장하는 이가 많을 것이다. 어찌 부지런히 간절히 빌고 청해도 그 물건은 나누어지지 않고 사리만이 유독 분신한다고 말하는가. 이것이 물성(物性)이 아니면 무엇이겠는가?

*약부(若夫): ……에 대하여는. 그런데. ……과 같은 것은.

사훼(蛇虺): 독사 살무사.

봉합(蜂蛤): 대합조개.

생의(生意): 성리학의 본체론에서 생(生)을 지향하는 우주적인 의지를 가리키는
유교 용어.

자식(滋息): 생장하다.

분신(分身): 한 몸체에서 갈라져 나온 또 다른 몸.

정근(精勤): 쉬거나 게으름을 피우지 않고 일이나 공부에 아주 부지런함.

걸청(乞請): 간절히 바라다. 애걸하다.

或曰。舍利此甚堅固。雖以鐵塊擊之不能破。是其靈也。然得
羚羊角則一擊碎爲微塵。舍利何靈於鐵而不靈於角也。是固物性
之使然。無足怪者也。今或以兩木相鑽。或以鐵石相敲而火出。
然此尙待人力之所爲也。以火精之珠。向日而炷艾。則薰然而煙
生。焰然而火出。固非人力之所爲。其初不過熒熒之微。而其終
也赫赫然炎崑崙而焚玉石。何其神矣哉。是亦非其性之使然。而
有一靈物寓於冥漠之中。感人之誠而使之至此歟。

혹 말하기를 '사리는 심히 견고해 비록 철괴(鐵塊)로 내리쳐도 능
히 깨지지 않는 것은 영험하기 때문이다.'고 했다. 그러나 영양(羚
羊)의 뿔로 한번 내리치면 깨져서 가루가 된다. 사리가 어찌 철에는
신령한데 영양의 뿔에는 신령하지 못하는가? 이는 진실로 물성(物

性)이 그러한 것이니 족히 괴이할 것이 없다. 지금 혹 두 나무를 서로 비비거나, 혹은 철과 돌을 서로 부딪치면 불이 나온다. 그러나 이는 오히려 사람의 힘을 기다려 된 것이다. 불을 쓰는 데는 정제된 구슬을 태양을 향하게 하고 쑥 심지를 두면 향기가 어리다 연기가 생기고 붉어지면서 불이 생긴다. 오로지 사람의 힘으로 된 것이 아니다. 작은 반짝거림에 불과하지만 마침내 붉게 타올라 곤륜산이 불타고 옥석을 불사른다. 어떻게 신비하다 하겠는가? 이 또한 그 물성(物性)이 그렇게 한 것이 아니라 유일한 영물(靈物)이 명막(冥漠) 가운데 머무르다가 사람의 정성에 감응하여 이에 이르렀다고 할 것인가?

*영양(羚羊): 포유류 소목 솟과에 속한 소, 양, 염소를 제외한 한 무리를 통틀어 이르는 말.

애주(艾炷): 심지 모양으로 꼬아 만든 뜸쑥.

형형(熒熒): 형형하다. 작은 빛이 자꾸 반짝거리고 있는 상태이다.

혁혁(赫赫): 성대하다. 혁혁하다. 현저하다. 뚜렷하다.

명막(冥漠): 죽다. 죽은 사람을 가리킨다. 아무것도 없다. 고요하다. 저승을 가리키기도 한다.

사연(使然): 그렇게 하도록 시킴. 그렇게 되게 하다.

且火之益於人者。抑大矣。爨飮食則堅者柔。烘坑堗則寒者熱。湯藥物則生者熟。飢可以飽。病可以愈。以至鎔鐵作耒作斧作釜鼎以利民用。作刀槍劍戟以威軍用。火之生也。其神如彼。

火之用也。其利如此。子皆莫之重焉。彼舍利者。當寒而不得以
爲衣。當飢而不得以爲食。戰者不足以爲兵器。病者不足以爲湯
藥。使佛有靈。一祈而分數千枚。尙以爲無益而廢人事。擧以投
諸水火。永絶根本。況復敬奉而歸依歟。噫。世之人。厭常而喜
怪。棄實利而崇虛法如此。可勝歎哉。

또 불은 사람을 이롭게 함이 매우 크다. 불 땐 음식은 견고한 것이
부드러워지고, 온돌에 불을 때면 차가웠던 것이 따뜻해지고, 약물
(藥物)을 끓이면 생것이 익고, 배고픈 이는 배부르게 하고, 병든 이
를 낫게 하고. 철을 녹여 쟁기를 만들고, 도끼를 만들고, 가마솥을
만들어 백성들이 쓰기 편하게 한다. 칼과 창, 검, 방패를 만들어 군
사들이 쓰는데 위엄 있게 하니. 불이 만들어 내는 그 신비함이 저와
같으며, 불을 사용하는 이로움이 이와 같다. 그대는 모든 것이 중하
지 않는가? 저 사리는 추위를 당해서도 옷이 될 수 없고, 배고픔을
당해서도 밥이 될 수 없고, 전쟁을 하더라고 병기가 되지 못하고, 병
든 이에게 탕약이 되지 못한다. 설사 부처님이 영험이 있다 하여도,
한 번의 기도로 사리가 수천 매로 나누어지더라도 오히려 이익 됨이
없어 사람의 일만 망치게 한다. 모두를 불이나 물에 던져 영원히 근
본(根本)을 끊어야 할 것인데 하물며 다시 받들어 공경하고 귀의하
라 하는 것인가. 아! 세상 사람들이 일상의 것을 싫어하고 괴이한 것
을 좋아하며, 실리(實利)를 버리고 허망한 법을 숭상함이 이와 같으
니 참으로 한탄스럽다.

*부정(釜鼎): 가마와 솥과 같이 부엌에서 늘 쓰는 그릇.

客不覺下拜曰。今聞夫子之言。始知儒者之言爲正。而佛氏之
說爲非也。子之言。揚雄不如也。於是幷書卷末。以備一說焉。

객이 내가 알지 못하는 사이에 절을 하며 말하기를, '지금 그대의
말은 들으니 비로소 유자의 말이 바르고, 불씨(佛氏)의 말이 잘못된
것인 줄 알겠다. 그대의 말은 양웅과는 다르다.' 하였다. 이에 아울러
책 말미에 함께 적어서 한 설을 갖춘다.

*양웅(揚雄): 양웅(楊雄, 기원전 53년~기원후 18년)은 중국 전한 말기의 사상가
이며 문장가이다. 자는 자운(子雲)이다. 촉군 성도에서 태어났다.

佛氏雜辨跋
불씨잡변발

尹起畎
윤기견

三峯先生所著經國典心氣理及詩若文。皆行于世。獨此佛氏雜辨一書。先生所以閑先聖詔後人。平生精力所在。而湮沒不傳。識者恨之。歲戊午。予以生員在成均館。吾同年韓奕。先生之族孫也。得此書於家藏亂帙之中。持以示予。觀其文辭豪逸。辨論纖悉。發揮性情。擯斥虛誕。眞聖門之藩籬。而六經之羽翼也。

삼봉 선생이 지은 경국전과 심기리, 시와 문은 모두 세상에 행해졌으나, 어쩐 일인지 불씨잡변 한 서적은 선생이 한가할 적에 선성(先聖)을 후대 사람에게 가르치려는 것으로 평생의 정력을 기울인 것인데, 흔적 없이 사라져 전해지지 않으므로 식자들이 한탄하였다.

무오년(1438년, 세종 20년)에 나는 생원으로 성균관에 있었다. 나와 같은 나이인 한혁(韓奕)은 선생의 손자이었다. 집 서가에서 여러 서적 가운데 이 책을 얻어 가지고 나에게 보여 주었다. 글을 보니 문사(文辭)가 호탕하고, 변론이 섬세하며, 성정을 발휘하고, 허탄함을 배척하는, 참으로 성문(聖門)의 울타리이며 육경의 날개이었다.

*인몰(湮沒): 흔적이 모두 없어짐.

　족손(族孫): 같은 성을 가진 손자뻘이 되는 사람.

　문사(文辭): 문장(의 글귀).

　섬실(纖悉): 상세하다. 상세하게 알고 있다.

　허탄(虛誕): 터무니없다. 황당무계하다.

　빈척(擯斥): 싫어서 물리쳐 멀리함.

　번리(藩籬): 담 대신에 풀이나 나무를 얽어서 집 둘러막거나 경계를 가르는 물건.

　육경(六經): 6가지 유가경전. 시경(詩經), 서경(書經), 예기(禮記), 역경(易經), 춘추(春秋), 악경(樂經).

予愛而寶之。藏之久矣。今守襄陽。適時無事。於公暇。校正謬誤三十餘字。命工刊梓。以廣其傳。幸有志於吾道者。因是書而闢其邪。惑於異端者。因是書而釋其疑。則先生爲書傳後之志。庶幾遂。而吾道亦且有所賴矣。是書之幸存而不泯。豈不爲吾道之大幸哉。景泰七年午月仲旬。金羅尹起畎 敬跋

　내가 좋아하며 보물처럼 보관한지 오래되었다. 지금은 양양 군수(郡守)이다. 적시로 일이 없고 공사도 한가하기에 삼십여 자의 오자를 교정하고 공인(工人)에게 판각과 출간을 명하여 널리 전하게 하였다. 다행히 우리 도에 뜻이 있는 자는 이 책으로 인하여 그 삿됨을 물리치고, 이단에 현혹된 자는 이 책으로 인하여 그 의심을 푼다면 곧 선생이 이 책을 만들어 후세에 전하는 뜻이 어느 정도 이룬 것이며, 우리 도에도 또한 힘이 될 것이다. 이 책이 요행히 남아 없어지지 않았으니, 어찌 우리 도(道)에 커다란 행운이지 않겠는가?

경태 7년(景泰 七年) 오월 중순 금라 윤기견이 공경하며 발문을 쓴다.

*윤기견(尹起畎): 조선 세종(世宗)~연산군(燕山君) 때의 문신. 본관은 함안(咸安). 성종(成宗)의 계비(繼妃)인 폐비 윤씨(廢妃尹氏)의 아버지. 《세종실록(世宗實錄)》과 《고려사절요(高麗史節要)》의 편찬에 참여하고, 판봉상시사(判奉常寺事) 등을 지냄.

양양(襄陽): 강원도 양양 군수(襄陽郡守).

적시(適時): 알맞은 때.

간재(刊梓): 판각(板刻)하여 출간함.

서기(庶幾): 어느 한도에 가까운 정도로.

역차(亦且): 다시. 그 위에. 그뿐만 아니라.

행존(幸存): 요행히 살아남다.

경태(景泰): 중국 명나라 대종 때의 연호.

경태 칠년(景泰 七年): 1456년 세조 2년.

오월(午月): 음력 5월의 다른 이름.

금라(金羅): 함안군의 별명(咸安郡別名)이긴 하나 윤기견의 별호로 보는 것이…….

闢 벽
佛 불
疏 소

박 어 정 로
　변 극 담
초 갑 인 정
소 소 소 안

소 소 소 역

闢佛疏
벽불소

朴礎
박초

臣等伏惟國家自聖祖創業以來。金枝玉葉。繼繼承承。無墜厥
緒者。幾五百年于茲矣。中遭否運。異姓之禍。口不忍言。惟我
殿下。以神聖之資。應天順人。掃除凶竪。不勞兵刃。誕受厥
命。克復宗社。飛龍之初。三韓億兆。懂欣拭目。想望太平。此
正復古中興。以致雍熙之秋也。臣等獲逢明時。齒于胄學。徒費
廩祿。踰蒙聖恩。慨然有志於堯舜君民。排斥異端者有日矣。

신 등은 엎드려 생각하오니 고려 국가(高麗國家)를 성조(聖朝)께
서 창업(創業)한 이래 금지옥엽(金枝玉葉)으로 잇고, 이어받아 조금
도 잃지 않고 이제 오백 년입니다. 그 가운데 불운(不運)으로 다른
성(姓)의 화(禍)를 만난 것은 입으로 차마 말할 수 없었습니다. 오직
우리 전하(殿下)의 신성(神聖)한 자질은 하늘에 응하고 사람들이 따
르니, 흉악한 자를 물리칠 때에는 병기의 수고로움을 받지 않고, 천
명을 받아 종사(宗社)를 극복하고, 용상에 오르던 처음 삼한의 억조
창생에 기쁨으로 눈을 비비며 태평성세를 바라니, 이제야 옛것을 중
흥하고 바르게 하여 풍성한 가을에 이르게 할 때입니다. 신 등이 이
러한 밝은 때를 만나 이 나이에 주학(胄學)에 들어 자못 녹봉을 받고

성은(聖恩)을 입어 흔쾌히 요(堯), 순(舜)임금의 백성 된 뜻으로 이단(異端)을 배척하려던 날이 있었습니다.

*박초(朴礎): 1367년(고려 공민왕 16년)~1454년(조선 단종 2년) 88세. 조선 전기 전라도수군도절제사, 경상우도수군처치사 등을 역임한 문신. 본관은 함양(咸陽). 자는 자허(子虛), 호는 토헌(土軒). 1391년(고려 공양왕 3년) 불교 배척 상소문으로 사형을 받게 되었으나 정몽주(鄭夢周)의 변호로 사면되었다.

복유(伏惟): 삼가 생각하옵건대.

금지옥엽(金枝玉葉) : 금지옥엽(金枝玉葉). 황족(皇族). 귀족의 자손.

흉수(凶竪): 더벅머리를 한 흉악한 자라는 뜻으로, 흉악한 소인(小人)을 이르는 말.

식목(拭目): 눈을 깨끗이 닦고 자세히 봄.

상망(想望): 희망(하다). 앙모(仰慕)하다. 기대(하다).

복고(復古): 옛 제도나 모양, 정치, 사상, 풍습 따위로 다시 돌아감.

중흥(中興): 쇠약해지던 힘이나 세력 따위가 다시 번성하여 일어남.

옹희(雍熙): 온화하게 빛남.

주상(冑庠), 주학(冑學), 주감(冑監): 으뜸이 되는 학교. 성균관의 다른 이름(異稱).

늠록(廩祿): 녹봉(祿俸) 예전에, 나라에서 벼슬아치들에게 벼슬살이에 대한 보수로 주던 곡식이나 베, 돈 따위를 통틀어 이르는 말.

도비(徒費): 보람이 없이 헛되이 씀.

성은(聖恩): 임금의 크고 거룩한 은혜.

개연(慨然): 감개하다. 시원시원하다. 흔쾌하다.

군민(君民): 왕과 국민을 아울러 이르는 말.

유지(有志): 마을이나 지역에서, 잘 알려져 있고 영향력을 가진 사람.

유일(有日): (언젠가는)그날이 있다.

然無路而不得行。無位而不得達。懷憤欝抑。竊議私嘆。得通上聽。一悟聖心。雖被妖言之罪。無所悔焉。況今殿下發德音下明旨。開廣言路。求言如渴。臣等安敢嘿嘿。以負平生之志。伏惟殿下。更加優容。不使聖朝。有讜言而受戮者。乃國家之幸也。

그러나 길이 없어 행할 수 없었고, 직위가 없어 다다르지 못해 분개(憤慨)하고 억울함을 품고, 때를 기다리며 홀로 탄식하고, 임금님께 주청 올리는 것을 통해 한 번이라도 성심을 깨닫게 한다면, 비록 저들이 요망한 말이라 하여 죄를 뒤집어쓴다 할지라도 후회하지 않으리라 했는데 하물며 이제 전하께서 덕음(德音)으로 밝은 뜻을 내리어 널리 언로(言路)를 열고 바른말 하기를 목마르게 기다리시니 신하들이 어찌 감히 묵묵(嘿嘿)히 평생의 뜻을 저버리겠습니까. 엎드려 바라옵건대 전하(殿下)께서는 관용(寬容)을 더하시어 성조(聖朝)에서 기탄없는 이야기를 하다 죽임을 받는 일이 없게 하시면 국가(國家)의 행복일 것입니다.

*분개(憤慨): 어떤 일에 대하여 매우 분하게 여김.

절관(竊觀): 남모르게 가만히 살펴봄.

요언(妖言): 인심을 혼란스럽게 만드는 요사스러운 말.

덕음(德音): 도리에 맞는 말. 덕담(德談).

구언(求言): 임금이 신하에게 바른말을 널리 구함.

당언(讜言): 옳고 그름에 대해 기탄없이 말함.

묵묵(嘿嘿): 입을 다물다. 웃는 소리.

우용(優容): 관대하게 대우하다. 관용하다.

갱가(更加): 더욱 더. 한층.

성조(聖朝): 훌륭한 임금이 다스리는 조정.

臣等竊聞有天地然後有萬物。有萬物然後有男女。有男女然後
有夫婦。有夫婦然後有父子。有父子然後有君臣。有君臣然後有
上下。有上下然後禮義有所措。此天下之達道。古今之常經。不
可須臾離也。苟或廢焉者。則覆載所不容。日月所不照。鬼神所
共殛。天下萬世公論之所共誅也。

신 등이 저으기 듣건대 '천지(天地)가 있은 연후에 만물(萬物)이
있고, 만물이 있은 연후에 남녀(男女)가 있고, 남녀가 있은 연후에
부부(夫婦)가 있고, 부부가 있은 연후에 부자(父子)가 있고, 부자가
있은 연후에 군신(君臣)이 있고, 군신이 있은 연후에 상하(上下)가
있고, 상하가 있은 연후에 예의(禮義)를 둘 곳이 있다.' 했습니다. 이
는 천하의 달도(達道)이며 예로부터 지금까지 지켜야 할 도리입니
다. 잠시라도 떠날 수 없는 것입니다. 진실로 혹하여 이를 폐하는 자
가 있다면 부재(覆載)를 용납하지 않을 것이며, 해와 달이 비추지 않
을 것이며, 귀신이 함께 죽일 것이며, 천하(天下) 만세(萬世)에 공론
(公論)으로 함께 죽일 것입니다.

달도(達道): 시간과 장소의 변화와 상관없이 사람이 마땅히 지켜야 할 도.

상경(常經): 사람이 지켜야 하는 마땅하고도 떳떳한 도리.

수유(須臾): 매우 짧은 시간. 순식(瞬息)의 10배, 준순(浚巡)의 10분의 1의 시간.

부재(覆載): 하늘은 만물을 덮고, 땅은 만물을 받쳐 실음.

彼佛何人也。以世嫡而叛其父。絶父子之親。以匹夫而抗天
子。滅君臣之義。以男女居室爲非道。以男耕女織爲不義。絶生
生之道。塞衣食之源。欲以其道。思以易天下。信如此焉。則百
年之後。人類絶矣。天行乎上。地載乎下。其所以生育於其間
者。惟草木禽獸魚鼈龍蛇而止爾。三綱五常之道。竟何寓於其間
哉。

저 부처는 어떠한 사람인가. 세상 적자로 그 아버지를 배반하여
부자(父子)의 친분을 끊고, 필부(匹夫)로 천자에 대항하는 군신(君
臣)의 의(義)를 멸하였고, 남자와 여자가 한 집에 머무는 것은 도
(道)가 아니라 하고, 남자가 밭을 갈고 여자가 베를 짜는 것은 불의
(不義)라 하여 낳고 기르는 도(道)를 끊었고 의식(衣食)의 근원을 막
고서 그들의 도(道)로서 천하를 바꾸려는 생각을 하였으니, 믿음이
이와 같다면 백 년 이후에는 인류는 끊어질 것입니다. 하늘은 위에
서 행하고 땅은 아래에서 싣는데 그 사이에 생육(生育)하는 것은 오
직 풀과 나무, 금수(禽獸), 어별(魚鼈), 용사(龍蛇)에 그칠 것이니,

삼강(三綱) 오상(五常)의 도(道)가 필경(畢竟) 그 사이에 어떻게 머물겠습니까.

*필부(匹夫): 보잘것없이 평범한 남자.

금수(禽獸): 날짐승과 길짐승.

어별(魚鼈): 물고기와 자라.

용사(龍蛇): 용과 뱀을 아울러 이르는 말.

삼강(三綱): 유교에서, 윤리의 근본이 되는 세 가지 벼리. 곧 군신(君臣) 간의 도리를 말하는 군위신강(君爲臣綱), 부자(父子)간의 도리를 말하는 부위자강(父爲子綱), 부부(夫婦)간의 도리를 말하는 부위부강(夫爲婦綱)을 아울러 이르는 말이다.

오상(五常): 유교의 인(仁)·의(義)·예(禮)·지(智)·신(信)의 다섯 덕목(德目)을 말한다.

필경(畢竟): 끝장에 이르러. 구경(究竟).

夫佛本夷狄之人。與中國言語不類。衣服殊制。口不言先王之法言。身不服先王之法服。不知夫婦父子君臣之倫。僞啓三途。謬張六道。遂使愚迷。妄求功德。不憚科禁。輕犯憲章。且生死壽夭。由於自然。威福刑德。關之人主。貧富貴賤。功業所招。而愚僧矯詐。皆云由佛。竊人主之權。擅造化之力。塗生民之耳目。溺天下於汚濁。醉生夢死。不自覺也。

대저 부처는 본래 오랑캐 사람입니다. 중국과 더불어 언어도 같지 않습니다. 의복(衣服)과 제도가 달라 입으로는 선왕의 법어를 말하지 않고, 몸으로는 선왕의 법복을 입지 않으며, 부부(夫婦)와 부자(父子)와 군신(君臣)의 윤리(倫理)를 알지 못하고, 거짓으로 삼도(三途)를 열고 잘못된 육도(六道)를 펼쳐 어리석고 우매한 사람들을 따르게 합니다. 헛되이 공덕을 구하게 하고 각종 금지 과목에 거리낌이 없으며, 헌장(憲章)을 범하기를 가벼이 여깁니다. 또 나고 죽는 수명의 길고 짧음은 자연으로 말미암았으며, 위력의 복록과 형벌의 덕화는 임금이 관장하고, 빈부(貧富)와 귀천(貴賤)은 공적으로 부르는 것인데, 어리석은 승려가 속이고 꾸며서 모두 부처님을 말미암은 것이라 합니다. 임금의 권위를 도적질한 것이며, 조화의 힘을 차지한 것이며, 백성의 삶과 이목(耳目)을 도색(塗色)한 것이며, 천하를 혼탁에 빠뜨리고, 취생몽사(醉生夢死)로 스스로 깨어나지 못하게 하였습니다.

*불류(不類): 비슷하지 않다. 선량하지 않다. 같지 않다.

과금(科禁): 법령으로 정한 각종 금지 항목.

삼도(三途): 삼악도(三惡道) 지옥(地獄), 아귀(餓鬼), 축생(畜生).

육도(六道): 지옥(地獄), 아귀(餓鬼), 축생(畜生), 수라(修羅), 인간(人間), 천상(天上).

수요(壽夭): 오래 삶과 일찍 죽음.

헌장(憲章): 어떠한 사실에 대하여 이상으로서 규정한 원칙을 선언한 규범.

위복(威福): 위력으로 벌을 내리기도 하고 복록을 베풀어 상을 내리기도 함.

형덕(刑德): 형벌과 덕화를 아울러 이르는 말.

인주(人主): 군주. 국가에서 나라를 다스리는 원수.

공업(功業): 뚜렷한 공적으로 남는 사업.

교사(矯詐): 남을 속이거나 기만함을.

오탁(汚濁): 더럽고 흐림.

생민(生民): 백성의 생계를 세워 주다.

도색(塗色): 어떤 사물의 겉면에 색을 칠함.

취생(醉生): 술에 취하여 아무런 보람도 없이 삶.

몽사(夢死): 아무 일도 못 하고 헛되이 살다가 죽음.

是以築樓殿宮閣以飾之。飾土木銅鐵以形之。髡良人男女以居
之。雖桀之璇宮象廊。紂之瓊宮鹿臺。楚靈之章華。呂政之阿
房。不加也。是豈不出乎百姓之財力歟。嗚呼痛哉。其誰正之。
必也上之人。德修於己。敎成於下。以明禮義。使斯民知天理之
所在。然後可以正之矣。洪惟我東方。自新羅之季。奉浮屠之
法。至於閭里。比其塔廟。佛氏之說。洋洋乎盈耳。淪於肌膚。
浹於骨髓。未可以義理曉也。亦未可以口舌辨也。

이로써 루(樓), 전(殿), 궁(宮), 각(閣)을 지어서 이를 장식하고, 흙
과 나무와 동과 쇠로 그의 형상을 만들어 꾸미고, 착한 남자와 여자
의 머리를 깎아 그곳에 살게 하니, 비록 걸(桀)의 선궁(璇宮)과 상랑
(象廊), 주(紂)의 경궁(瓊宮)과 녹대(鹿臺), 초령(草靈)의 장화대(章
華臺), 여정(呂政)의 아방궁(阿房宮)에 더 할 수 없으니, 이 어찌 백

성의 재력에서 나온 것이 아니겠습니까.

아아! 슬프고 원통하옵니다. 누가 이를 바르게 하겠습니까. 반드시 윗사람이 그의 몸을 덕으로 수행하고, 아래로 가르침을 이루어 예(禮)와 의(義)를 분명히 하고, 백성들로 하여금 천리(天理)가 있음을 알게 한 이후에야 가히 바르게 할 수 있을 것입니다. 크게 생각하면 우리 동방은 신라 말로부터 부도를 받드는 법이 마을에 이르러 그 탑묘가 즐비했고, 불씨(佛氏)의 말이 귀에 가득 찼으며, 피부와 살결이 잠기고 골수를 적시니, 의리(義理)로 깨어나게 할 수 없고 또 구설(口舌)로도 가릴 수가 없었습니다.

*걸(桀): 중국 하나라의 마지막 왕(제17대).

선궁(璇宮): 옥으로 장식한 아름다운 궁전.

상랑(象廊): 상아로 지은 회랑.

주(紂): 은(殷)의 주왕(紂王). 중국 상고 시대의 폭군으로 대표된다.

경궁(瓊宮): 옥으로 꾸민 궁전.

녹대(鹿臺): 중국 은나라 때, 임금인 주가 재화와 보물 등을 모아 두던 곳

장대(章臺): 장화대(章華臺)로 춘추 시대 초(楚)나라 영왕(靈王)이 화용현(華容縣) 부근에 세운 대(臺)

여정(呂政): 진시황(秦始皇).

부도법(浮屠法): 불법.

여리(閭里): 일반 백성의 살림집이 많이 모여 있는 곳.

탑묘(塔廟)는 부처님이나 성자들의 유골을 안치하고 공양하기 위해 퇴토(堆土)나 돌이나 기와 혹은 나무로 높게 쌓아 만든 탑(塔).

양양(洋洋): 가득하다. 망망하다. 풍부하다. 끝없이 넓다.

기부(肌膚): 사람이나 동물의 몸을 싸고 있는 살이나 살갗.

골수(骨髓): 생리 골수.

惟我太祖統三之初。深懲積弊。禁後代君臣私立願刹。於是太
師崔凝。請除佛法。太祖以爲新羅之季。佛氏之說。入人骨髓。
人人以爲死生禍福。悉佛所爲。今三韓甫一。人心未定。若遽革
佛氏。必生駭心。乃作訓曰。宜鑑新羅。多作佛事。以至於亡。
然則太祖之垂訓於後世者。至深切矣。

오직 우리 고려 태조가 삼한을 통일한 초기, 심한 적폐를 꾸짖으
며 후대에 군신들은 사사로이 원찰(願刹) 세우는 것은 금하였습니
다. 이에 태사(太師) 최응(崔凝)이 불법(佛法)을 없앨 것을 청하였으
나, 태조는 신라 말에 불씨(佛氏)의 말씀이 사람 골수에 들어 사람
사람마다 생사와 화복(禍福)은 부처님이 하는 것으로 안다. 이제 삼
한이 비로소 하나가 되었으나 사람들의 마음이 안정되지 못했다. 만
약 불씨(佛氏)를 거혁(遽革)한다면 반드시 놀란 마음을 낼 것이다.
이에 훈요십조를 지어서 말씀하기를 '마땅히 신라가 많은 불사를 지
었으므로 망함에 이른 것을 거울삼으라.' 하였다. 그러한 즉 태조(太
祖)께서 후세에 훈요십조를 드리운 것은 지극히 깊고 간절함일 것입
니다.

태사(太師): 고려 시대, 임금의 고문을 맡은 정일품 벼슬.

최응(崔凝): 고려 초의 문신(898년~932년). 본관은 황주(黃州). 시호는 희개(熙愷). 오경(五經)에 밝고 문장이 뛰어나 궁예(弓裔) 밑에서 한림랑(翰林郎)으로 있으면서 신임을 얻었다. 이후 왕건이 고려를 세우자 지원봉성사(知元奉省事)가 되었다가 광평낭중(廣評郎中), 내봉경(內奉卿), 광평시랑(廣評侍郎) 등을 지냈다.

거혁(遽革): 오래된 폐단을 갑자기 고치거나 버려서 없앰.

심절(深切): 따뜻하고 친절하다. 심각하고 절실하다. 매우 적절하다. 준엄하다.

歷代君臣。不能體聖祖之遺意。因循苟且。營菴立塔。無代無之。式至于今。其弊滋甚。爲人心世道計者。可不痛心哉。傳曰一夫不耕。或受之飢。一婦不蠶。或受之寒。彼佛氏之徒。不耕而飲食充。不蠶而衣裳俱。安居自養者。不知其幾千百萬。由是而凍餓者。不知幾何矣。

역대의 군신들이 능히 성조(聖祖)의 남긴 뜻을 체득(體得)하지 못하고 인습에 따라 구차히 여기다가 암자를 운영하고 탑을 세우는 것이 시대마다 없지 않아, 방식 그대로 지금에 이르니 그 폐단이 이렇게 심하니, 사람의 마음을 위하고 세상 도(道)를 계획하는 자로서 가히 마음 아프지 않겠습니까.

전(傳)에 말하기를 '한 농부가 밭을 갈지 않으면 언젠가 굶주림을 받고, 한 여인이 누에를 기르지 않으면 언젠가 추위를 받을 것이다.'

했습니다. 저 불씨(佛氏)의 무리가 밭을 갈지 않고 음식을 충족하고, 누에를 치지 않아도 의복을 갖추고, 편안하게 머물면서 스스로를 양생하는 이가 몇 천백만인지 알지 못합니다. 이로 말미암아 몸이 얼고 굶주린 이가 얼마나 되는지도 알지 못합니다.

---

*인순(因循): 낡은 인습을 버리지 않고 그대로 따름. 답습(踏襲)하다.

구차(苟且): 소홀히 하다. 그럭저럭 되는대로 살아가다. 그럭저럭 되는대로 하다.

전(傳): 가의(賈誼, 기원전 200년~기원전 168년), 중국 전한 초기의 사상가로 하남군 낙양현(雒陽縣) 사람이다.

의상(衣裳): 옷. 의복.

동아(凍餓): 입을 것이 없어서 몸이 얼고, 먹을 것이 없어서 굶주림.

기하(幾何): 잘 모르는 수효나 분량, 정도 따위를 물을 때 쓰는 말.

彼雖飲風吸露。巢居野處。爲國家者。所當斥之者也。况坐華屋食精饌。遊手而揖君親者。其可一日容於天地之間乎。誠不共戴天者也。奈何殿下以英明之資。惑於浮屠讖緯之說。往遷于南。以國君之尊。親幸檜菴。以倡無父無君之敎。以成不忠不孝之俗。以毀我三綱五常之典。臣等爲殿下中興之美惜也。

저들이 비록 바람을 마시고 이슬을 먹으며, 나뭇가지에 거주하고 들에 머물더라도 국가를 위해서는 마땅히 배척하여야 할 자들입니다. 하물며 화려한 집에 앉아 좋은 음식을 먹고 손은 놀리면서 임금과 아버지에게 읍(揖)하는 자를, 하루라도 하늘과 땅 사이에 용납하는 것이 옳은 것입니까? 참으로 하늘 아래 같이할 수 없는 자들입니다. 어떻게 전하(殿下)께서는 총명하고 슬기로운 자질로 승려들의 참위(讖緯)의 말에 현혹되어 남쪽으로 천도를 하고, 한 나라의 군주로 존엄한데, 친히 회암사(檜菴寺)에 행차하시어 아버지도 없고 군주도 없는 가르침을 노래하게 하여, 불충불효(不忠不孝)의 속됨을 이루게 하고, 우리 삼강(三綱) 오상(五常)의 법전을 허물게 하십니까. 신 등은 전하의 중흥을 참으로 애석하게 여깁니다.

*불공재천(不共載天): 같은 하늘 아래서 살 수 없다. 불구대천.

영명(英明): 영명하다. 뛰어나게 슬기롭고 총명하다.

참위(讖緯): 미래의 길흉화복의 조짐이나 그에 대한 예언.

국군(國君): 한 나라의 군주.

且誕降之辰。殿下宜率百官。上壽太妃。以示殿下中興孝理之盛德於三韓臣庶也。此之不爲。反遵胡敎。區區於拜僧供佛。以沮臣庶中興至理之望。可乎。至若窮人之力。歛人之怨。演福塔廟之役。中外嗷嗷。士民缺望。臣等未知 所營之木。鬼輸神轉歟。所用之財。天降地湧歟。欲求福於冥冥之中。反貽患於昭昭之際。臣等意一旦。風塵再擾。霜霜荐臻。沙彌不能操干戈。塔廟不能禳飢饉。昔後周壞經像而修甲兵。齊崇塔廟而弛刑政。一朝合戰。周興齊滅。然則佛氏之不能作福禍於人世者。亦可知矣。

또 탄강(誕降)하시던 날에 전하께서는 마땅히 백관(百官)을 거느리시고 태비(太妃)께 상수(上壽)하고, 전하께서 중흥하신 효도의 이치로 삼한(三韓)의 신하와 백성에게 성덕(盛德)하였음을 보여야 했는데 그렇게 하지 않았습니다. 도리어 오랑캐의 가르침을 존중하여 승려에게 절을 하고 부처님께 공양을 올리기를 구구히 하였습니다. 이는 신하와 백성들이 중흥을 바라는 지극한 도리와 당연한 희망을 막았습니다. 옳으신 것입니까?

　사람들의 힘이 궁핍하여 사람들의 원망을 거두어들일 때인데, 연복사(演福寺) 탑묘(塔廟)에 부역하라 하시니 중외(中外)가 시끄럽고, 사대부와 백성의 희망이 무너졌습니다. 신 등은 알지 못하겠습니다. 경영하는 목재는 귀신(鬼神)이 굴리고 옮기는 것입니까? 쓰이는 재물은 하늘에서 내리고 땅에서 솟은 것입니까? 아득한 가운데 복을 구하고자 하나 도리어 분명한 때에 걱정을 끼칩니다. 신 등의 생각으로는 하루아침에 바람과 티끌이 거듭 불고, 서리와 우박이 거듭 내린다면, 사미(沙彌)는 능히 창과 방패를 들지 않을 것이며, 탑묘에 능히 기근으로 기도하지도 못할 것입니다.

　옛날 후주(後周)에서는 불상과 경전을 헐어서 갑옷과 병기를 만들었고, 제(齊)나라는 탑과 탑묘를 숭상하며 형벌을 없애더니, 하루아침 전쟁으로 주(周)나라는 흥하고 제(齊)나라는 멸했습니다. 그러한 즉 불씨(佛氏)가 능히 인간세상의 복(福)과 화(禍)를 지어 주지 않는다는 것을 또한 잘 알 것입니다.

*탄강(誕降): 임금이나 성인이 탄생함.

백관(百官): 모든 관리. 모든 벼슬아치.

상수(上壽): 100세 나이를 일컫는 한자 용어. 10대 沖年(충년). 15세 志學(지학). 20세 弱冠(약관). 30세 而立(이립). 40세 不惑(불혹). 50세 知天命(지천명). 60세 耳順(이순). 70세 古稀(고희), 從心(종심). 77세 喜壽(희수). 88세 米壽(미수). 99세 白壽(백수). 100세 上壽(상수), 期願之壽(기원지수).

성덕(盛德): 크고 훌륭한 덕.

신서(臣庶): 신하와 백성.

구구(區區): 보잘것없다. 저. 소인. 득의(得意)하다. 의기양양하다.

지리(至理): 지극히 당연한 도리.

지약(至若): 지우(至于). ……때에 이르러.

중외(中外): 중앙과 지방.

오오(嗷嗷): 많은 사람이 원망하고 떠듦. 시끄럽게 부르는 소리.

명명(冥冥): 어두컴컴하다. 무지몽매하다. 높고 아득한 하늘. 먼 하늘.

귀신(鬼神): 귀신은 두 가지 뜻이 합쳐져서 생긴 말이다. '귀(鬼)'는 음(陰)의 정기를 가지고 있는 영(靈)이요, '신(神)'은 양(陽)의 정기를 가지고 있는 영이다. '혼백(魂魄)'이란 말도 음양으로 구별되는 말인데, 정신을 가리키는 양의 넋이 혼(魂)이요, 육체를 가리키는 음의 넋이 백(魄)이다. 그래서 사람이 죽으면 백(魄)은 땅속으로 들어가 '귀(鬼)'가 되고 혼(魂)은 승천하여 '신(神)'이 된다고 한다.

소소(昭昭): 환하다. 명백하다.

풍진(風塵): 세상의 어지러운 일을 비유적으로 이르는 말.

상박(霜雹): 서리와 우박.

일단(一旦): 하루아침. 우선 먼저. 어느 때. 잠시. 일단.

사미(沙彌): 승단의 일곱 대중[衆]의 하나. 식자(息慈)·식악(息惡)·행자(行慈)·근책남(勤策男) 등이라 한역한다. 기본적으로, 출가하여 10계를 받아 지니는 나이 어린 남자를 가리킨다.

기근(飢饉): 식량이 모자라서 굶주리는 일.

형정(刑政): 형사에 관한 행정.

伏惟殿下。法堯舜三代之所以興。鑑齊陳梁蕭之所以亡。上繼
聖祖之遺意。下副吾儒之素望。使彼佛者。勒還其鄕。人其人以
充兵賦廬其居。以增戶口。焚其書。以永絶其根本。所給之田。
使軍資主之。以贍軍餉。所屬奴婢。使都官掌之。以分各司各
官。其銅像銅器。屬於軍器寺。以修甲兵。其所用器皿。屬於禮
賓寺。以分各司各官。然後敎之以禮義。養之以道德。不數年
間。民志定而敎化行。倉廩實而國用周。

엎드려 바라옵건대 전하(殿下) 요순삼대(堯舜三代)가 흥했음을
본받으시고, 제(齊), 진(陳), 양(梁), 소(蕭)나라가 망한 것을 거울로
삼아, 위로는 성조(聖祖)의 남긴 뜻을 이으시고, 아래로는 우리 유
가(儒家)의 소망(素望)에 부합(副合)하여 저 불도(佛徒)들로 하여금
부디 그들의 고향으로 돌아가게 하십시오. 사람과 그 사람들은 병부
에 충당하고 그들이 머물던 오두막집은 호구로 늘리고, 그들의 책은
태워서 영원히 그 근본을 끊고, 지급했던 논[田]은 군으로 하여금 자
금을 주관하게 하여 군량이 넉넉하게 하고, 소속된 노비는 도관(都

官)에서 관장(管掌)하게 하여 각 사(司)와 각 관(官)에 나누고, 동상
(銅像)과 동 그릇은 군기사(軍器寺)에 예속시켜 갑옷과 병기를 수
리하게 하고, 쓰던 용기와 그릇은 예빈사(禮賓寺)에 귀속시켜 각 사
(司)와 각 관(官)에 나누게 하십시오. 그런 이후에 예의(禮義)를 가
르치고 도덕(道德)을 양성(養成)하면 수년(數年)이 지나지 않아 백
성들의 뜻은 안정되고 교화가 행해져, 창고는 가득 차서 국가에서
두루 쓸 것입니다.

*요순삼대(堯舜三代): 중국의 하(夏)·은(殷)·주(周) 때를 말한다.

도관(都官): 고려 시대 노비의 부적(簿籍)과 결송(決訟)을 담당하던 형부의 속사
(屬司).

군자(軍資): 군대의 운영과 군사 행동에 필요한 모든 자금.

양성(養成): 가르쳐서 유능한 사람을 키워 냄.

창름(倉廩): 물건을 쌓아 두거나 잘 보관하기 위하여 지은 집. 창고.

然則向之背君父毁人倫逆天理者。將去其舊染之汚。以發其秉
彝之良心。知父子君臣之倫。知夫夫婦婦之道。男耕女織。以生
其生。含哺鼓腹。以樂其樂。致理之豐。可以肩三代而軼漢唐
矣。

그러한 방법으로 나아가면 임금과 부모를 등지고 인륜(人倫)을 헐
어 천리를 거역했던 자들이 장차 옛날에 물든 더러움을 버리고, 타

고난 천성 그대로의 양심을 일으켜 아버지와 아들 임금과 신하의 윤리를 알고, 지아비는 지아비로 지어미는 지어미의 도(道)를 알고, 남자는 밭을 갈고 여자는 베를 짜고, 태어나고 자라게 하는데 부른 배를 두드리며 노래하고 즐거워하며, 국가가 풍부해 삼대와 어깨를 나란히 하며, 한나라와 당나라를 넘어설 것입니다.

*병이(秉彝): 타고난 천성을 그대로 지킴.
함포고복(含哺鼓腹): 실컷 먹고 배를 두드린다는 뜻으로, 먹을 것이 풍족하여 즐겁게 지냄을 이르는 말.

且今佞臣金琠。以不肖之資。無知之見。阿意順旨。變亂是非。欲興無父無君之敎。以廢古今賢聖之道。以爲太祖開國。皆蒙佛力。指闢佛者。爲太祖之罪人。太祖聖德神功。順乎天而應乎人。心同堯舜。行法湯武。三韓之民。其畏威也如雷霆。其懷德也如父母。雖盡誅境內沙門。如元魏。盡鑄佛像爲錢。如周世宗。彼佛者安能使太祖。不能成統合三韓之功乎。

또 이제 간신 김전(金琠)이 능력 없는 자질과 아는 것 없는 견해로 뜻에 따라 아첨하여 시비(是非)를 변란(變亂)하여 아버지도 없고 어머니도 없는 가르침을 흥(興)하게 하고자 고금(古今) 성현의 도(道)를 폐하고, '태조(太祖)의 개국(開國)이 모두 부처님이 현몽하신 것이다.' 하며 벽불(闢佛)을 지적하는 자는 태조의 죄인이라 하였습니다.

태조(太祖)의 성덕(聖德)과 신공(神功)은 하늘에 따르고 사람들이 응하여, 마음은 요순(堯舜)과 같고, 탕(湯), 무(武)의 법을 행하므로 삼한의 백성이 그 두려운 위의는 천둥 번개와 같고, 그 품은 덕은 부모(父母)와 같다고 하였습니다. 비록 나라 안의 사문(沙門)을 다 죽이는 것을 원위(元魏)와 같이하고, 모든 불상을 녹여 돈으로 만든 것을 후주(後周)의 세종(世宗)과 같이한다고 한들, 저 불자(佛者)들이 어찌 능히 태조로 하여금 능히 삼한(三韓)을 통합(統合)하여 이룬 공이 없다 하겠습니까.

*영신(佞臣): 간사하고 아첨을 잘하는 신하.

김전(金琠): 고려 말기의 문신(?년~?년). 벼슬이 전의부정에 이르렀다. 공양왕 3년(1391년)에 조정 내에 불교 배척 운동이 일어나자, 정사척(鄭士倜)과 함께 불교를 옹호하다가 조정의 유신(儒臣)에게 비난을 받았다.

불초(不肖): 어버이의 덕망이나 유업을 이을 만한 자질이나 능력이 없음.

아의(阿意): 아첨.

변난(變亂): 큰 재앙이나 사고로 세상이 어지러워지는 일.

뇌정(雷霆): 번개가 친 다음에 하늘에 크게 울리는 소리.

벽불(闢佛): 척불(斥佛). 불교를 거부하여 물리치자는 주장.

경내(境內): 일정한 지역이나 경계의 안.

사문(沙門): 출가(出家)하여 수행하는 사람을 통틀어 일컫는 말이다. 인도에서는 출가자를 가리키는데, 삭발을 하고 나쁜 일을 하지 않으며, 신심을 가다듬어 선행을 하고, 깨달음을 얻기 위하여 노력하는 사람을 말한다.

원위(元魏): 중국 북조의 한 나라.

주 세종(周世宗): 오대 시대(五代時代) 주의 세종 시영(柴榮). 시 세종으로도 불렀다. 그는 서사(書史)에 통달하고 정치에 부지런하였으며, 유학(儒學)을 숭상하고 불교를 배척하여, 사찰 3천 3백여 개소를 폐하고 동철로 된 불상은 모두 거두어 돈을 주조하였다. 향년 39세에 사망하였다.

我國家自庚寅癸巳以上。通儒名士。多於中國。故唐家以爲君子之國。宋朝以爲文物禮樂之邦。題本國使臣下馬所曰小中華之館。自庚癸之後。不死兵亂則逃入山林。通儒名士。百無一二存者。彼學佛者始倡邪說。上誣群臣。下誑愚民。

우리나라가 경인(庚寅), 계사(癸巳)년 이상으로부터 유학(儒學)에 통달한 명사(名士)들이 중국(中國)보다 많았습니다. 까닭에 당(唐)에서 군자(君子)의 나라라 하였습니다. 송(宋)나라 때에는 문물(文物), 예악(禮樂)의 나라라 하여 본국(本國)의 사신이 말에서 내리는 곳의 제관(題館)을 '소중화지관(小中華之館)'이라고 부르기도 하였습니다. 경인(庚寅) 계사(癸巳)년 이후부터는 병난(兵亂)으로 죽지 않으면, 산림(山林)으로 도망쳐 들어가 유학(儒學)에 통달한 명사(名士)는 백에 한둘도 없었습니다. 저 불교를 배우는 자들이 처음부터 사설(邪說)을 노래하여 위로는 임금과 신하를 속이고, 아래로는 어리석은 백성을 기만하였습니다.

*경인(庚寅): 충정왕(忠定王) 2년/ 경인(1350년).
계사(癸巳): 공민왕(恭愍王) 2년/ 계사(1353년).

乃作太祖九世之像曰。太祖前身。某生爲某院主。某生作某塔。某生造某經。至曰某生太祖。爲某寺之牛。至某生乃得王位。上賓之後。今爲某菩薩。成書開板。藏于深山。以欺萬世。玄陵見之。深加敬信。於是內佛堂之法席。演福寺之文殊會。講經飯僧。至屈千乘之尊。拜髡爲師。親執弟子之禮。至于甲寅。未蒙事佛之福。

이내 태조(太祖) 구대(九代)의 전생 소상(塑像)을 만들어 놓고, 말하기를 '태조(太祖)의 전신(前身)으로, 어느 생에는 어떤 집의 주인이었고, 어느 생에는 어떤 탑을 쌓았고, 어느 생에는 어떤 경전을 만들었고, 어느 생에는 태조(太祖)가 어느 절의 소가 되었고, 어느 생에 이르러서 왕위(王位)를 얻었고, 최고가 된 이후 이제는 어느 보살이 되었다.'는 글을 지어 판에 새기고 깊은 산속에 소장하여 만세(萬世)를 속이니, 현릉이 이를 보시고 공경과 믿음을 더하여 내불당(內佛堂)의 법석과 연복사(演福寺) 문수회(文殊會)에 경을 강의하고 스님들을 공양하며, 천승지존(千乘之尊)으로 굴신(屈身)하고, 머리 깎은 이를 스승으로 삼아 절을 하고, 친히 제자(弟子)의 예를 지켰으나. 갑인(甲寅)년에 이르러서는 불사(佛事)의 복을 입지 못했습니다.

*공민왕 말기에는 '태조구세지상(太祖九世之像)'이라는 것을 만들어 태조의 전신(前身)을 아홉 가지로 말하면서, 왕위에 오르기 바로 전에는 어느 절의 소였고 죽은 뒤에는 보살이 되었다는 등의 이야기를 하여 김자수(金子粹) 등에 의하여 공격

을 받기도 하였다.

상빈(上賓): 지위가 매우 높은 손님이나 윗자리에 모시어 대접할 만한 손님.

현릉(玄陵): 고려 31대 공민왕(恭愍王)의 능묘(陵墓).

천승(千乘): 천 대의 병거라는 뜻으로, 그 정도의 힘을 가진 나라의 제후를 이르는 말.

千乘之尊(천승지존): 제후의 존귀한 지위. 승(乘)은 수레를 세는 단위. 주(周)나라 때 전시에 천자(天子)는 만승(萬乘)을, 제후(諸侯)는 천승(千乘)을 내도록 되어 있었다.

갑인(甲寅): 갑인년(甲寅年, 1374년 우왕 즉원년) 공민왕(恭愍王) 사망.

臣等未知太祖九世像 釋迦達摩。復生於東方。親見太祖於天堂佛刹。而作此像歟。太祖前身爲牛爲院主之時。親見者何僧歟。彼之邪說誣上。以太祖爲牛。此豈聖子神孫之所可開口者邪。嗚呼正學不明。人心不正。不修德而惟福之是求。不知道而惟恠之欲聞。豈不痛哉。豈不惜哉。

신 등은 알지 못하겠습니다. 태조(太祖) 구대(九代) 소상(塑像)을, 석가(釋迦)와 달마(達磨)가 다시 동방(東方)에 태어나 친히 천당(天堂)의 불찰(佛刹)에서 태조를 보고 이 소상(塑像)을 만들었겠습니까? 태조(太祖)의 전신(前身)이 소가 되고 집주인이 되었을 때 친히 본 자가 어느 스님입니까? 저것은 삿된 말로 임금을 속인 것입니다. 태조(太祖)가 소가 되었다 함은, 이 어찌 성인의 아들이며 신(神)의

손자를 가히 입을 열어 삿되게 하겠습니까. 참으로 슬픕니다. 정학
(正學)이 밝지 못하니 사람의 마음이 바르지 못하고, 덕(德)은 닦지
않고 오직 복(福)만을 구하며, 도(道)는 알지 못하고 오직 괴이함만
듣고자 하니, 어찌 통탄하지 아니하며, 어찌 애석하지 않겠습니까.

*정학(正學) : 바르고 정당한 학문. 유학(儒學).

　自孟子闢楊墨 尊孔氏以來。漢之董子。唐之韓子。宋朝之程
朱子。皆扶斯道闢異端。爲天下萬世之君子也。王安石，張天覺
等。興佛敎易風俗。而爲天下萬世之小人也。若董韓程朱之輩。
安石天覺之徒。並生於今日。則殿下用董韓程朱。爲天下萬世之
法歟。用安石天覺。倡夷狄禽獸之敎歟。臣等未敢知也。殿下若
遵安石天覺之所好。髠三韓之民。棄國棄家。敝屣王位。入山求
佛。則納金珛之言可也。

　맹자가 양주(楊朱)와 묵적(墨翟)을 물리치고 공씨(孔氏)를 존경
한 이래로부터, 한(漢)나라의 동자(董子), 당(唐)나라의 한퇴지(韓退
之), 송나라의 정자(程子)와 주자(朱子)가 모두 이 도(道)를 도움받
아 이단(異端)을 물리치고 천하 만세(萬世)에 군자가 되었습니다.
　왕안석(王安石)과 장천각(張天覺) 등은 불교(佛敎)를 일으켜 풍속
을 바꿈으로 천하(天下) 만세(萬世)에 소인(小人)이 되었습니다. 만
약 동자(董子), 한퇴지(韓退之), 정자(程子), 주자(朱子)의 무리와 왕

안석(王安石) 장천각(張天覺) 무리가 함께 오늘날에 태어난다면, 전하께서는 동자, 한퇴지, 정자, 주자를 써서 천하 만세의 법(法)으로 삼으시겠습니까? 왕안석 장천각을 써서 오랑캐 금수의 가르침을 주창하시겠습니까?

　신 등은 감히 알지 못하겠습니다. 전하께서 만약 왕안석 장천각이 좋아하는 것을 좇을 것 같으면, 삼한의 백성이 머리를 깎고, 나라를 버리고 가정을 버리고, 왕위를 헌신 버리듯 하고, 산에 들어가 불법을 구하셔야 합니다. 곧 김전(金琠)이 드리운 말이 옳을 것이지만.

*양묵(楊墨): 중국 전국 시대의 학자인 양주와 묵적을 아울러 이르는 말.

　동자(董子): 동중서(董仲舒)로 중국 전한 때의 대학자로 한때는 학문에 열중하여 3년 동안이나 자기 집 밭을 들여다보지 않기까지 하였다고 전해진다.

　한자(漢子): 중국 춘추 시대 말기, 한비가 엮은 책.

　정자(程子): 중국 송나라의 유학자 정호, 정이 형제에 대한 존칭.

　주자(朱子): '주희'를 높여 이르는 말.

　주희(朱熹): 중국 남송 때의 유학자.

　왕안석(王安石): 송나라의 재상이자 문필가로 당송팔대가의 한 사람.

　장상영(張商英): 사천성 신진 사람으로 자는 천각(天覺), 호는 무진 거사(無盡居士)다.

　폐사(敝屣): 해지고 닳은 헌 신.

若遵董韓程朱之學。以正人心明人倫。去民之蟊賊。以興三代
之理。以光中興與天無疆之業。則彼金瑱者當轘諸都市。以示三
韓萬世中興大聖人之不惑於邪說可也。殿下以金瑱爲忠於國家之
臣。則禑昌父子。絶我太祖列聖三十一代之祀之時。彼瑱者能立
興復王氏之策乎。

만약 동자, 한퇴지, 정자, 주자의 학문을 좇을 것 같으면, 사람의
마음을 바르게 하고, 인륜을 밝히고, 백성의 모적(蟊賊)을 제거하고,
삼대를 일으키는 이치를 쓰고, 중흥(中興)하는 것이 하늘과 더불어
무강(無疆)한 사업으로 빛내시려면, 저 김전(金瑱)을 마땅히 도시에
서 찢어 죽여서, 삼한(三韓)의 만세(萬世)를 중흥(中興)하는 대 성인
은 사설(邪說)에 현혹되지 않는다는 것을 보이시는 것이 옳을 것입
니다. 전하 김전(金瑱)이 국가에 충성하는 신하였다면, 곧 신우(辛
禑)와 신창(辛昌)의 부자를 우리 태조(太祖)의 열성 삼십일 대로 끊
어 제사할 때에 저 김전(金瑱)이 능히 왕씨(王氏)로 다시 일으키는
술책을 세웠겠습니까.

*모적(蟊賊): 곡식의 뿌리를 갉아 먹는 해충이라는 뜻으로, 백성의 재물을 빼앗
는 탐관오리를 비유적으로 이르는 말.
　환(轘): 환형(轘刑). 차열(車裂)하는 형벌. 두 다리를 서로 다른 방향의 수레에 묶
어 찢어 죽이는 극형.
　삼대(三代): 요(堯), 순(舜), 우(禹).
　무강(無疆): 무강하다.

신창(辛昌): 신우(辛禑). 신창(辛昌).

우창비왕설(禑昌非王說) : 우왕과 창왕은 왕씨가 아니란 뜻.

흥복(興復): 약해진 힘이나 세력이 다시 강해짐. 쇠퇴를 회복하여 다시 일어섬.

兼大司成鄭道傳。發揮天人性命之淵源。倡鳴孔孟程朱之道。
闢浮屠百代之誑誘。開三韓千古之迷惑。斥異端息邪說。明天理
而正人心。吾東方眞一人而已。是上天授殿下以皐陶伊傅之佐。
以興堯舜三代之盛於中興之日也。殿下以道傳闢佛之策。爲祖宗
之罪人歟。金琠奉佛之說。爲殿下之忠臣歟。

겸 대사성 정도전은 천명(天命)과 인성(人性)의 연원(淵源)을 발
휘(發揮)하고, 공자와 맹자, 정자, 주자의 도(道)를 창명(倡鳴)하면
서, 불교가 백대(百代)에 유혹하는 미치광이를 물리치고, 삼한의 옛
천 년의 미혹을 깨우쳐 이단(異端)을 배척하고 삿된 말을 그치게 하
여, 하늘의 이치를 밝히고 인심을 올바르게 하였으니, 우리 동방에
참다운 한 사람입니다. 이는 하늘이 전하에게 고요(皐陶)와 이윤(伊
尹)과 부열(傅說)을 보내어 돕게 한 것이며, 요순(堯舜)의 삼대를 일
으켰던 중흥의 해가 왕성(旺盛)한 것입니다. 전하께서는 정도전의
불교를 물리친 계책을 조종(祖宗)의 죄인으로 삼으시겠습니까. 김
전(金琠)의 부처님을 신봉하는 말을 전하의 충신으로 삼으시겠습니까.

*대사성(大司成): 성균관의 직제로 대사성(大司成) 정3품. 이성계는 1388년 남양 부사로 있던 정도전을 중앙으로 불러올려 대사성으로 삼았다.

성명(性命): 인성과 천명을 아울러 이르는 말.

발휘(發揮): 지니고 있는 재능이나 역량 등을 떨쳐 드러냄.

연원(淵源): 사물이나 일 따위의 근원.

부도(浮屠): 불타. 화상(和尙). 불탑.

광유(誆誘): 남을 속여서 꾀어냄.

상천(上天): 땅이나 바다 위로 아득히 떨어져 있는, 해와 달과 별이 있는 넓은 공간.

고요(皐陶): 옥사(獄事)를 잘 다스렸던 순(舜) 임금의 신하.

이부(伊傅): 이윤(伊尹)과 부열(傅說). 이윤(伊尹)은 은(殷) 탕왕(湯王)의 재상(宰相). 부열(傅說) 역시 은(殷) 고종(高宗)의 재상(宰相).

조종(祖宗): 선조. 조상. 어떤 분야를 본격적으로 일으킨 사람을 비유적으로 이르는 말.

이기(而己): ……뿐. ……만.

臣等亦未敢知也。殿下疑道傳之正學。信金珚之邪說。則豈不取笑於天下。見譏於萬世哉。此臣等所以敢言也。爲理之本。捨正人心何以哉。盖人心之趨向不正。則其本亡矣。雖有屑屑於事爲之末。皆苟而已。未有源未潔而流淸者也。亦未有本未固而末茂者也。

신 등은 감히 알지 못하겠습니다. 전하 정도전의 정학(正學)을 의

심하고 김전(金瑑)의 삿된 말을 믿으신다면 어찌 천하(天下)의 웃음 거리로 만세에 기만함을 보이는 것을 취하는 것이 아니겠습니까. 이에 신 등이 감히 말씀 드리는 것입니다. 이(理)의 근본이 되는 올바름을 버리면 사람의 마음이 어떻게 되겠습니까? 대개 사람의 마음이 바르지 못한 곳으로 향하면 그 근본이 없어지는 것입니다. 비록 일의 끝을 신경 쓰더라도 모두 구차할 뿐입니다. 원수(源水)가 맑지 못하는데 흐르는 물이 맑을 수 없으며, 근본이 견고하지 못하면 끝이 무성할 수 없는 것입니다.

*추향(趨向): ……으로 기울어지다. ……하는 경향이 있다.

설설(屑屑): 사소하다. 총망한 모양. 신경 쓰는 모양. 눈물이 흐르는 소리.

故臣等獨以闢異端。爲正人心之本獻焉。伏惟殿下。萬機之暇。特留宸念。擧而行之。非特當今之幸。抑亦永有辭于萬世矣。若殿下以臣等之言。勿以爲迂。採以納之。臣等更爲殿下陳理道之萬一。

까닭에 신 등은 유독 이단을 물리치는 것은, 사람의 마음을 바르게 하는 것을 근본으로 삼기 때문입니다. 엎드려 바라옵건대 전하, 많은 정사를 보는 여가에 특별히 생각이 나시어 들어 행하신다면, 비단 오늘이 다행일 뿐만 아니라, 물리치시더라도 또한 길이 만세(萬世)에 찬사(讚辭)로 남을 것입니다. 만약 전하, 신 등의 말을 멀리하지 마시고 받아들이시어, 신 등이 다시 전하가 펼치시는 이도(理道)에 만에 하나라도 함께할 수 있게 하여 주십시오.

*이도(理道): 다스리는 길(治道).

만기(萬機): 정치에서의 여러 가지 중요한 일. 임금이 보는 많은 정사.

신념(宸念): 임금의 생각이나 걱정.

비특(非特): 비단(非但), ⋯⋯뿐 아니라.

당금(當今): 바로 이때. 현재. 지금.

채납(採納): 채납하다. (의견·건의·요구 따위를)가려서 받아들임.

*자료. 고려사절요 제35권/ 공양왕 2(恭讓王二) 신미년(1391년)

*공양왕 2년(恭讓王二) 신미년(1391년) 조의 소와는 많이 다르다. 또 정도전이 불씨잡변을 저술한 것은 1394년이고, 윤기견에 의해 발행된 것은 1456년으로, 이 상소문은 1391년이다. 시대적 간격이 있다. 겸 대사성 정도전(兼 大司成 鄭道傳) 등은 이후 첨가한 부분으로 보인다.

*소가 올라가니 왕이 크게 노하였다. 박초 등이 글을 올리려 하였으나 생원 서복례(徐復禮)가 서명하지 않으니, 박사 김초(金貂) 등이 북을 치고 성토하여 내쫓았다. 또 사예(司藝) 유백순(柳伯淳)이, 박초 등이 글을 올리는 것을 힘껏 만류하였으나 되지 않으므로, 지신사 성석용(成石瑢)에게 말하기를, "박초 등의 소를 위에 올리지 마시오." 하였다. 박초 등이 이를 알고 함께 의논하여 유백순에게 수업을 하지 않으려고 하니, 대사성 김자수(金子粹) 등이 그 무례함을 미워하고, 또 김초 등이 장관에게 알리지 않고 생도를 제 마음대로 내쫓은 것을 노하여, 김초 등의 가노를 가두고 복례를 불러와서 다시 입학하게 하였다. 자수가 출근하니 김초 등이 뜰에 내려와서 맞이하지 않으므로 자수가 전을 올려 사직하니, 윤허하지 않고 김초 등을 순군옥에 가두었다.

闢佛疏
벽불소

魚變甲
어변갑

臣等竊謂佛氏之爲害尙矣。自漢以來。崇奉愈謹。而未蒙福利者。載在史典。固殿下之所洞覽也。奚待臣等之言哉。嘗觀韓愈之論。有曰。古之爲民者四。今之爲民者六。農之家一而食粟之家六。工之家一而用器之家六。賈之家一而資焉之家六。乃之何民不窮且盜也。且曰。民者。出粟米麻絲。作器皿。通貨財。以事其上。不然則誅。使韓子小知治體。則此言足以裨補聖化之萬一。伏惟殿下留意焉。

신 등이 가만히 생각해 보니 불씨(佛氏)가 해로움이 된 지 오래되었습니다. 한(漢)나라 이래로부터 숭상(崇尙)하고 신봉(信奉)함이 더욱 공경했으나 복리(福利)를 받지 못한 것이 역사전적(歷史典籍)에 실려 있습니다. 오로지 전하께서 꿰뚫어 보신 것으로, 어찌 신 등의 말을 기다리시겠습니까? 일찍이 한유(韓愈)가 논하여 남긴 것을 보면, '옛날에는 백성이 넷이었는데, 지금의 백성은 여섯이 되었다. 농사는 한 집이 짓는데 먹는 집은 여섯이고, 만드는 것은 한 집인데 그릇을 쓰는 집은 여섯이며, 장사는 한 집인데 여섯 집이 쓴다. 이에 어떤 백성이 궁핍하지 않으며 또한 도둑질하지 않겠는가?' 하였습니다. 또 말하기를 '백성은 조와 쌀, 마, 실을 생산하고 그릇과 식기를 만들고 재화를 유통하여 그 윗사람을 섬깁니다. 그러하지 않으면 죽임을 당한다.' 하였습니다. 설사 한유(韓愈)가 정치 체제를 조금 안다고 하여도, 이 말은 성인의 덕화를 만(萬)에 하나를 돕기에는 족합니다. 엎드려 바라옵건대 전하께서는 살펴 주십시오.

*어변갑(漁變甲, 1380년~1434년): 조선 전기 지제교, 경연검토관, 집현전직제학 등을 역임한 문신. 본관은 함종(咸從). 자는 자선(子先), 호는 면곡(綿谷). 어득룡(魚得龍)의 증손으로, 할아버지는 어백유(魚伯遊)이고, 아버지는 목사 어연(魚淵)이다. 어머니는 이운길(李云吉)의 딸이다.

사전(史典): 역사전적(歷史典籍).

통람(洞覽): 꿰뚫어서 확실하게 보는 일.

사민(四民): 사(士), 농(農), 공(工), 상(商).

육민(六民): 사(士), 농(農), 공(工), 상(商), 불(佛), 노(老).

식속(食粟): 먹고사는 살림의 형편.

기명(器皿): 집안 살림살이에 쓰이는 여러 가지 기구.

정치 체제(政治體制): 인간이 공동체를 구성하고 정치적 삶을 영위하는 여러 방식.

비보(裨補): 약하거나 모자란 것을 도와서 보태거나 채움.

성화(聖化): 성인이나 임금이 덕행으로 사람이나 백성을 바람직하게 변하게 함.

유의(留意): 마음에 담아 둠.

臣等亦以謂異端之中。佛氏爲甚。以夷狄之俗。獨居四民之
外。而使民窮盜。其罪宜何如也。夫禽獸害穀。必驅而遠之者。
以其害於民也。然禽獸雖食人之食。反爲人用。僧而坐食。未見
其益。矧今水旱年荒。倉廩匱竭。吾民之計。則生死莫保。比徒
之食。則豊凶如一。唯見飢民。不見飢僧。唯見民之飢而死也。
不見僧之飢而死也。日肆誑誘。暗鑠民膏。臣等竊痛之。

신 등은 또한 이단 가운데 불씨(佛氏)가 가장 심하다고 말합니다.
오랑캐의 풍속으로 유독 사민(四民) 밖에 머물면서, 백성으로 하여
금 곤궁(困窮)하고 도둑이 되게 하니 그 죄는 마땅히 어떻게 해야 합
니까. 대저 금수(禽獸)가 곡식을 해치면 반드시 쫓아 멀리하게 하는
데 이는 백성을 해롭게 하기 때문입니다. 그러나 금수(禽獸)는 비록
사람의 양식을 먹으면서도 도리어 사람을 위해 쓸 수 있지만, 승려
는 앉아서 먹으면서 그 더함을 볼 수 없습니다. 하물며 지금은 물이
가물고 흉년이 들어 창고가 비었습니다. 우리 백성들의 생계와 생사
(生死)도 보호하지 못하는데 이 무리들이 먹는 것을 비교하면, 풍년
이나 흉년이나 한결같습니다. 오직 굶주린 백성은 보았어도 굶주린
승려는 보지 못했으며, 오직 백성이 굶주려 죽는 것은 보았으나 승
려가 굶주려 죽는 것은 보지 못했습니다. 날마다 방자하게 속이고
꾀어서 암암리에 백성의 고혈을 녹여 내니 신 등은 통절(痛切)할 뿐
입니다.

창름(倉廩): 물건을 쌓아 두거나 잘 보관하기 위하여 지은 집.

궤갈(匱渴): 다하여 없어짐.

광유(誑誘): 남을 속여서 꾀어냄.

민고(民膏): 백성의 피와 땀. 백성들에게서 거두어들인 세금이나 재물.

古之君子。深言其害者多矣。爲國家慮者。則以蠹財惑民排
之。爲彝倫計者。則以無父無君斥之。爲斯文之興喪。著書立
言。垂敎於將來者。則以空虛寂滅罪之。然其說宏闊勝大。易汨
人心。故瀰漫浸漬。經歷數千載。天下之人主。幾見惑焉。卿
士大夫。幾見陷焉。愚冥百姓。孤兒寡婦。幾見欺焉。而未之
覺悟者。則誠以道學不明。人心不正。爲人君則未能盡精一執中
之道。爲人臣則未能究格致誠正之學。畏慕罪福。而易陷於因緣
果報之說。百姓之無知者。則從厥攸好。觀瞻倣效。尤易流於誑
誘。而天下風靡矣。

옛 군자들도, 그 해로움이 많다는 것을 깊이 말하였습니다. 국가
를 위해 걱정하는 자들은 곧 '재물을 좀먹고 백성을 미혹하게 한다.'
하여 내쳤고, 윤리를 계획하는 자들은 '아비도 없고 임금도 없다.'
하여 배척하였고, 유학(儒學)이 소멸하는 것을 일으키려고 책을 짓
고 글을 써서 장래에 가르침을 남기는 이들은 곧 '공(空), 허(虛), 적
(寂), 멸(滅).'이라 하여, 죄악(罪惡)이라 하였습니다. 그러나 그들의

말이 굉활(宏闊)하고 수승 광대하여 쉬이 사람들의 마음에 젖어드는 까닭에 널리 퍼져 침지(沈漬)된 채 수천 년을 지났습니다. 천하의 임금도 몇 번 보면 현혹되고, 높은 벼슬을 하는 사대부도 몇 번 보면 빠져들며, 어리석고 무지한 백성과 고아와 가난한 여인까지도 몇 번 보면 속습니다. 깨달아 알지 못한 것입니다. 지성으로 도학(道學)이 분명하지 못하고, 인심(人心)이 바르지 않아, 임금이 곧 능히 정일집중(精一執中)한 도(道)를 다하지 아니한 것이며, 신하는 곧 능히 격물치지(格物致知)하는 성정(誠正)의 학문을 궁구하지 않고, 죄를 두려워하고 복을 흠모하여 쉽게 인연과보(因緣果報)의 말에 빠진 것을 백성은 알지 못한 것입니다. 곧 좋아하는 것을 좇아 우러러보고 본받으니 더욱 쉽게 미치광이의 유혹에 빠져서 천하를 풍미합니다.

*두재(蠹財): 재물을 소모하고 고갈시킴을 말한다.

이윤(彝倫): ('이(彝)'는 상(常), '윤(倫)'은 도(道)의 뜻)사람으로서 당연히 지켜야 할 도리.

수교(垂教): 좋은 가르침을 후세에 남김.

장래(將來): 앞으로의 전망이나 가능성. 장래. 미래.

굉활(宏闊): '굉활하다'의 어근.

미만(瀰漫): 가득 차다. 자욱하다. 널리 퍼지다.

침지(浸漬): 액체에 담가 적심.

인군(人君): 군주 국가에서 나라를 다스리는 우두머리. 임금. 군주.

인신(人臣): 신하를 임금에 상대하여 이르던 말.

격치(格致): 사물의 이치를 파고들어 지식을 얻다.

성정(誠正): 성의정심(誠意正心).

방효(倣效): 어떤 대상을 그대로 본받음.

종궐유호(從厥攸好): 그들이 좋아하는 바를 좇음.

풍미(風靡): 바람에 초목이 쓰러진다는 뜻으로, 어떤 사조나 사회적 현상 등이 널리 사회를 휩쓺을 비유적으로 이르는 말.

脫有如堯舜文武之君。皇，夔，周，召之臣。出於其間。則不惟人其人火其書。必明致誅戮。以示妖言之戒矣。況敢望華屋珍饌。以享香火之供養乎。況髡其頭緇其衣。逃賦而營產乎。況登名銓選。紫衣方袍。並列通顯。驅馳於都市之間乎。是以淸淨之戒未聞。而淫穢之行日彰。

저 요(堯), 순(舜), 문(文), 무(武)와 같은 임금이 있고, 고요(皋陶), 기(夔), 주공(周公), 소공(召公) 등의 신하가 그 사이에 나와서 곧 오직 그 사람은 사람이 아니라 하고, 그 서적을 불태우고, 반듯이 죽을 죄임을 밝히고, 요사스러운 말을 경계한다는 것을 보여야 할 것인데 하물며 감히 호화스러운 집과 진미(珍味)한 음식, 향화(香火)와 공양으로 기도를 하며, 더구나 머리를 깎고 검은 옷을 입고, 조세를 내지 않고 생산하고 경영하며, 하물며 선과에 급제하여 이름을 올렸다고 자주색 방포(方袍)를 입고, 아울러 벼슬아치와 어깨를 나란히 하며 도시 한가운데를 말달리기를 합니다. 이로써 청정(淸淨)한 계율은 들리지 않고, 도리에 더러운 행이 날로 번창합니다.

*주륙(誅戮): 지은 죄에 대한 형벌로 죄인을 죽임.

요언(妖言): 인심을 혼란스럽게 만드는 요사스러운 말.

도부지민(逃賦之民): 부세(賦稅)를 도피한 백성.

전선(銓選): 사람을 어러모로 저울질하여 골라 뽑음.

등명(登名): 이름을 올리는 것.

방포(方袍): 비구가 입는 네모진 법의.

통현(通顯): 큰 벼슬을 하다. 현달하다. 입신출세하다.

시이(是以): 이 때문에. 그래서. 그러므로.

음예(淫穢): 음란하다. 외설적이다.

惟我太宗大王承聖祖經綸草昧之餘。接前朝積習因循之末。日
新聖學。扶植綱常。一革資薦之法席。不建山陵之齋刹。加以經
學大臣。有若河崙等爲之承弼。常以排斥異端。安養生民爲念。
革寺院。削田民。先爲小正之端。以示大正之意焉。

　오직 우리 태종 대왕은 성조(聖祖)께서 초매(草昧)에 계획한 나머
지를 계승하여, 전조(前朝)에 쌓은 관습의 끝을 접하여 날마다 성학
을 새롭게 하였으며, 삼강오륜을 뿌리내리게 하시고, 한 번의 개혁
으로 재화 천도하는 법석과 산릉에 재찰(齋刹)을 건립하지 못하게
하였습니다. 경학하는 대신을 늘려 하륜 등과 같은 이가 있어 도움
을 받으시고, 항상 이단(異端)을 배척하고 백성들의 생활을 편안하
게 하시려는 생각으로 사원(寺院)을 혁파하였습니다. 삭전민(削田

民)에게 먼저 조금씩 바로잡는 것을 시작으로, 크게 바로잡을 뜻을 보이신 것입니다.

*태종(太宗): 조선 3대 왕(이방원 재위 - 1400년 11월 28일~1418년 9월 9일).

경륜(經綸): 큰 포부를 가지고 어떤 일을 조직적으로 계획함.

초매(草昧): 하늘과 땅이 처음 만들어지던 어두운 세상.

경륜(經綸): 큰 포부를 가지고 어떤 일을 조직적으로 계획함.

적습(積習): 오랜 시간을 두고 이루어진 버릇.

인순(因循): 낡은 인습을 버리지 않고 그대로 따름.

부식(扶植): 영향을 주어 사상이나 세력 따위를 뿌리박게 함.

강상(綱常): 삼강과 오상을 아울러 이르는 말.

자천(資薦): 천도를 자조(資助, 재물로 돕다)함.

재찰(齋刹): 무덤을 지키기 위하여 세운 사찰.

하륜(河崙): 하륜(河崙, 1348년 1월 22일(1347년 음력 12월 22일) 고려 경상도 진주 출생~1416년 11월 24일(음력 11월 6일 조선 함경도 정평에서 객사)은 고려 말 조선 초의 문신이다. 본관은 진주(晉州) 자는 대림(大臨) 또는 중림(仲臨), 호는 호정(浩亭)이다.

승필(承弼): 서경 경명(冏命)에 나오는 말로, 임금의 뜻을 받들면서 바른 곳으로 인도하는 직책을 말하며, 보통은 시종신(侍從臣)을 가리킨다.

삭전(削田): (괭이 따위로)논밭을 고르다.

今殿下以乾健粹精之資。天縱緝熙之學。受聖考付托之重。當大有爲之時。其於遹追先志。明敎化。正人心。扶斯文。闢異端。使斯道之明。如日中天。可謂事半功倍之秋也。議者謂當今家廟之法已設。水陸之制已定。其勢已殺。人人自然知所向方。而漸趨於家禮之法矣。然家禮之書。自士大夫間。當死喪急遽之際。雖有護喪辦事者。猶恍惚茫昧。未能隨事區處。況如民之無知者乎。

지금 전하께서는 강건하고 순수하신 자질과, 타고난 재지(才智)와 밝게 빛나는 학문으로 성고(聖考)의 부탁을 거듭 받았습니다. 마땅히 크게 하실 수 있을 때에 선왕의 뜻에 따라 명교로 교화하시여 인심(人心)을 바르게 하고 좋은 글로 북돋아 이단(異端)을 물리치므로 하여금 도(道)의 밝기가 해가 중천에 뜬 것과 같습니다. 참으로 일은 절반쯤 했는데 공은 배가되는 가을이라 말할 것입니다. 논의하는 이들이 말하기를 마땅히 지금 가묘(家廟)의 법은 이미 설치하였고, 수륙제의 규제도 이미 정해져서 그 세가 많이 죽었으며, 사람 사람들이 자연스럽게 가야 할 방향을 알아 점점 가례의 법으로 옮겨 갈 것입니다. 그러나 가례(家例)의 글도 사대부들 사이에서부터 상(喪)을 당해 급할 때면, 비록 호상이라 할지라도 일을 처리함에 있어 오히려 놀라고 막연하여 능히 일에 따라 구분하지 못하는데 하물며 백성의 무지(無知)함을 어찌합니까?

*건건(乾健): 굳셈.

수정(粹精): 순수.

천종(天縱): 하늘이 용납하여 마음대로 하게 하다. 타고난 재지(才智)가 뛰어나다.

즙희(緝熙): 임금의 덕(德)이 계속하여 밝게 빛나는 모양. 시경(詩經) 대아편(大雅篇)에 문왕의 덕을 칭송한 말인데, 시경집전(詩經集傳)에서 즙(緝)은 계속한다는 속(續)의 뜻이고, 희(熙)는 밝다라는 명(明)의 뜻이라 하였음.

성고(聖考): 임금의 돌아가신 아버지.

유위(有爲): 능력이나 쓸모가 있음.

휼추(遹追): 따르다.

선지(先志): 선조가 남긴 뜻.

사문(斯文): 우아하다. 점잖다. 고상하다.

사도(斯道): 유가에서, 유교의 도리나 도덕을 이 도리 또는 이 도덕이라는 의미에서 스스로 이르는 말.

규제(規制): 규칙이나 법령, 관습 따위로 일정한 한도를 정하여 그 이상을 넘지 못하도록 제한함.

망매(茫昧): 모호하다. 분명하지 않다. 막연하다.

급거(急遽): 몹시 서둘러서 급하게.

판사(辦事): 일을 처리하다. 사무를 보다.

구처(區處): 사물을 따로따로 구분하여 처리함. 변통하여 처리함. 또는 그런 방법.

且人情樂於因循。憚於改作。雖在上者。躬率以示。莫能相一。今水陸之設。雖云從簡。國家未能頓除。忌晨之追福。舊習尚存。誕日之祝釐。諛風未斷。況卿士大夫乎。卿士大夫猶不能免。況庶民乎。開其爲此。而禁其爲彼。民不信矣。是以無貴賤貧富。皆曰家禮之法善矣。然行家禮。則人將議我曰異於常矣。水陸之法簡矣。然行水陸。則人將鄙我曰吝其財矣。

또 인정(人情)은 답습하는 것을 좋아하고 뜯어고치는 것을 싫어합니다. 비록 위에 있는 자들이 몸소 행함을 보이더라도 능히 하나의 모습으로는 되지는 않습니다. 지금 수륙의 설단(設壇)이 비록 간소하다고 말을 하나 국가에서 능히 갑자기 없애지 못합니다. 기신제(忌晨祭)에 복을 비는 것이 구습(舊習)대로 오히려 남아 있고, 탄신일을 축하해야 하는 날로 아첨하는 풍습이 끊어지지 않았음이, 하물며 벼슬하는 사대부이니, 벼슬하는 사대부도 오히려 능히 면하지 못했는데 하물며 서민이겠습니까. 그것이 이렇게 되도록 열어 놓고, 그것이 저렇게 되도록 금하면, 백성은 믿지 않습니다. 이에 가난하고 부자이고 귀하고 천한 이도 가릴 것 없이 다 말하기를 '가례(家禮)는 좋은 법이라.'고 합니다. 그러나 가례(家禮)를 행하면, 사람들이 장차 문의하며 나에게 말하기를 '일상과 다르다.' 하고, 수륙재 법은 간소하다 합니다. 그러나 수륙재를 행하면 사람들이 장차 야비하다면서 나에게 말하기를 '재정을 아낀다.'고 합니다.

奔走寺院。飯佛齋僧。召致親友。競事奢華。糜費不貲。富者
罄竭財産。貧者稱貸公私。修七旣畢。則葬送力微。葬送纔畢。
則公私交徵其債矣。是故。典賣田宅。以償其財。而民不聊生。
此殿下之所未及知。而臣等之所痛心也。

분주한 사원에서는 부처님께 공양 올리고 스님들이 재를 지내며
친구를 불러다가 호화로움을 다투듯 일삼고, 헤아릴 수 없이 낭비를
하니, 부자는 재산이 경갈(罄竭)하고 가난한 이는 공으로 사적으로
빚을 진다고 말을 합니다. 49재를 이미 마치면, 곧 장송(葬送)하는
힘이 다하고, 장송을 겨우 마쳐서는 공과 사적으로 그 빚을 번갈아
징수하게 됩니다. 이런 까닭에 온전히 집과 밭을 팔고 그 비용을 갚
으니 백성의 삶이 의지할 곳이 없습니다. 이는 전하가 계시는 곳에
는 미치지 아니함을 아셔야 합니다. 그러기에 신 등이 마음 아파하
는 것이옵니다.

*사화(奢華): 사치스럽고 화려하다. 아름답다.

미비(靡費): 낭비(하다).

부자(不貲): 헤아릴 수 없을 만큼 많다.

경갈(罄竭): 돈이나 물건 따위가 다 없어짐.

칭대(稱貸): 이자를 받고 돈이나 물건을 빌려줌.

장송(葬送): 시신을 매장할 곳으로 보냄.

전매(典賣): 전당 잡힌 물건을 팔아 치움.

료생(聊生): 안심하고 살다. 의지하여 믿고 살다.

竊惟盛必有衰。物理之常。福善禍淫。天之道也。堯, 舜,
禹, 湯, 文, 武, 周公。天下之大聖也。功加于時。德垂後世。
天下之所共仰賴。而尙且不祀。彼佛何神。妖誕不經之說。汩亂
天常。竊人主之柄。以奔走天下之人。誠禹, 湯, 文武之罪人。
而反享禹, 湯, 文, 武之所不能享。其罪極矣。

가만히 생각하니 왕성하면 반드시 쇠퇴함이 있는 것은 물리(物理)
적 현상이며, 복(福)과 선(善), 화(禍)와 음(淫)은 하늘의 도(道)입니
다. 요(堯), 순(舜), 우(禹), 탕(湯), 문(文), 무(武), 주공(周公)은 하늘
아래 대 성인입니다. 공(功)은 저때에 더하고, 덕(德)은 후세에 드리
웁니다. 천하가 함께 우러러 의지하는 데도 오히려 또한 제사 지내
지 않습니다. 저 부처는 어떠한 신(神)이기에 요사스럽게 허망하고
간사한 말로 하늘의 도리를 어지럽히고, 임금의 권력을 훔쳐 천하

사람을 분주하게 하는 것입니까. 진실로 우(禹), 탕(湯), 문(文), 무(武)가 죄인입니까. 도리어 형통한 우(禹), 탕(湯), 문(文), 무(武)를 능히 형통하지 못하다고 한 그의 죄가 극한 것입니다.

*절유(竊惟): 혼자 가만히 여러모로 생각함.

앙뢰(仰賴): 의뢰하다. 의지하다.

불경지설(不經之說): 허망하고 간사한 말.

천상(天常): 하늘이 정한 떳떳한 도리.

요탄(妖誕): 요사스럽고 거짓된 말.

골란(汨亂): 어지럽다. 골몰하다.

夫人必自伐而後人伐之。往者道澄，雪然之行。檜岩，津寬之事。足以鑑矣。今興天僧徒之惡。何其相繼而不絶也。是豈數窮惡積。天實厭之。令自絶其根本。有待於殿下之神斷乎。昔者。孟軻氏拒詖淫邪遁之說。而猶自謂承三聖之統。後世論其功曰。當不在禹下。

대저 사람은 반드시 스스로가 무너지고 난 이후에야 다른 사람에 의해 무너지는 것입니다. 옛날에 도징(道澄)과 설연(雪然)의 행과, 회암사 진관사 일을 족히 거울삼아야 할 것입니다. 지금 흥천사 승려들의 악행은 어찌 연이어 끊어지지 않습니까. 이 어찌 헤아릴 수 없이 악을 쌓이니 하늘도 진실로 싫어합니다. 스스로 그 근본을 끊게 하는 전하의 신령한 결단을 기다립니다.

옛날에 맹가씨(孟軻氏)가 피사(詖辭), 음사(淫辭), 사사(邪辭), 둔사(遁辭)의 설(說)을 막아 내므로 말미암아 스스로 삼성(三聖)의 계통을 이어받았다고 하였습니다. 후세에 그 공을 논하여 말하기를 '마땅히 우 임금의 아래에 두지 않는다.' 하였습니다.

*자벌(自伐): 자기의 공을 드러내어 스스로 자랑함. 자랑하다. 뽐내다.

상계(相繼): 잇따르다. 잇닿다. 연잇다. 계속하다.

도징(道澄): 금산사(金山寺) 주지(住持) 도징(道澄)이 토전(土田)의 소출(所出)과 노비(奴婢)의 공화(貢貨)를 모두 다 사용(私用)하였다.

설연(雪然): 와룡사(臥龍寺) 주지(住持) 설연(雪然)이다.

수궁(數窮): 빈번하게 어려워진다.

맹가씨(孟軻氏): 맹자(孟子).

피사(詖辭): 공정하지 못하고 한쪽으로 치우친 말.

음사(淫辭): 성적으로 추잡하고 방탕한 말.

사사(邪辭): 간사한 말. 성실하지 않은 말. 옳지 못한 말.

둔사(遁辭): 책임을 회피하려고 꾸며 대거나 발뺌하는 말.

伏望殿下盪除夷法。丕變風俗。毀撤塔廟。焚燒經律。闔境僧尼。並令歸俗。申命禮官。倣文公家禮。定爲卿士庶民喪祭之禮。使儀品等級之有差。衣衾器皿之有數。陳列圖式。簡易明白。下至愚民。皆得易知而可行。則昔日遊手坐食之徒。今盡爲持鋤緣畝之民。昔日事佛求福之輩。今轉爲報本追遠之人。道無二致。國無異俗。人心旣正。道學益明。世道淳如也。則亦東周一治之盛也。

　엎드려 바라옵건대 전하 바라이법을 제거해 없애시고, 풍속을 고치시고, 탑과 사당을 헐어 버리고, 경율(經律)은 불태우고, 경내에 있는 승니(僧尼)는 속가로 돌려보내십시오. 예관(禮官)에게 거듭 명령하시어 문공의 가례에 의지하여 경사(卿士)와 서민(庶民)의 상제(喪祭)의 예(禮)를 정하게 하여, 의품(儀品)과 등급(等級)에 차이가 있고, 옷과 이부자리 그릇의 수를 두며, 그림으로 진열하여 간단하고 쉬우며 명백하게 하여, 아래로 어리석은 백성에 이르기까지 다 쉬이 알아 옳게 행하게 하시면, 옛날에는 날마다 손을 놀리고 앉아서 밥을 먹던 무리들이 이제는 모두 호미를 잡고 밭을 가는 백성이 될 것이며, 옛날에 부처를 섬기고 복을 구하던 무리들이, 이제는 전하여 근본에 보답하고 조상을 추념하는 사람이 될 것입니다. 도에는 두 가지 이치가 없고, 나라에 다른 풍속이 없습니다. 사람의 마음이 이미 바르고, 도학(道學)이 더욱 분명해 세상의 도는 순수합니다. 또 동방의 주나라로 한 번에 다스려지는 성세(盛世)가 될 것입니다.

　*이법(夷法): 출가자의 바라이법(波羅夷法 - pārājika).
　경율(經律): 교리를 주로 하는 불타의 설법을 결집한 경장과 교단이 지켜야 할 계율을 결집한 율장.
　승니(僧尼): 승려와 여승. 비구(比丘)와 비구니(比丘尼).

합경(闔境): 일정한 구역 안의 전체.

비변(丕變): 전부터 내려오던 나쁜 풍습을 깨뜨려 버림.

신명(申命): 거듭 명령하다. 임명하다. 명령하다.

문공(文公): 문공. 춘추 시대 진(晋)의 왕. 이름은 중이(重耳). 공자(公子) 때 내란이 일어나 제국(諸国)을 유우(流寓)했으나 진(秦)의 목공(穆公)의 원조하에 귀국하여 즉위하였다.

경사(卿士): 고관대작. (옛날)집정자. (옛날의)벼슬아치들.

의품(儀品): 의식하는 물품.

의금(衣衾): 옷과 이부자리를 아울러 이르는 말.

기명(器皿): 집안 살림살이에 쓰이는 여러 가지 기구. 그릇. 식기.

진열(陳列): 상품이나 물건을 여러 사람에게 보이기 위하여 죽 벌여 놓음.

간이(簡易): 간편하게 설비하여 이용하기 쉽게 함.

추원(追遠): 지나간 옛일을 생각하며 그리워함. 선조(先祖).

而殿下前日學問之極功。聖人之能事。炳炳琅琅。垂耀簡策。使後世之人。知大聖人之作爲。出於尋常萬萬也。其淑人心回世道。燕翼貽謀。以基億萬年無疆之休。亦不外於是焉。臣等猥以庸資。密近耿光。揆厥所職。實是論思之地。宜以善道。裨益君德。顧無片言上對淸問。幸今伏聞憲府言有及是。適此機會。不勝欣躍。且嘗聞伊尹之所志。若使其君不及堯舜。其心愧恥若撻于市。故臣等不勝惓惓之至。仰瀆天聰。伏惟聖裁施行。國家幸甚。斯道幸甚。

그러니 전하, 전일의 학문에 공을 다하시고 성인이 한 일을 낭랑(琅琅)하게 빛내시면, 기록되는 간책(簡策)에 빛나고, 후세 사람들로 하여금 대 성인이 하신 것으로 알아 일상보다 만에 만이 더 나올 것입니다. 사람의 마음이 맑고 세도(世道)로 돌아 조상이 후손을 편안케 하는 교훈으로, 억만년 아무 탈 없이 쉬는 기본이 될 것입니다. 또 이밖에 것이 아니라, 신 등이 외람되이 용렬한 자질로 밀밀하게 밝은 빛(임금)을 가까이한 직분을 헤아려, 실로 이를 논하고 깊이 생각해야 할 처지로, 마땅히 선도(善道)로 임금의 덕을 더욱 도와야 했습니다.

　돌아보니 한마디 말도 임금님을 대하고 삼가 물어보지 못하였습니다. 다행이 지금 엎드려 듣건대 헌부(憲府)에 말씀하신 것이 이에 미치는 것이 있기에, 이러한 기회를 만나니 기뻐 날뛰는 것을 이기지 못했습니다. 또 일찍이 이윤(伊尹)이 뜻한 것은 듣자오니 '만약 섬기는 임금으로 하여금 요(堯), 순(舜)에 미치지 못하게 한다면 그 마음의 부끄러움은 시장에서 매를 맞는 것과 같다.' 하였습니다. 까닭에 신 등은 간절하고 지극함을 이기지 못해, 성총을 우러러 번거롭게 하였습니다. 엎드려 바라옵건대 임금님께서 결정하여 시행하신다면 국가도 천만다행일 것이며, 우리 도(道)도 천만다행일 것입니다.

*능사(能事): 잘하는 일. 숙련된 일. 수완. 자신 있는 일.

병병(炳炳): 밝고 환하다. 찬란히 빛나다.

낭랑(琅琅): 크게 책 읽는 소리. 책 읽는 소리가 낭랑하다.

간책(簡策): 예전에, 종이 대신 글씨를 쓰는 대쪽이나 그것으로 엮은 책.

작위(作爲): 의식적으로 행한 적극적인 행위.

심상(尋常): 대수롭지 않고 예사로움.

만만(萬萬): 이루 말할 수 없을 만큼 아주 많은 것.

연익(燕翼): 조상이 자손을 편안하게 살도록 도움.

이모(貽謀): 조상이 자손에게 남긴 교훈.

무강(無疆): 한이 없음. 아무런 탈 없이.

어시(於是): 그래서. 그리하여.

경광(耿光): 밝은 빛.

비익(裨益): 이익(이 되다). 도움(이 되다).

청문(清問): 존경하여 묻다. 삼가 물어보다.

편언(片言): 한마디의 말.

헌부(憲府): 사헌부(司憲府)를 이르는 말로, 고려·조선 시대에, 정사(政事)를 논의하고 풍속을 바로잡으며 관리의 비행을 조사하여 그 책임을 규탄하는 일을 맡아 보던 관아.

이윤(伊尹): 가노 출신으로 은나라의 탕왕에게 불려가서 재상이 되어 하의 걸왕을 토벌함으로써 은이 천하를 평정하는 데 공헌했다. 탕왕을 뒤이은 외병·중임 두 왕에게서도 벼슬을 했으며, 그 뒤 태갑의 재상이 되었다.

괴치(愧恥): 부끄러워하는 태도를 보임.

권권(惓惓): 곡진하다. 충성스럽다. 간절하다.

복유(伏惟): 삼가 생각하옵건대. 가만히 속으로 생각하다.

성재(聖裁): 임금의 재가나 판단을 높여 이르는 말.

행심(幸甚): 천만다행임.

*세종실록 23권, 세종 6년 3월 8일 갑신(1424년 명 영락(永樂) 22년).

-태백산사고본- 8책 23권 27장 A면

-東文選卷之五十五-

闢佛疏
벽불소

成均生員臣丁克仁等
성균관생원정극인등

成均生員臣丁克仁等。誠惶誠恐。謹上言于主上殿下。臣等俱
以庸資。幸際昌辰。捿迹芹宮。遊心聖學。其於異端之說。粗嘗
涉躐矣。

　성균관 생원 정극인 등은 진실로 황당하고 두려움에 삼가 주상 전
하께 말씀을 올립니다. 신 등은 모두 자질이 용렬하옵니다만, 다행
히 태평한 때를 만나 근궁(芹宮)에 머물며 마음 편히 성학을 하였습
니다. 이단의 설(說)은 그때 대략 섭렵하였습니다.

　*정극인(丁克仁, 1401년~1481년): 본관은 영성(靈城). 광주(廣州) 출신. 자는 가
택(可宅), 호는 불우헌(不憂軒)·다헌(茶軒)·다각(茶角). 아버지는 진사 정곤(丁坤)
이다. 조선 전기의 문인·학자. 문학에 뛰어난 재능을 보였으며, 후학을 키우는 일에
앞장섰다. 대표작으로 <상춘곡(賞春曲)>이 있다
　창신(昌辰): 태평한 때.
　근궁(芹宮): 공자의 신위를 모신 사당.
　유심(遊心): (항상 어떤 방면에)마음을 쓰다. 주의하다.

夫佛氏之害。固非一端。無父無君。毀人心。滅綱常。闢之而後。可以興化也。遊手遊食。逃賦稅。蠹民財。汰之而後。可以利民也。故孟子曰。我欲正人心。息邪說。釋之者曰。佛氏之害。甚於揚墨。又曰。邪說害正。人人得而攻之 不必聖賢。如春秋之法。亂臣賊子。人人得而誅之。不必士師。又曰。學者。於是非之源。毫釐有差。則害及於生民。禍流於後世。古人所以辭而闢之。如是之嚴者。誠以吾道行則彝倫叙而天下治。異端興則彝倫斁而天下亂也。

대저 불씨(佛氏)의 해(害)는 한 가지만이 아닙니다. 아버지도 없고 임금도 없는, 사람의 마음을 허물고 삼강(三綱) 오상(五常)을 멸합니다. 그들을 물리친 이후에 교화함이 옳을 것입니다. 손을 놀리고 놀면서 밥을 먹고, 부세를 내지 않고, 백성의 재산을 좀먹습니다. 도태(淘汰)시킨 이후에야 백성을 이롭게 할 수 있을 것입니다. 까닭에 맹자가 말하기를 '나는 사람의 마음을 바르게 하고 삿된 말을 쉬게 하고자 한다.' 하였습니다. 이를 해석해 말하면 '석씨(釋氏)의 해는 양주(楊朱)와 묵적(墨翟)보다 심하다.' 한 것입니다. 또 말하기를 '삿된 말은 바른 것을 해치니, 사람 사람마다 저들을 공격하는 것에 성현(聖賢)만이 필요한 것이 아니다.' 하고, 저 춘추의 법에 '난신적자(亂臣賊子)는 사람 사람마다 그를 죽임에 사사(士師)만이 필요한 것이 아니다.'고 하는 것과 같습니다. 또 말하기를 '배우는 사람은 옳고 그름의 근원에 털끝만큼이라도 차이가 있으면 해가 백성의 생활에 미치고, 화(禍)가 후세에까지 흘러들어 간다.' 하였습니다. 옛사람이 말씀으로 그들을 물리치려 한 것이 이와 같이 엄하였습니다. 진실로 우리 도(道)를 행하면 윤리와 질서가 떳떳하고 천하가 태평할 것이나, 이단(異端)이 흥하면 인륜이 무너지고 천하가 어지러울 것입니다.

*도태(淘汰): 적자생존에 의해서 환경이나 조건에 적응하지 못하는 개체군이 사라져 없어지는 현상.

난신적자(亂臣賊子): 나라를 어지럽히는 신하와 어버이에게 불효하는 자식이라는 뜻으로 나라를 어지럽히는 불충한 무리를 비유적으로 이르는 말.

불필(不必): ……하지 마라. ……할 필요가 없다. ……할 것까지는 없다

사사(士師): 고대 중국에서, 법령과 형벌을 맡아보던 재판관.

생민(生民): 살아가는 일반 백성. 백성의 생계를 세워 주다.

관유(灌流): 흘러들어 감.

이윤(彝倫): ('이(彝)'는 상(常), '윤(倫)'은 도(道)의 뜻) 사람으로서 당연히 지켜야 할 도리.

若使其道大行。舉世從之。雖堯舜復起。其將誰與爲君哉。是固殿下素所明辨而取舍者也。玆不極論。姑以今日之事言之。伏惟聖慈垂覽。臣等切謂人主萬民之表。京師四方之本。人主所好。萬民慕之。京師所尙。四方效之。其觀感之機。捷於影響。可不愼哉。

만약 그 도(道)가 크게 성행하여 온 세상이 이를 따른다면, 비록

요(堯), 순(舜)의 시대가 다시 온다 하여도 장차 누구와 함께 임금을 위하겠습니까? 이를 진실로 전하께서 분명하고 밝게 판단하시어 취사(取捨)하셨기에 여기에서는 극론하지 않겠습니다. 다만 금일의 일로 저를 말하는 것입니다. 엎드려 바라옵건대 성상께서는 자비를 드리워 살펴보십시오. 신 등의 간절함은 임금은 만민의 사표이며, 경사(京師)는 국가의 기본이라 합니다. 임금이 좋아하는 것은 만민이 사모하고, 수도에서 숭상한 것은 지방에서 이를 본받습니다. 보고 느끼는 기틀로 그림자와 메아리보다 빠르니 참으로 신중해야 하지 않겠습니까.

*약사(若使): 만일 ……하게 한다면. 가령 ……한다면.

명변(明辨): 명백히 구별하다.

극론(極論): 한쪽으로만 지나치게 치우친 이론이나 주장.

경사(京師): 한 나라의 중앙 정부가 있는 곳. 수도(首都).

사방(四方): 동서남북. 지방(地方).

취사(取捨): 쓸 것은 쓰고 버릴 것은 버림.

近年以來。水旱相仍。丙辰以後。飢饉尤甚。民之老羸。轉乎溝壑。壯者散而之四方者幾千人矣。是乃荒政賑救節用愛民之時也。歲在丁巳。重創興天。大興土木。供養布施。多出府庫。雖曰役遊手之徒。其供億之費。出自何地。是必浚吾民之膏澤。成無用之虛器。臣等已有憾焉。于時臺諫進諫。而殿下辭以興天祖宗所創。不忍坐視其廢也。

　근년에 와서는 수재(水災)와 한재(旱災)가 서로 거듭되어, 병진(丙辰)년 이후로 기근이 더욱 심하였습니다. 백성은 늙고 쇠약해져 진흙 구덩이에 구르고, 건장한 사람들은 사방으로 흩어진 것이 몇천 명이 됩니다. 이러한 흉년에 백성을 구제하는 정책은 구휼하고 절약하며 백성을 사랑해야 할 때입니다. 정사(丁巳)년에는 흥천사(興天寺)를 중창하면서 토목공사를 크게 일으키고, 공양(供養), 보시(布施)에 많은 재화를 지출하였습니다. 비록 손을 놀리는 무리들에게 일을 시켰다고는 하나, 공양으로 지출한 많은 비용은 어디로부터 나오는 것입니까. 이는 반드시 우리 백성의 피와 땀을 짜내어 쓸 수 없는 빈 그릇을 만드는 것이기에 신 등은 마음이 불편하였습니다. 저 때에 대간(臺諫)들이 간언하였으나, 전하께서 말씀하시기를 '흥천사는 선대 조종(祖宗)께서 창건한 것이다. 차마 앉아서 그것이 황폐해지는 것을 볼 수 없다.' 하셨습니다.

*수재(水災): 홍수로 입은 재해.

한재(旱災): 가뭄으로 인해 생기는 재앙.

노리(老羸): 늙어서 쇠약해짐.

구학(溝壑): 땅이 움푹하게 팬 곳.

황정(荒政): 흉년에 백성을 구제하는 정책.

진구(賑救): 흉년에 가난하고 군색한 백성을 불쌍히 여겨 도와줌. 진휼(동의어).

절용(節用): 아껴서 씀.

부고(府庫): 곳간으로 쓰기 위해 지은 집을 이르던 말. 재화를 보관하는 창고.

고택(膏澤): 땅이 기름지고 윤택함. 浚民之膏澤以實之(재물을 빼앗다).

공억(供億): 필요한 물건을 헤아려 지급하는 것, 또는 지급하여 안심시키는 것을 말한다.《吏文輯覽 卷3》 '억(億)'은 안(安)의 뜻.

대간(臺諫): 조선 시대의 사헌부, 사간원의 벼슬을 통틀어 이르는 말.

진간(進諫): 간하다. 간언(諫言)을 드리다. 진언하다.

臣等初以爲然。寧知今日之至此極也。矧今農事方興。連月不雨。觀其氣候。有同丙辰。哀我人斯。誠可憐憫。興天僧徒。乃於是時。取民財利。計出百端。巧爲勸文。每受懿親名押。遍滿中外。虛張狂誘。以惑愚民。無知之人。怵於禍福之說。不計後日之飢餓。掃蕩家產。以充其欲。於是。竊吾民之財。積鉅萬之粟。乃於大都之中。大設安居之會。公然不憚。莫之知禁。無貴無賤。靡然從風。飯佛齋僧。擧國爭先。富者之事。猶云匃矣。雖以貧乏之民。亦且強爲。終轉溝壑。正猶蛾之赴燭。而不自知悔矣。

신 등은 처음에는 그렇다고 여겼습니다. 어찌 지금의 이러한 극단에 이를 줄을 알았겠습니까. 하물며 지금은 농사일을 바야흐로 일으킬 때인데 몇 달간 비가 오지 않았습니다. 그 기후를 관찰하니 병진(丙辰)년과 같습니다. 우리들은 이 사람들을 애석하게 생각하고 진실로 불쌍하게 여깁니다. 흥천사(興天寺) 승려들은 이러한 때에도 백성들에게 재물의 이익을 취하려고, 온갖 꾀를 내어 교묘한 권선문을 만들어 매양 의친(懿親)들의 이름과 수결을 받으려고 중앙과 지방에 널리 가득하고, 유혹하기에 미쳐 허세를 부리며 우매한 백성들을 현혹하고, 무지(無知)한 사람에게는 화(禍)와 복(福)의 이야기로 두려워하게 만들어 뒷날의 배고픔을 생각하지 않고 가산(家産)을 탕진하도록 하여 그들의 욕심을 채웁니다. 이렇게 우리 백성의 재산을 도적질하여 이만 석의 벼를 쌓아, 대도시 가운데에서 안거(安倨)의 모임을 크게 베풀면서 공공연히 부끄러움도 없고 금할 줄도 알지 못해, 귀한 이도 천한 이도 너나없이 바람 따라 기우는 초목처럼 부처님을 공양하고 스님들에게 재 지내기를 나라 전체가 다투어 먼저 합니다. 부자가 섬기는 것은 오히려 좋다고 할 것이나, 자못 가난하고 궁핍한 백성들에게 까지 또한 하기를 강요하는 것은 끝내 진흙구덩이에 구르게 하는 것입니다. 바로 불나방이 화톳불에 부딪치는 것과 같아 스스로 참회할 줄 알지 못합니다.

　*위연(爲然): 그렇게 여기다. 옳다고 여기다. 찬성하다.

　연민(憐憫): 불쌍하고 가엾게 여김.

　의친(懿親): 정분이 두터운 친척.

　편만(遍滿): 편만하다의 어근(遍滿하다). 널리 그득 차다. 두루 채움. 퍼져 나감.

　무지(無知): 아는 것이나 지식이 없음.

　거만(鉅萬): 만(萬)의 곱절이라는 뜻으로, 많은 수를 비유적으로 이르는 말. 거만(巨萬).

　허장(虛張): 과장하다. 허세를 부리다.

불탄(不憚): 두려워하지 않다. 꺼리지 않다.

미연(靡然): 초목이 바람에 기울어지는 모양. 한쪽으로 쏠리는 모양.

噫。京師風化之原。而反爲香火之塲。則四方之趨向。將有甚
於高髻廣袖者矣。苟有知識。孰不切嘆。近者臺省。具將此意。
封章廷諍。臣等以爲國家之大幸也。豈意殿下終莫之聽也。非徒
不廳。又使禁軍步卒。嚴守興天寺門。羅列左右。禁人出入。其
爲深固。不啻九重之邃。雖憲府之紀綱。不得到焉。彼將恣行不
義。無所忌憚。誰得而禁之哉。反復思之。雖於臣等之愚。尙不
忍也。況於聖心乎。

아, 수도는 풍습과 교화의 근원인데 도리어 향화(香火)의 도량(道
場)이 되어 사방을 향해 달리니, 장차 상투를 높이고 소매를 넓히는
이들보다 심함이 있을 것입니다. 진실로 지식인들이라면 누가 탄식
하지 않겠습니까. 근자(近者)에 대성(臺省)들이 이러한 뜻을 갖춘
상소문으로 정쟁하였습니다. 신 등은 국가의 큰 다행이라 여겼습니
다. 어떠한 뜻인지 전하께서는 끝내 들어주지 않았습니다. 비단(非
但) 관청도 아닌데 금군(禁軍)의 보졸(步卒)들을 시켜서 흥천사 문
을 엄히 지키게 하였으며, 좌우로 나열하여 사람의 출입을 금하니,
심하고 완고하기가 구중궁궐(九重宮闕)보다 깊어 자못 헌부(憲府)
의 기강이 미치지 못할 뿐만 아니라, 저들의 방자하고 불의(不義)를
행함이 거리낄 것이 없으니 누가 저들을 금지시키겠습니까. 거듭 생

각해 신 등이 어리석다 하더라도 오히려 참지 못하는데, 성심(聖心)에 비유하겠습니까.

*경사(京師): 한 나라의 중앙 정부가 있는 곳. 수도(首都).

풍화(風化): 교육이나 정치의 힘으로 풍습을 교화하는 것.

광수(廣袖): 폭이 넓은 소매.

대성(臺省): 조선 시대, 사헌부와 사간원의 벼슬을 통틀어 이르던 말.

근자(近者): 요 얼마 되는 동안.

봉장(封章): 임금에게 글을 올리는 일이나 그 글을 이르던 말. 봉사(封事), 봉장(封章), 주소(奏疏), 장소(章疏), 진소(陳疏).

정쟁(廷諍): 조정에서 간쟁하는 일.

비도(非徒): 비단(非但, ……뿐만 아니라).

금군(禁軍): 예전에, 궁궐을 지키고 임금을 호위하며 경비하는 군대를 이르던 말.

보졸(步卒): 옛날의 보병(步兵). 주로 소총이나 기관총을 가지고 걸어 다니면서 전투하는 군인.

부시(不啻): 다만 ……뿐만 아니다. ……와 같다.

득도(得到): 손에 넣다. 받다. 되다. (이룩)되다.

기강(紀綱): 법도와 질서.

기탄(忌憚): 어렵게 여겨 꺼림.

반복(反復): 거듭해서 되풀이함.

臣等又聞前朝之季。有僧懶翁。以寂滅之敎。惑愚庸之輩。當時推戴。目爲生佛。至屈千乘之尊。枉拜匹夫之賤。而國勢將傾。吾道浸衰。幸賴有道之士。絶其根株。竟使自斃。誠衰世之大幸也。恭惟我太祖康獻大王。經綸草昧。日不暇給。猶慮浮屠之害。嚴立僧徒之禁。太宗恭定大王。灼知其弊。減革寺社。十存一二。土田藏獲。俾充軍需。山陵之制。亦不建寺。其所以斥異端回世道之慮。

신 등이 또 들으니 고려 말에 승려 나옹(懶翁)이 있어 적멸(寂滅)을 가르치니 미혹하고 어리석고 용렬한 무리들이 당시에 추대하기를, 생불로 여겨 천승지존(千乘之尊)이 허리를 굽히고 필부와 천한 이에게까지 절을 하라 하니, 나라의 힘이 장차 기울고 우리의 도(道)가 차츰 쇠퇴하였습니다. 다행히 유도지사(有道之士)의 힘을 입어 그 줄기와 뿌리를 잘라 마침내 스스로 죽게 하였으니 진실로 말세에 큰 다행한 일이었습니다. 공손히 생각하옵건대 우리 태조 강헌 대왕이 혼돈의 시대에 계획하였으나 날로 바빠 여가를 내지 못하면서도 오히려 불교의 폐해를 생각하여 엄히 승려들의 금법을 세웠고, 태종 공정 대왕은 그 폐단을 밝게 알아 사찰을 개혁하여 열에 한둘만 남기고, 토지와 논밭과 노비는 군수(軍需)에 충당시키고, 산과 능(陵)을 제도(制度)화하여 절을 세우지 못하게 하였습니다. 그러한 까닭은 이단(異端)을 배척하고 세도(世道)를 되돌리고자 하는 생각이었습니다.

*근주(根株): 나무의 그루터기.

태조강헌대왕(太祖康獻大王): 조선을 건국한 태조(이성계) 강헌대왕.

초매(草昧): 원시적이다. 천지 창조 이전의 혼돈 상태. 미개하다.

경륜(經綸): 큰 포부를 가지고 어떤 일을 조직적으로 계획함.

군수(軍需): 군대에 필요한 물자.

목위(目爲): 간주하다. 여기다.

千乘之尊(천승지존): 제후의 존귀한 지위. 승(乘)은 수레를 세는 단위. 주(周)나라 때 전시에 천자(天子)는 만승(萬乘)을, 제후(諸侯)는 천승(千乘)을 내도록 되어 있었다.

필부(匹夫): 보잘것없이 평범한 남자.

쇠세(衰世): 쇠퇴하여 망한 세상. 쇠락한 시대. 말세.

유도지사(有道之士): 유도는 곽태(郭太, 128년~169년)가 유도지사(有道之士)라는 과목으로 천거되었기 때문에 불린 이름이다. 은원(恩怨)을 어떻게 갚느냐에 따라 군자(君子)와 소인(小人), 열사(烈士), 용부(庸夫)로 나누고 진정한 有道之士는 은원이 없다고 한 <恩怨說>.

공유(恭惟): 어떤 사람을 삼가 공경하는 마음으로 생각함.

일불가급(日不暇給): 날마다 바빠서 여가가 없음.

공정(恭定): 조선 3대 태종의 시호는 공정예철성렬성덕신공문무광효대왕(恭定睿哲成烈聖德神功文武光孝大王)이다.

사사(寺社): 승려가 불상과 불탑, 불사리 등을 모셔 놓고 불도를 수행하여 교법을 펴는 장소.

장획(藏獲) : 사내종과 계집종.

세도(世道): 세상을 올바르게 다스리는 도리.

산릉제도(山陵制度): 1400년대를 전후하여 능을 지키기 위한 건물을 세우기 시작하였으며, 1456년~1458년에 왕릉을 건립하는 규범인 산릉제도(山陵制度)를 정하였다.

嗚呼至哉。及我主上殿下以堯舜之資。承二聖之統。謂革弊之方。當自內始。先廢內願堂。仍減宗門。且令僧徒禁入城市。年少之輩。勿令剃髮。於是。僧徒斂迹縮首。不敢恣行。臣等咸仰吾道之日昇。豈意異端之復興乎。今者行乎。住止興天。不鑑昔日之轍。自謂懶翁之儔。欲以其道。移易風俗。民之敬服無異懶翁。雖以宗親貴戚。不惜名位之重。躬詣桑門。恭行弟子之禮。臣等每見如是。扼腕腐心者。有日矣。

아, 지극합니다. 우리 주상 전하는 요(堯)와 순(舜)임금의 자질에 미치며 두 성인의 계통을 이었습니다. 폐단을 개혁하는 방법은 마땅히 안으로부터 시작하여야 한다며 먼저 내원당(內願堂)을 폐하시고 인하여 종문(宗門)을 감하였습니다. 또 승려의 무리들로 하여금 성시(城市)에 들어가는 것을 금하게 하고, 나이 어린 무리들에게는 머리 깎는 것을 금하였습니다. 이에 승려의 무리가 두려움에 종적을 감추고 감히 방자한 행동을 하지 않았습니다.

신 등은 모두 우리의 도(道)가 날로 승격하는 것을 모두가 바랐는데, 어찌 이단(異端)이 다시 부흥할 줄을 생각 했겠습니까? 근자의 행동은 흥천사에 머물면서 옛날의 전철(前轍)을 거울삼지 않고, 스스로 나옹(懶翁)과 같다 하며 그 도(道)로 풍속을 바꾸고자 하니 백성들은 나옹과 다름없이 공경하고 복종합니다. 비록 종친(宗親) 귀척(貴戚)이라 할지라도 명성과 직위의 중함을 아끼지 않고 몸소 불문에 나아가 제자의 예(禮)로 공손하게 행합니다. 신 등은 매양 보는 것이 이와 같으니 썩는 마음에 주먹을 움켜쥔 적이 여러 날입니다.

*혁폐(革弊): 옳지 않고 해로운 것을 고쳐서 바로잡음.

종문(宗門): 종파(宗派). 종가의 집안.

성시(成市): 성 안, 도시.

렴적(斂迹): 발을 끊다. 언행을 삼가다. 물러나 은거하다. 종적을 감추다.

축수(縮首): 두렵고 겁이 나서 목을 움츠림.

전철(前轍): 앞에 지나간 수레바퀴의 자국이라는 뜻으로, 이전 사람의 그릇된 일이나 행동의 자취, 또는 이전에 이미 실패한 바 있는 일을 비유적으로 이르는 말.

경복(敬服): 존경하여 복종하거나 감복함. 존경하여 심복(心服)하다.

명위(名位): 명성과 지위. 관등(官等). 관리의 등급.

궁예(躬詣): 직접 가서 뵙다.

귀척(貴戚): 임금의 인척.

상문(桑門): 범어(梵語)로 사문(沙門)과 같은 말이다. 출가하여 불법을 닦고 실천하며 포교하는 사람.

이역(移易): 움직이다. 변경하다. 바꾸다. 옮겨서 바꿈.

액완(扼腕): (성이 나거나 분해서)손목을 불끈 쥐다.

부심(腐心): 근심이나 걱정 따위로 마음이 썩음.

유일(有日): 날수가 많음. 며칠.

今又竊聞出內帑珠玉錦繡。造成法衣。而佛子禪榜。飾用金銀。又以金銀。鑄成食鉢，匙筋，念珠。以賜行乎。不識此語。誠然乎哉。臣等寤寐嘆傷。不覺揮涕。以爲方今民之於佛。方信而或疑者。惟以聖明在上。以吾道爲道。而不以佛道爲道故也。今行乎所賜。雖於聖心。固無所管。然僧徒之自誇者。與凡民之方信者。豈不曰聖上而猶然。況其他乎。

지금 또 가만히 듣자오니 왕실 재정인 옥구슬과 아름답게 수놓은 비단으로 법의(法衣)를 만들고, 불자(佛子)의 선방(禪榜)을 금(金)과 은(銀)을 써서 장식하고, 또 금과 은으로 밥을 먹는 발우(鉢盂)와 시저(匙箸), 염주(念珠)를 만들어 하사(下賜)하셨다는데, 이 말이 진실로 그러한지 알지 못하겠습니다. 신 등은 자나 깨나 마음 아파하며 모르는 결에 눈물을 흘립니다. 지금의 백성들이 부처를 믿으면서도 의혹(疑惑)하는 것은 오직 성명(聖明)이 있는 위에 우리의 도(道)로써 도(道)를 삼고, 불도(佛道)를 도(道)로 삼지 않기 때문입니다. 지금에 하사하신 것이 비록 성심(聖心)에는 진실로 관여한 것이 없다고 하지만, 그러나 승려들이 스스로 과시(誇示)를 하는 자나, 백성들 가운데 비로소 믿는 자들은, 성상(聖上)도 오히려 그러하시는데, 하물며 기타(其他)라고 어찌 아니라고 말하겠습니까?

*내탕(內帑): 조선 시대, 임금의 개인적인 재물을 넣어 두던 곳간. 내탕(금).

주옥(珠玉): 아름답고 귀한 것을 비유적으로 이르는 말. 옥구슬.

금수(錦繡): 수를 놓은 비단. 아름다운 것.

법의(法衣): 승려가 입는 옷. 법복. 가사(袈裟).

시저(匙箸): 숟가락과 젓가락을 아울러 이르는 말.

탄상(嘆傷): 탄식하며 서러워함.

휘체(揮涕): 눈물을 뿌리다.

방금(方今): 바로 이제.

성명(聖明): 임금의 어질고 밝은 지혜.

소관(所管): 맡아서 관리하는 일.

범민(凡民): 모든 백성이나 국민.

혹의혹신(惑疑惑信): 혹은 믿기도 하고 혹은 의심하기도 함.

자과(自誇): 스스로 과시하고 자랑함.

기불(豈不): (……이)아닌가?

기타(其他): 기타. 그 외.

於是。上自宗室。下至黎庶。瞻奉舍施。敬仰歸依。如恐不
及。人人欲爲弟子。家家願被因果。其勢益張。罔有紀極。是乃
敎猱升木。決壅流注也。爲吾道計者。寧不重爲寒心哉。矧伊金
銀。非我國所産。請免金銀。已懇於上國矣。若使上國。得聞此
事。則將謂殿下何如哉。又況君擧必書。請免金銀。旣書于策。
而金銀念珠。繼書于後。則千載之下。觀我史者。亦謂殿下何如
主也。儻曰行乎。已得佛道。

이러함이 위로는 종실(宗室)로부터 아래로는 백성에 이르기까지 받들어 보시를 행하고, 부처님께 귀의하고 우러러 공경함이 미치지 못할까 걱정하는 듯합니다. 사람 사람들은 제자가 되기를 바라고 집 집마다 인과(因果)의 가피(加被)를 발원하니, 그 세력이 더욱 확장되어 기강의 해이함이 이보다 더할 수 없을 것입니다. 이는 원숭이에게 나무에 오르는 것을 가르치는 것이며 흐르는 물의 막힘을 트는 것입니다.

우리 도(道)를 위해 계획한 자라면 어찌 거듭 한심하지 않겠습니까. 하물며 저 금(金)과 은(銀)은 우리나라에서 생산되지 않는 것이기에 조공에서 금과 은(銀)은 면해 줄 것을 이미 상국(上國)에 간절히 청하였습니다. 만약 상국(上國)으로 하여금 이 일을 듣게 되면, 장차 전하(殿下)께서는 어떻게 말씀하시겠습니까. 또 하물며 임금의 거동(擧動)은 반드시 글로 적습니다. 금(金)과 은(銀)을 면해 달라는 청은 이미 글로 적어 간책(簡策)하였습니다. 금은(金銀)의 염주가 후대에 글로 연이어져 천 년이 지나간 이후에 우리 역사를 보는 이들이 또한 전하(殿下)를 어떠한 임금이라고 말하겠습니까. 혹 행호(行乎)가 이미 불도를 얻었다 말하지 않겠습니까.

---

*여서(黎庶): 일반 백성.

첨봉(瞻奉): 받들어 공경한다는 뜻.

경앙(敬仰): 공경하고 우러러보다. 경모(敬慕)하다.

귀의(歸依): 부처의 가르침을 믿고 의지함.

여공불급(如恐不及): 시키는 대로 실행하지 못할까 두려워함.

망유기극(罔有紀極): 기율(紀律)에 어그러짐이 아주 심함.

기극(紀極): 일의 마지막. 남의 재능을 시샘하여 그보다 나아지려고 다툼.

기율(紀律): 도덕적으로 사회의 표준이 될 만한 법규.

하여(何如): 어떻게 또는 어찌.

*청면금은(請免金銀): 세종 11년(1429년) 7월 18일에는 흥덕사에서 대신들이 모여 명나라에 진헌할 공물에 대해 논의하기도 했다. 좌의정 황희(黃喜), 우의정 맹사성(孟思誠), 판부사(判府事) 변계량(卞季良)·허조(許稠), 예조판서 신상(申商), 총제(摠制) 정초(鄭招), 예문제학(藝文提學) 윤회(尹淮) 이런 이들이었으니 당대 최고의 인물들이 흥덕사에 다 모인 것이다. 명나라 보낼 금·은 세공(歲貢)의 면제를 청하는 일을 의논했다.

*행호(行乎): 해주 최씨(海州崔氏). 최충(崔冲)의 후손이다. 어려서 출가하여 계행(戒行)이 뛰어났고 효행으로도 이름이 높았다. 『법화경』의 이치를 깨달아 천태종의 지도자가 되었다. 태종이 치악산 각림사(覺林寺)를 짓고 창건대회를 베풀 때, 그로 하여금 주관하게 하였고, 또 장령산(長領山) 변한소경공(卞韓昭頃公) 묘소 곁에 대자암(大慈庵)을 세우고 주지로 임명하였다.

왜적의 침입으로 불타 버린 만덕산(萬德山) 백련사(白蓮社)를 효령대군(孝寧大君)의 도움을 받아 1430년(세종 12년)부터 중수하기 시작하여 1436년에 준공하였다. 조선 초기 유생들의 강한 척불론 속에서도 효령대군 등의 귀의를 받아 왕실에 대한 불교 보급에 힘썼다.

然漢唐以下。事佛者非一。而未聞以佛力享國者也。楚王英信
佛。而終致大獄之誅。梁武事佛。而未免臺城之餓。則佛之無益
於人國家。蓋可類推矣。況乎淸淨寡欲。佛氏之敎。則爲行乎
者。入名山坐靜室。衣衲絶穀。以明其道。乃其事也。何可服彩
服食精食。誇耀里閭哉。彼以滅倫絶理之道。援引薰陶。惑世誣
民。臣愚恐數年之後。擧國之人。淪於無父無君之敎。盡爲髡首
之徒。而人類滅矣。

그러나 한(漢), 당(唐)나라 이래 부처님을 섬기는 이가 한둘이 아
니었지만 부처님의 힘으로 형통했다는 나라는 듣지 못했습니다. 초
(楚)나라 왕 유영(劉英)은 불교를 믿었지만 끝내 대옥(大獄)에서 죽
음에 이르렀으며, 양(梁)나라 무제(武帝)는 불교를 섬겼지만 성의
망대(望臺)에서 굶어 죽는 것을 면하지 못했습니다. 불교가 사람과
국가에 이익 됨이 없음을 대략 유추(類推)하여 알 수 있습니다. 하
물며 청정하고 욕심을 적게 하라는 불씨(佛氏)의 가르침인 즉 행호
(行乎)는 명산에 들어가 고요한 집에서 좌정(坐定)을 하고 납의(衲
衣)를 입고 곡식을 절약하며 그 도를 밝히는 것이 그가 할 일일 것입
니다. 어찌하여 빛깔 고운 옷을 입고 정갈한 음식을 먹으며 일주문
을 화려하게 지어야 합니까. 저들은 인륜(人倫)을 멸하고 이(理)를
끊는 도(道)로 훈도(薰陶)를 이끌어다 세상을 혼란하게 하고 백성을
속이는 데 씁니다. 신 등은 수년 이후에 온 나라 사람들이 아버지도
없고 임금도 없는 가르침에 빠져 모두가 머리를 깎은 무리가 되어
인류가 멸할까 두렵고 걱정되는 것입니다.

*형국(亨國): (군주나 제후가)재위(在位)하다. 재위 기간.

류추(類推): 미루어 짐작함.

과욕(寡慾): 욕심이 적음.

과요(誇耀): 과시하다. 뽐내다. 자랑하다.

이려(里閭): 마을을 드나드는 어귀에 세운 문.

원인(援引): 자기의 이론이나 견해, 주장의 증거로 다른 사실을 끌어다 씀.

훈도(薰陶): 흙을 다져 질그릇을 굽고 만든다는 뜻으로, 사람의 품성이나 도덕 따위를 잘 가르치고 길러서 좋은 쪽으로 나아가게 함을 이르는 말.

혹세(惑世): 어지러운 세상.

今觀營繕。僧徒新受度牒者。一歲之內。幾至數萬。則人類之滅已兆矣。是未必不自此僧召之也。當前朝衰季。尚能誅懶翁。以洗妖穢。況我聖世乎。伏願殿下去邪勿疑。除惡務本。下令攸司。斷行乎一僧頭。以絶邪妄之根。則國家幸甚。

지금 손보고 있는 것을 보면 승려의 무리들이 새로이 도첩(度牒)을 받은 이가 한 해에 거의 수만 명에 이르니 인류가 멸할 징조입니다. 이는 반드시 승려들로부터 불러온 것이 아니라 할 수 없습니다. 지금 이전의 고려조가 쇠퇴하던 말기에 오히려 능히 나옹(懶翁)을 죽여 요사하고 더러움을 씻었습니다. 하물며 우리 성세(聖世)이겠습니까. 엎드려 원하옵건대 전하(殿下) 삿됨을 물리치는 데 의심하지 마시고, 악을 물리치고 근본에 힘쓰십시오. 담당 관청에 명(命)을 내리시어 행호(行乎)의 머리를 베어 삿되고 허망한 뿌리를 끊으시면 곧 나라에 행복이 더할 것입니다.

*영선(營繕): 건축물을 짓거나 수리함.

도첩(度牒): 옛날, 관청에서 승려에게 부여한 출가(出家) 증명서.

요예(妖穢): 요망스럽고 더러움.

유사(攸司): 담당 관청.

단행(斷行): 결단하여 실행함.

臣等又聞薰蕕。不可以同器。眞僞。不可以兩立。是以紫之亂朱。君子惡之。僭生於疑。識者謹之。吾儒之與浮屠。其是非邪正之分。不啻如薰蕕矣。而三年考藝。兩宗僧徒之選。擬於文武之科。雖其國家待之之道。固有輕重矣。然其試選之法。則與吾儒似矣。故彼自謂儒釋同風。豈非紫之亂朱。僭生於疑乎。矧伊設科。本以得人。得人欲其致用。不識僧徒將何所用而猶爲設科也。是乃無用之弊法。而爲後世識者之指笑者矣。

신 등이 또한 들으니 향기 나는 풀과 악취가 나는 풀은 같은 그릇에 담을 수 없고, 진실과 거짓은 양립(兩立) 할 수 없다 하였습니다. 이러함에 자주색이 붉은색을 어지럽히는 것을 군자는 싫어하고, 의심은 진실하지 못함에서 생기니 식자(識者)는 삼가야 한다고 하였습니다. 우리 유가(儒家)와 부도(浮屠)는 시비(是非) 사정(邪正)을 나눔에 훈유(薰蕕)와 같을 뿐인데, 삼 년마다 실시하는 과거 시험에 선종(禪宗)과 교종(敎宗)의 승려들을 선발하는 것을 문과(文科)와 무과(武科)에 비교하고 있습니다. 자못 국가에서 기대하는 도(道)에는 진실로 경중(輕重)이 있겠지만, 그러나 그들을 시험으로 선발하는 방법은 우리 유가(儒家)와 같습니다. 까닭에 저들 스스로 유가(儒家)와 석씨(釋氏)가 같은 기풍(氣風)이라 말합니다. 어찌 자주색이 붉은색을 어지럽히니 의심은 진실하지 못함에서 생기는 것이 아니겠습니까. 하물며 과거를 실시하는 것은 본래 인재(人才)를 얻고, 얻은 인재(人才)를 쓰고자 함인데, 승려의 무리들을 장차 어디에 쓰려고 그들을 위해 과거를 설치했는지 알지 못하겠습니다. 이에 쓸데없는 폐법(弊法)이라며 후세의 식자(識者)들은 손가락질하며 비웃을 것입니다.

*훈유(薰蕕): 향기가 나는 풀과 악취가 나는 풀이라는 뜻으로, 착한 사람과 못된 사람을 비유적으로 이르는 말. 향초(香草)와 독초(毒草). 선과 악. 미와 추. 군자와 소인.

양립(兩立): 두 가지의 것이 동시에 성립함.

부시(不啻): 다만 ……뿐만 아니다. ……와 같다.

고예(考藝): 과거 시험.

양종(兩宗): 선종(禪宗)·교종(敎宗).

동풍(同風): 풍습이 같아지는 일.

치용(致用): 빠뜨릴 수 없는 것. 쓸모 있게 하다. 꼭 필요한 것. 실제에 응용하다.

臣等又有憾焉。臣等歷觀諸寺。每於門上。特書掛榜。其略
曰。主掌官禮曹承旨臣念祖。奉傳以爲自今以後。儒生遊於諸
寺。卽今令止。不識殿下崇重文教。不使儒生。慢遊廢學而有是
榜歟。抑將崇信佛教。不使儒生。汚穢三寶而有是榜歟。曾謂禮
曹儀禮之所出。承旨爲王之喉舌。而作爲斥儒之文。掛諸沙門之
上。遂使吾儒之道。反見斥於異端而莫之恤也。

신 등은 또한 한스러움이 있습니다. 신 등이 모든 사찰을 지나면
서 보니, 문 위에 매양 특별한 글씨로 방을 붙여 놓았습니다. 그것을
간략히 말하면 '주장관 예조 승지 신 염조가 받들어 전한다. 지금 이
후로부터 유생들은 모든 사찰에서 노는 것을 바로 금지한다.'는 어
명이었습니다. 전하(殿下)께서는 문교(文教)를 숭상하고 존중하시
는데, 유생들로 하여금 배움을 게을리하고 놀기만 하는 것을 경계하
시려고 이 방을 붙이신 것인지. 장차 불교를 믿고 숭상하여 유생들
로 하여금 삼보를 더럽히지 못하게 하기 위하여 이 방을 붙이신 것
인지 알지 못하겠습니다. 일찍이 예조는 의례가 나오는 곳이며, 승
지는 임금의 대변인입니다. 유가(儒家)를 배척하기 위한 글을 지어
서 모든 사문(沙門)의 문 위에 붙이는 것은 우리 유가(儒家)의 도
(道)로 하여금 도리어 이단(異端)의 배척함을 보이게 되는데 살피시
지 않으십니다.

*괘방(掛榜): 예전에, 정령이나 포고를 써 붙여 일반에게 알리는 일을 이르던 말.
주장관(主掌官): 송사(訟事), 인사(人事), 과거(科擧) 따위의 형옥(刑獄)이나 행

정 사무를 맡아보던 벼슬아치. 또는 그 일을 주관하던 관아.

숭중(崇重): 높이 받들어 존중함.

만유(慢遊): 여러 곳을 마음 내키는 대로 돌아다니며 노는 일.

후설(喉舌): 목구멍과 혀를 아울러 이르는 말. 대변자.

성염조(成念祖): 창녕 성씨(昌寧成氏, 1398년~1450년), 조선 초기의 문신. 자는 자경(子敬). 엄의 아들이며, 석린(石璘)의 손자이다. 1414년(태종 14년) 진사에 급제하고, 1419년(세종 1년) 식년문과에 병과로 급제하였다. 감찰, 정언, 지평(持平), 이조, 예조의 정랑, 장령, 집의를 지내고, 승정원의 동부승지와 도승지를 거쳐 이조참판, 외관으로 경상도관찰사, 병조, 형조의 참판, 한성부판사, 개성부유수에 올랐으나 말년에 병으로 사임하고 중추원지사에 임명되었다. 나이 53세로 일생을 마쳤다.

臣聞有國家者。昇平日久。則民物無虞。不有夷狄攻伐之變。則必淫於佛老。陵夷至於國非其國者有矣。漢明，梁武之事。亦可鑑矣。在今日聖世。固無足慮。若舊根未除。則安知子孫萬世。不有如漢明，梁武者乎。是大可虞也。而廟堂大臣。默不進言。臺省言官。諫而不懇。其於陳善閉邪之義。維持永固之道何如。

신이 듣자오니 '국가를 소유한 이는, 나라가 태평한 날이 오래되면 백성과 만물에 걱정이 없어져, 오랑캐의 정벌이나 변란이 있지 않으면, 반드시 불가와 노자에 빠져 점차 쇠퇴해져 나라가 나라답지 못함에 이르게 된다.' 하였습니다. 한(漢)나라 명제(明帝)나 양(梁)

나라 무제(武帝)의 일을 또한 거울삼아야 할 것입니다. 지금에 있어서는 성세(聖世)라 참으로 만족하고 걱정할 것 없으나, 만약에 묵은 뿌리를 제거하지 못한다면 자손만대에 한(漢)나라 명제(明帝)와 양(梁)나라 무제(武帝)와 같은 일이 있지 않을 것을 어찌 알겠습니까. 이는 크게 걱정할 일입니다. 묘당(廟堂) 대신들은 묵묵히 진언하지 않고, 대성(臺省)의 언관(言官)들은 말은 하나 간절하지 않습니다. 선한 것은 펼치고 삿된 것을 막는 의(義)와 유지(維持)하고 영구히 견고하게 하는 도(道)는 어찌합니까.

*승평(昇平): 나라가 안정되어 아무 걱정이 없고 평안함.

릉이(陵夷): 구릉이 세월이 지나면 점점 평평해진다는 뜻으로, 처음에는 성하다가 나중에는 쇠퇴함을 이르는 말.

묘당(廟堂): 의정부를 다르게 이르는 말. 종묘. 나라의 정치를 다스리는 조정. 묘정이라고도 함.

대성(臺省): 조선 시대, 사헌부와 사간원의 벼슬을 통틀어 이르던 말.

언관(言官): 조선 시대, 국왕에게 간언을 임무로 하는 벼슬아치라는 뜻으로, 사간원과 사헌부의 관리를 아울러 이르던 말.

유지(維持): 어떤 상태를 지탱하여 나가거나 이어 감.

하여(何如): 어떻게 또는 어찌.

古人有言曰。創業易守成難。自古國家之業。積之百年而不足。毁之一日而有餘。是以。伯益戒慢遊於大舜。周公戒淫泆於

成王。誠以處泰和之世。持盈成之業。有至可畏之幾。生於一念
之忽也。

옛 사람의 말에 '창업하는 것은 쉬우나 지키는 것은 어렵다.'는 말
이 있습니다. 예로부터 국가의 업(業)을 쌓기를 백 년을 하여도 부
족(不足)하나 허무는 것은 하루에도 남음이 있습니다. 이에 백익(伯
益)은 대순(大舜)에게 만유(慢遊)를 경계하게 하였고, 주공(周公)은
성왕(成王)에게 쾌락을 경계하게 하였습니다. 진실로 태평하고 평
화로운 세상에 머물면서도 지영수성(持盈守成)의 업에 두려워할 만
한 기미가 있는 것은 한 생각 소홀함에서 생겨난 것입니다.

*창업(創業): (기본 의미)왕조나 나라를 처음으로 세움.

백익(伯益): 옛날 요순(堯舜)의 신하인데 백예(柏翳)라고도 한다. 그는 순(舜) 임
금을 도와 새와 짐승들을 길들였다. 공로가 있어 영씨(嬴氏) 성을 받았는데, 이가
바로 진(秦)나라의 시조(始祖)이다.

만유(慢遊): 태만하게 노는 것.

주공(周公): 주나라의 정치가.

음일(淫洗): 음란하다. 쾌락적이다.

대순(大舜): 순 임금을 높여 이르는 말.

성왕(成王): 주(周)나라 제2대 왕.

가외(可畏): 두려워할 만함.

영성(盈成): 지영수성(持盈守成)의 줄임말로, 이루어 놓은 것을 지킬 때에 물이
가득 찬 그릇을 드는 것처럼 조심한다는 뜻이다.

殿下卽位以來。小心翼翼。勵精圖治。從諫如流。樂取諸人。
無有邪說亂其間矣。式至于今。敬謹之心。浸不如初。異端之
害。至於如此。而莫之禁焉。臣恐大平之治。始虧於今日。而臣
民之望。於是乎缺矣。易曰。天行健。君子以。自強不息。書
曰。終始惟一。時乃日新。伏願殿下。勿謂一念之忽。無害於
事。一事之非。何傷於治。推至誠以法天之行健。勉自強以體君
子之不息。益堅前日之心。永保祖宗之業。宗社幸甚。吾道幸
甚。

　전하(殿下)께서 즉위하신 이래 조심스럽고 질서정연하게 마음을
가다듬고 기운을 내어 정치를 도모하며, 간언(諫言)은 물 흐르듯 하
게 하고, 모든 사람들을 기꺼이 취하시니 삿된 말이 그 사이를 어지
럽힐 수 없었습니다. 지금에 이르러 공경하고 삼가는 마음은 침잠
(浸潛)되어 처음과 같지 않아 이단(異端)의 해가 이와 같음에 이르
렀는데도 금지시키지 않았습니다. 신들은 태평 치세가 금일로부터
무너지기 시작하여, 신하와 백성들의 바람이 이로부터 무너지는 것
을 걱정하는 것입니다. 주역(周易)에 말하기를 '하늘의 행함이 건실
(健實)하면 군자는 스스로 굳이 쉬지 않는다.' 하였고, 서경(書經)에
말하기를 '시종(始終)을 한결같이 할 때 날로 새로워진다.'고 하였
습니다. 엎드려 바라옵건대 전하(殿下) 한 생각을 소홀히 하였다고
정사에 해되는 것이 없고, 하나의 일이 잘못되었다고 정치에 무엇
을 상하게 했는가를 말하지 마시고, 지성(至誠)한 법으로써 하늘의
건실한 행을 본받고, 스스로를 강하게 하는 체(體)로써 군자는 굳이

쉬지 않는다 함에 힘써, 전날의 마음을 더욱 견고히 하여 조종의 업(業)을 영원히 보존하시면, 종묘사직에 매우 다행이며, 우리 도(道)도 심히 다행일 것입니다.

*익익(翼翼): 공경하고 삼가는 모양. 질서정연한 모양. 많은 모양. 굳센 모양.

소심익익(小心翼翼): 조심조심하다.

여정(勵精): 마음을 가다듬고 기운을 내어 힘씀.

여정도치(勵精圖治): 온 힘을 다하여 정치에 힘씀. 정신을 가다듬어 나라를 잘 다스릴 방법을 강구하다.

종간여류(從諫如流): 간언에 좇음이 마치 물이 흐르는 것과 같이한다는 뜻.

식(式): 드러내다.

* "象曰天行健君子以自彊不息"《주역》 <건괘(乾卦)>

서경(書經): "終始惟一, 時乃日新."《서경》 <상서(商書) 함유일덕(咸有一德)>

유일(惟一): 유일한. 하나밖에 없는.

격절(激切): (말이)직설적이고 격렬하다.

무임(無任): 매우. 맡은 직무를 감당할 수 없다. 대단히.

병영(屛營): 두려워하는 모양. 황공한 모양.

매사(昧死): 주로 편지글에서, 죽기를 무릅쓰고 말함.

*정극인(丁克仁): 1437년(세종 19년) 세종이 흥천사(興天寺)를 중건하기 위하여 토목공사를 일으키자 태학생(太學生)을 이끌고 부당함을 항소하다가 왕의 진노를 사 북도(北道)로 귀양을 갔다.

東文選卷之五十六 / 奏議

太學請誅妖僧行乎疏 世宗朝 成均生員臣丁克仁等。

不憂軒集卷二 / 文 / 太學請誅妖僧行乎疏 世宗朝

顯현

正정

論론

로담정안 역

기화득통 찬

顯正論
현정론

涵虛 己和 撰

함허 기화 찬

路談 正眼 譯

로담 정안 역

體非有無 而通於有無 本無古今 而通於古今者 道也 有無因於性
情也 古今因於生死也 性本無情 迷性生情 情生智隔 想變體殊 萬
象所以形也 生死所以始也 夫情也 有染淨焉 有善惡焉 淨與善 聖
之所以興也 染與惡 凡之所以作也 故知 情若不生 則凡之與聖 悉
無得而興焉 菩薩 性雖已覺 而情猶有所未盡 故稱之云覺有情也 菩
薩尙爾 況餘二乘乎 三乘尙爾 餘人天異類乎 佛則覺滿而智無不周
淨極而情累已盡 故情之言 不可加於佛也 唯佛一人之外 皆稱有情
者 以此

체는 유무(有無)가 아니나 유무(有無)에 통하고, 본(本)은 고금(古
今)이 없으나 고금(古今)에 통하는 것이 도(道)이다. 유무(有無)는
성정(性情)에 인한 것이요. 고금(古今)은 생사(生死)에 인한 것이다.

성(性)은 본래 정(情)이 없다. 성이 미(迷)하여 정(情)이 생긴다. 정
(情)이 생기면 지혜가 막히고, 생각이 변하면 체와 달라진다. 만상이

만들어지게 되고, 생사(生死)가 시작되는 것이다.

대개 정에는 깨끗하고 더러움이 있고, 착함과 악함이 있다.

맑고 선함은 성인으로 일어나지만, 더럽고 악한 것은 범부가 되게 하는 것이다. 까닭을 잘 알아야 한다. 정(情)이 생기지 않을 것 같으면 범부도 성인도 다 일어나지 않는다.

보살은 성품을 비록 이미 깨달았으나 정은 오히려 다하지 못함이 있다. 까닭에 '깨달은 유정(覺有情)'이라 부른다. 보살(菩薩)도 오히려 그러한데 하물며 나머지 이승이겠는가. 삼승(三乘)도 오히려 그러한데 나머지 인천(人天)과 이류(異類)이겠는가?

부처님은 깨달아 원만하여 지혜가 두루 하지 않음이 없고, 청정함이 지극하여 정에 얽힘이 이미 다했다. 때문에 정이라는 말을 부처님에게 더하는 것은 옳지 않다. 오직 부처님 한 사람만을 제외하고 모두 '유정(有情)'이라 부르는 것도 이 때문이다.

*함허(函虛): 기화(己和, 1376년~1431년)는 조선 전기의 승려이다. 속성은 유(劉)씨이며, 본관은 충주이다. 호는 함허(涵虛), 득통(得通), 무준(無準)이다. 저서로는 현정론(顯正論)·원각경소(圓覺經疏)·금강경오가해설의(金剛經五家解設宜)·함허당어록(涵虛堂語錄) 등이 있다.

소이(所以): 어떤 일을 하게 된 이유.

유정(有情): 마음이 있는 중생.

보살(菩薩): 깨달을 중생.

이승(二承): 석존의 음성을 들은 제자인 성문승과 부처님의 교화에 의하지 않고 홀로 깨달아 자유경에 도달한 성자를 연각승이라고 한다. 이승(二乘)은 이 성문승과 연각승을 합쳐 이르는 말이다.

삼승(三乘): 성문승(聲聞乘), 연각승(緣覺乘), 보살승(菩薩乘)의 3승이 있다.

인천(人天): 인간계와 천상계.

夫三乘五乘 皆所以治其情也 人天乘所以治其染垢 三乘所以治其
淨垢也 染淨垢盡然後 方親造大覺之境矣 五戒所以生人道也 十善
所以生天道也 諦緣所以成二乘也 六度所以成菩薩也 竊觀三藏指
歸 只要令人去情顯性而已 情生於性 猶雲起於長空 去情顯性 猶雲
開而現大淸也

情有薄者焉 有厚者焉 猶雲有淡者焉 有濃者焉 雲有濃淡之異 而
掩天光則一也 情有厚薄之殊 而礙性明則同也 雲起也 日月收照而
天下暗然也 雲開也 光被大千而宇宙廓如也

삼승(三乘)과 오승(五乘)은 모두 정(情)을 다스리는 것이다. 인천
승은 더러운 번뇌를 다스리는 것이고, 삼승은 깨끗한 번뇌를 다스리
는 것이다. 더럽고 깨끗한 번뇌가 다한 뒤에 비로소 대각의 경지에
이를 수 있다.

오계는 인도(人道)에 태어나게 하는 것이고, 십선(十善)은 천도
(天道)에 태어나게 하는 것이다. 사제(四諦)와 십이인연(十二因緣)
은 이승(二承)을 이루게 하는 것이고, 육바라밀(六波羅密)은 보살을
이루게 하는 것이다.

가만히 삼장이 가리키는 것을 들여다보면, 오로지 사람들로 하여

금 정을 버리고 성(性)을 드러나게 할 뿐이다. 정이 성에서 생기는 것이 마치 구름이 넓은 하늘에서 생기는 것과 같다. 정을 버리고 성품을 나타내는 것은 마치 구름이 걷히면 크고 맑은 하늘이 나타나는 것과 같다.

정이 엷게 있는 이와 두텁게 있는 이가 있다. 이는 구름이 묽은 것이 있고 짙은 것이 있는 것과 같다. 구름에 짙고 묽음의 다름이 있지만 하늘의 광명을 가리는 것은 하나이다. 정에 두텁고 엷음의 다름이 있으나 성품의 밝음을 장애하는 것은 같다. 구름이 일어나면 해와 달이 빛을 거두어 천하가 어둡고 구름이 사라지면 대천세계를 비추어 우주가 확연하다.

*오승(五乘): 인승(人乘), 천승(天乘), 성문승(聲聞乘), 연각승(緣覺乘), 보살승(菩薩乘) 등이다.

오계(五戒): 불교에서 5가지 행위 규범. 불살생, 불투도, 불사음, 불망어, 불음주 등이다.

십선(十善): 10가지 좋은 일. 십선도(十善道) 또는 십선계(十善戒)라고도 한다. 불살생(不殺生), 불투도(不偸盜), 불사음(不邪淫), 불망어(不妄語), 불양설(不兩舌), 불악구(不惡口), 불기어(不綺語), 불탐욕(不貪欲), 불진에(不瞋恚), 불사견(不邪見).

사제(四諦): 고·집·멸·도의 네 가지 진리.

십이인연(十二因緣): 12가지 인연, 곧 무명(無明)·행(行)·식(識)·명색(名色)·육입(六入)·촉(觸)·수(受)·애(愛)·취(取)·유(有)·생(生)·노사(老死) 등의 연기 관계.

절관(竊觀): 남모르게 가만히 살펴봄.

지귀(指歸): 많은 사람의 마음이 쏠리는 곳. 많은 사람이 숭배하는 사람.

佛教比之 則若淸風之掃浮雲也 欲所見之廓如 而厭淸風者惑矣
欲自他之淸泰 而厭吾道者失矣 若敎人人 依此而修之 則心可得而
正矣 身可得而修矣 可以齊家 可以治國 可以平天下矣 機之利者
可以爲菩薩 可以爲聲聞 可以爲緣覺 機之劣者 可以生天 可以成善
人矣 苟如是而世不治 未之有也 何則 厭罪報則應斷諸惡 諸惡雖不
斷盡 而足以去一惡矣 去一惡則息一刑 一刑息於家 萬刑息於國矣
忻福緣則應修諸善 諸善雖未盡修 而足以行一善矣 行一善則得一
慶 一慶興於家 萬慶興於國矣

부처님의 가르침을 이에 비유하면 맑은 바람이 뜬 구름을 쓸어 내
는 것과 같다. 보이는 것이 확연(廓然)하고자 하면서 맑은 바람을 싫
어하는 이는 어리석은 것이며, 자타(自他)가 맑고 태평하기를 바라
면서 나의 불교를 싫어하는 이는 잘못되었다. 만약 사람 사람마다
이를 의지해서 수행하면 마음에 진실을 얻어 바르게 되고, 몸을 참
답게 다스릴 수 있게 된다. 이로써 집안을 가지런히 할 수 있고, 국
가를 다스릴 수 있으며, 천하를 태평하게 할 수 있다.

근기가 빼어난 사람은 보살이 될 수 있고, 성문이 될 수 있고, 연각
이 될 수 있지만, 근기가 하열한 사람은 하늘에 태어날 수 있고, 착
한 사람이 될 수 있다. 참으로 이와 같아서 세상에 다스려지지 않는
것이 없다. 왜냐하면 죄의 과보를 싫어하면 응당히 모든 악을 끊어
야 한다. 모든 악을 다 끊지 못하더라도 족히 한 가지 악은 제거하여
야 한다. 한 가지 악을 제거하면 한 형벌이 멈춘다. 한 가지 형벌이
한 집에서 멈추면 만 가지 형벌이 국가에서 멈춘다. 복된 인연을 좋

아한다면 응당히 모든 선한 일을 행하여야 한다. 모든 선한 일을 다 행하지 못하더라도 족히 한 가지 착한 일을 행하여야 한다. 한 가지 착한 일을 행하면 한 가지 기쁜 일을 얻는다. 한 가지 기쁜 일이 한 집안에서 일어나면 만 가지 기쁜 일이 나라에서 일어날 것이다.

*확연(廓然): 널찍한 모습. 펼쳐진 모습.

가이(可以): ……할 수 있다. 좋다. 괜찮다. ……해도 좋다.

가득(可得): 지각되다. 인식되다.

夫五戒十善 敎中之最淺者也 本爲機之最下者而設也 苟能行之 則足以誠於身 利於人矣 況於諦緣乎 況於六度乎 儒以五常而爲道 樞 佛之所謂正戒 卽儒之所謂五常也 不殺 仁也 不盜 義也 不婬 禮 也 不飮酒 智也 不妄語 信也 但儒之所以敎人者 不以德行 卽以政 刑也 故云導之以政 齊之以刑 民免而無恥 導之以德 齊之以禮 有 恥且格 夫導之以德 齊之以禮 非聖人不能 故云默而成之 不言而信 存乎德行 導之以政 齊之以刑 則未免有賞罰 故云賞罰 國之大柄也

오계(五戒)와 십선(十善)은 가르침 가운데 가장 낮은 것이다. 본래 근기가 가장 낮은 이를 위해 설파한 것이다. 진실로 이를 능히 행하면 자신이 성실하게 되고 만족하여 다른 사람을 이롭게 한다. 하물며 사제와 12인연이겠는가? 하물며 육바라밀이겠는가?

유교는 오상(五常)으로 도추(道樞)를 삼는다. 불교에서 말하는 오계(五戒)가 곧 유교에서 말하는 오상(五常)이다. 산목숨을 죽이지 않는(不殺生) 것은 인(仁)이요. 남의 물건을 훔치지 않는(不偸盜) 것은 의(義)이고, 올바르지 않는 정을 통하지 않는(不邪淫) 것은 예(禮)이며, 술을 취하지 않을 만큼 마시는(不飮酒) 것은 지(智)이며, 허망한 말을 하지 않는(不妄語) 것은 신(信)이다.

다만 유교는 사람들에게 가르치는 것을 덕행으로 하지 않고 곧 정치와 형벌을 쓴다. 까닭에 말하기를 "정사(政事)로써 인도(引導)하고, 형벌(刑罰)로써 구재(救齋)하면 백성이 면하고자 하나 부끄러움이 없고, 덕(德)으로 인도하고 예로써 구재하면 부끄러워하고 또한 품격이 있다."고 하였다.

덕(德)으로 인도하고 예를 써서 구재하는 것은 성인이 아니면 할 수 없다. 까닭에 말하기를 "침묵 하여도 그것이 이루어지고, 말하지 않아도 믿게 되는 것은 덕행에 있다." 하였다. 정사(政事)로 인도하고 형벌(刑罰)로 구재함은 상벌(賞罰)을 면할 수 없다. 까닭에 "상벌(賞罰)은 국가의 큰 권력이라." 하였다.

---

*사제(四諦): 고(苦)·집(集)·멸(滅)·도(道)의 네 가지 진리를 의미하는 불교 교리.

십이인연(十二因緣): 과거의 지은 업에 따라서 현재의 과보를 받으며 현재의 업을 따라서 미래의 고를 받는 12가지 인연, 곧 무명(無明)·행(行)·식(識)·명색(名色)·육입(六入)·촉(觸)·수(受)·애(愛)·취(取)·유(有)·생(生)·노사(老死) 등의 연기 관계.

육바라밀(六波羅密): 보시바라밀(布施波羅密), 지계바라밀(持戒波羅密), 인욕바라밀(忍辱波羅密), 정진바라밀(精進波羅密), 선정바라밀(禪定波羅密), 지혜바라밀(智慧波羅密)이다.

도추(道樞): 사물의 상대적인 참과 거짓, 옳고 그름의 대립을 초월한 절대적인 도의 경지.

정형(政刑): 정치와 형벌.

대병(大柄): 국가 통치 권력.

夫默而成之 不言而信 固吾佛之化也 而兼以因果示之 示之以賞
罰 則或不過面從而已 示之以因果 則服乃心服也 今於世上 目覩其
然也 何則 若勸之以賞 禁之以罰則止 惡者 畏其威而止之爲 善者
利其賞而爲之 故其從化也面從而已 非心服也 若人欲知今之所以
窮達者 則示之以宿種 欲知後之禍福者 則示之以現因 則達者 忻前
世之種善而益勤 窮者 悔前世之不修而自勉 且邀福於後世者 則孜
孜於爲善 避禍於後世者 則必愼於爲惡也 此則不服則已 服則心服
而未嘗有面從者也

침묵하여도 이루어지고 말하지 않아도 믿는 것은 오로지 우리 부
처님의 가르침이다. 겸하여 인과(因果)로 이를 보이셨다. 상벌로 보
이면 어쩌다 면전(面前)에서 복종할 뿐이지만, 인과로 보이면 복종
(服從)하기를 마음으로 복종한다. 지금 세상에서도 그러함을 볼 수
있다. 왜냐하면 만약 상을 주어 권하고 벌을 주어 금하게 하여 악을
그치면, 악한 이는 그 위엄이 두려워 그치게 되고, 착한 이는 그 상
이 이로움이 되기 때문이다. 까닭에 가르침을 따르는 것을 면전(面
前)에서만 복종할 뿐 마음으로 복종하는 것은 아니다.

만약 사람들이 지금의 궁핍하고 영달한 까닭을 알고자 하면 곧 숙세에 업의 씨앗을 보여 주고, 후세의 화와 복을 알고자 하거든 현재에 하고 있는 일이 원인이 되는 것을 보여 주면, 곧 영달한 이는 전생에 심은 선근을 기뻐하며 더욱 부지런히 할 것이고, 궁핍한 이는 전생에 선근을 닦지 아니한 것을 참회하며 스스로 힘쓸 것이다.

또 후세에 복을 받으려는 이는 선(善)을 위해 힘쓰고, 후세에 재화를 피하려는 이는 반드시 악행을 일삼는 것을 삼갈 것이다. 이는 곧 복종하지 않으면 그뿐이지만, 복종을 한다면 마음으로 복종하지 오히려 면전(面前)에서만 복종하는 자는 없을 것이다.

*면종(面從): 그 사람이 보는 앞에서만 순종함.

하측(何則): 왜 그러한가.

요복(邀福): 복을 빎.

자자(孜孜): 부지런하다. 주시하다. 내심 기뻐하다. 근면하다.

궁달(窮達): 가난함과 부귀함을 아울러 이르는 말.

雖然 安得使人人 皆可以心服也 其未能心服者 則姑以賞罰而導之 使駸駸然心悅而誠服也 故示之以因果之外 亦有賞罰之訓存焉 所謂應攝受者而攝受之 應折服者而折服之是也 此則近於儒也 所以儒與釋 皆不可廢也 佛之將化也 以其法 付之君 付之臣 盖欲以其道 導天下而爲治世之大助 而令共蹈乎修眞之路也 吾佛之敎 不論在家出家 只要令人不違道用而已 不必剪其髮異其服然後爲也 所以云隨方解縛假名三昧 又云無有定法名阿耨菩提 佛之心如此

豈小通哉 然若無忍力者 則居塵不染 在家成道難矣 所以敎人出家
令修遠離行也

비록 그러하기는 하나 어떻게 사람 사람을 모두 마음으로만 복종
하게 할 수 있겠는가? 마음으로 복종하지 못한 이는 먼저 상벌로 인
도하여 점차적으로 마음을 기뻐지게 하여 진실로 복종하게 하여야
한다. 까닭에 인과를 보여 주는 것밖에 또한 상벌의 가르침을 두었
다. 이른바 "응당히 섭수(攝受)할 것은 섭수하고 응당히 절복(折服)
시킬 것은 절복(折服)시킨다." 하는 것이 이것이다. 이는 유교(儒敎)
와도 가까우나 유교(儒敎)와 불교(佛敎)에서 모두 폐지하는 것은 옳
지 않다.

부처님이 장차 열반에 드실 때에 그 법을 임금에게 부촉하시고 신
하들에게 부촉하셨다. 이는 도(道)로써 천하를 인도하고 세상을 다
스리는 데 큰 도움이 되고자 함이며, 모두 진리를 닦는 길을 밟게 하
려고 하신 것이다.

우리 부처님의 가르침은 재가(在家)와 출가(出家)를 논하지 않는
다. 다만 사람들로 하여금 도에 맞게 쓰기를 바랄 뿐이다. 반드시 머
리를 깎고 옷을 달리한 뒤에야 하는 것은 아니다. 이런 까닭에 말하
기를 "방편에 따라 결박(結縛)을 풀어 주는 것을 이름 붙여 삼매라
한다."고 하였고, 또 "정해진 법이 있지 않는 것을 아뇩보리(阿耨菩
提)라 이름 한다." 하였다.

부처님 마음은 이와 같다. 어찌 소통(小通)이라 하겠는가? 그러나
만약 참는 힘이 없는 이라면 육진에 머물면서 물들지 않고 집에 머
물면서 도를 이루기 어려울 것이다. 까닭에 사람들에게 출가하여 멀

리 떠나 수행하기를 가르치신 것이다.

*침침(駸駸): 차츰차츰. 속력이 매우 빠르게. 빨라지는 모양.

수방해박가명삼매(隨方解縛假名三昧) 육조단경 하권.

무유정법명아뇩보리(無有定法名阿耨菩提) 금강경 제7 무득무설분.

1. 출가는 불효(不孝)이다.

儒之言曰 男有室女有家 以嗣家業不絶厥祀 可謂孝矣 今浮圖氏
絶婚姻去人倫 長往山林 永絶後嗣 豈可謂孝乎 昏定晨省 承顔順色
出必告反必面 今浮圖氏 不告父母 自許出家 一自出家 終身不返
生不奉甘旨 死不計厚葬 豈非不孝乎

　유가에서는 말한다. 남자는 실인(室人)이 있고 가정(家庭)을 두어
가업을 계승하며 제사가 끊어지지 않게 하는 것을 효도라고 말한다.
오늘날 불가에서는 혼인을 끊고 인륜을 저버리고 멀리 산림(山林)
에 가서 영원히 후사(後嗣)를 끊었으니 어찌 효도했다고 말할 수 있
겠는가.

　저녁이면 잠자리를 봐 드리고 새벽이면 얼굴을 바라보고 안색에
따라 어긋나지 않게 하고, 외출할 적에는 반드시 고(告)하고 돌아와
서는 반드시 얼굴을 보여야 한다. 오늘의 불가에서는 부모님께 고하
지 아니하고 스스로 출가하여 한 번 출가함으로부터 몸을 마치도록
돌아오지 않는다. 살아서는 맛있는 음식으로 봉양하지 않고 돌아가
시면 후하게 장사지낼 생각을 하지 않으니 어찌 불효(不孝)가 아니
겠는가? 하였다.

　*실인(室人): 자기의 아내를 이르는 말.
　혼정신성(昏定晨省): 밤에는 부모의 잠자리를 보아 드리고 이른 아침에는 부모
의 밤새 안부를 묻는다는 뜻으로, 부모를 잘 섬기고 효성을 다함을 이르는 말.

승안(承顔): 남의 안색을 살펴 가며 기분을 맞추다.

순색(順色): 배색(配色)이 좋다. 배합이 좋다. 조화가 잘되다.

감지(甘旨): 맛있는 음식.

試嘗論之曰 經權爲道之大要也 非經無以守常 非權 無以應變 經
以守常權以應變 然後得夫道之大全 而無所徃而不可也 不知守常
無以正人心 不知應變 無以成大事 夫人也 托父母而受生 寄君國以
得存 入孝出忠固臣子之所當爲也 又婚姻祭祀 亦人倫之大經也 非
婚 生生之理絶 非祀退遠之法廢 然爲臣子而盡忠孝者難矣 婚姻而
終身守正 奉祀而盡心致齊者 又其難矣 盡忠盡孝 而謹守其職 守正
致齊 而終身不輟 然後生不失善名 死得生人道 此經以守常之效也
然生得善名而已 斷愛欲者幾希 死生人道而已 免輪廻者難矣 愛爲
輪廻之本 欲爲受生之緣

시험 삼아 일찍이 논하여 답한다. 원리(經)와 방편(權)은 도(道)
의 대요(大要)이다. 원리가 아니면 상도(常道)를 지킬 수 없고, 방편
(權)이 아니면 변화에 대응할 수 없다. 원칙으로 상도를 지키고 방편
으로 변화에 대응한 뒤에야 저 도(道)의 크고 온전함을 얻어 가는 곳
마다 옳지 않은 것이 없다. 상도를 지킬 줄 알지 못하면 사람의 마음
을 바르게 할 수 없고, 변화에 응할 줄 알지 못하면 큰일을 이룰 수
없다.

사람은 부모에 의탁하여 태어나고, 군왕에 의지해 나라가 존재함
을 얻는다. 집에서는 효도하고 집을 나서면 충성하는 것은 진실로

신하와 아들 된 이로서 마땅히 해야 할 일이다. 또 결혼을 하고 제사를 지내는 일은 인륜의 큰 도리이다. 결혼하지 아니하면 태어나고 자라는 이치가 끊어지고, 제사를 지내지 아니하고 물러나 멀리하면 법은 폐지될 것이다. 그러나 신하와 아들이 되어서 충성과 효도를 다하기란 어려운 일이다. 결혼을 하여 몸을 마치도록 정도(正道)를 지키고 제사를 받들며 마음을 다해 재계(齋戒)하기란 또한 어려운 것이다. 충성을 다하고 효를 다해 삼가 그 직분을 지키고, 바른 도를 지키며 재계를 지극히 하여 몸이 다하도록 그치지 아니하여야 한다. 그런 후에야 살아서는 명예(名譽) 잃지 않고, 죽어서는 인도(人道)에 태어남을 얻는다. 이는 원리의 상도를 지킨 효험(效驗)이다. 그러나 살아서는 명예를 얻을 뿐 애욕을 끊는 이는 참으로 드물다. 죽어서 인도(人道)에 태어날 뿐 윤회를 면하기는 어렵다. 사랑(愛)은 윤회(輪廻)의 근본이고 욕망(欲)은 생(生)을 받는 연(緣)이 된다.

*경권(經權): 경법과 권도를 아울러 이르는 말. 즉 공명정대한 원리와 상황에 따라 일을 처리하는 방도를 이른다. 경(經)-실(實) 원칙(原則), 권(權)-방편(方便).

경법(經法): 아주 공정하고 떳떳한 원리와 법칙.

권도(權道): 어떤 일을 이루기 위하여 상황에 따라 일을 처리하는 방도.

대경(大經): 사람이 지켜야 할 큰 도리.

불철(不輟): 그만두지 않다. 계속하다.

윤회(輪廻): 생명이 있는 것은 죽어도 다시 태어나 생이 반복된다고 하는 사상.

기희(幾希): (차이가)거의 없다. 대단히 드물다.

夫人者 旣未免妻子之累 愛欲其可斷乎 苟未斷於愛欲 則輪回其
可免乎 欲免輪回 先斷愛欲 欲斷愛欲 先去妻子 欲去妻子 須出塵
寰 不出塵寰 不去妻子 斷愛欲 免輪回 大聖垂慈 大權示迹之外 庸
人凡俗 其可得乎 夫如是者 億億世而難遇 萬萬人而難得 夫愛緣
如磁石與鐵偶相似 無忍力者 居塵世而難免 如本師釋尊 居兜率而
稱爲護明菩薩 降王宮而名曰悉達 此豈無忍力者哉 可謂玄曦慚其
照遠 上界惡以緣銷者也 雖涉愛緣 應不爲愛緣所染也 將欲爲後世
垂範 以金輪之嫡子 不告父母 而辭入雪山 輕生苦節 安忍不動 待
其情累蕩盡 眞明朗發然後 返鄉而覲父 登天而訪母 爲說法要 皆令
度脫 此聖人之所以權以應變而反常合道者也

　사람들은 이미 처자(妻子)의 얽힘을 면하지 못하는데 애욕(愛欲)
을 끊을 수 있겠는가? 진실로 애욕을 끊지 못하였는데 윤회를 면할
수 있겠는가? 윤회(輪回)를 면하고자 한다면 먼저 애욕을 끊어야 하
고, 애욕을 끊으려면 먼저 처자(妻子)를 떠나야 하고, 처자를 떠나고
자 한다면 진환(塵寰)을 벗어나야 한다. 진환(塵寰)을 벗어나지 않
고 처자를 떠나지 않고 애욕(愛欲)을 끊고 윤회를 면한다는 것은, 대
성인이 드리운 자비와 큰 방편으로 보이신 자취 밖의 일이다. 평범
하고 어리석은 사람들이 어찌 얻을 수 있겠는가. 이와 같은 사람은
헤아릴 수 없는 세월에도 만나기 어렵고 무수한 사람들 속에서도 얻
기 어렵다.
　저 애욕의 연은 자석과 철이 서로 만나는 것과 같아 참아 내는 힘

이 없는 이는 진토(塵土)의 세상에 머물면서 면하기 어렵다. 본사 석가세존은 도솔천에 머무실 때에는 호명 보살이라 불렀고, 왕궁에 내려와서는 실달(悉達)이라 이름 하였다. 이분을 어찌 참는 힘이 없는 이라고 하겠는가. 참으로 "태양도 그 빛이 먼 것을 부끄러워하였고, 천상계(上界)도 애연(愛煙)이 녹는 것에 부끄러워하였다."라고 말한다. 비록 애욕의 연에 이르렀지만 응당 애욕의 연에 물든 것은 아니다.

　장차 후세에 모범을 드리우시고자 금륜왕(金輪王)의 적자(嫡子)로 부모님께 고하지 아니하고 설산에 들어가 말씀드렸다. 생의 고난과 절정을 가벼이 여기고 마음을 안정하고 인내하며 흔들림 없이, 정에 얽힌 것이 다하고 진리가 밝고 맑게 드러나기를 기다렸다. 그런 연후에 고향에 돌아가 아버지를 뵈었고, 하늘에 올라 어머니를 찾아 법요(法要)를 설하여 모두를 윤회를 벗어나게 하였다. 이는 성인(聖人)께서 방편(權道)으로 변화에 대응하여 상정(常情)을 돌이켜 도(道)에 합하신 것이다.

　*진환(塵寰): 마음에 고통을 주는 복잡하고 어수선한 세상.

　용인(庸人): 범인(凡人). 평범한 사람.

　만만(萬萬): 자신이 생각하고 있는 느낌의 정도가 이루 말할 수 없을 만큼 아주 많은 것.

　뉵(恧): 부끄러워할 뉵.

　경생(輕生): 자신의 생명을 가벼이 여기다.

　고절(苦節): 어떠한 고난을 당하거나 어려운 지경에 빠져도 변하지 않는 굳은 절개.

안인(安忍): 마음을 안정하고 인내하다.

且佛者 三明六通而悉脩 四智八解而圓具 其德播天下後世 而使
天下後世 稱其父母曰 大聖人之父母 以其姓姓一切姓 使出家者 皆
稱之曰釋子 豈不謂之大孝乎 孔不云乎 立身行道 揚名於後世 以現
父母孝之終也 以其道 導天下後世 而使天下後世 聞其風 感其化
隨其機之大小 禀其法而得度 豈不謂之大慈乎 孔不云乎 一日克己
復禮 天下歸仁

또 부처님은 삼명(三明) 육통(六通)을 다 갖추시었고 사지(四智)
와 팔해(八解)를 원만히 구족하셨다. 그 덕은 천하 후세에 퍼졌으며
천하 후세에 쓰인다. 그의 부모를 대 성인의 부모라 부르고, 그의 성
(姓)을 성으로 하여 모두의 성으로 삼게 하여, 출가한 사람들을 모두
"석가의 아들"이라고 부르게 하니, 어찌 큰 효도를 했다고 말하지
않겠는가. 공자께서도 말하지 아니하였는가. "출세하여 도를 행하
고 후세에 이름을 드날리는 것이 현세 부모에게 효도를 다하는 것이
다."라고 하였다. 이러한 도(道)로써 천하 후세를 인도하고, 천하 후
세 사람들로 하여금 그의 가풍을 듣고 그 교화에 감응하고, 근기(根
機)의 크고 작음에 따라서 법을 받아 해탈을 얻게 하시니 어찌 대자
비라 말하지 않겠는가. 공자께서도 말씀하시지 않았는가? "하루 동
안이라도 자신을 극복하여 예를 회복하면 천하가 인(仁)으로 돌아
간다."고 하셨다.

*삼명(三明): 아라한이 지니고 있는 세 가지의 지혜. 숙명명(宿命明), 천안명(天眼明), 누진명(漏盡明)을 이른다.

육통(六通): 여섯 가지의 신통력. 천안통(天眼通), 천이통(天耳通), 타심통(他心通), 숙명통(宿命通), 신족통(神足通), 누진통(漏盡通)이 있다.

*갖출 비 备 : 갖출 비 俻 : 갖출 비 僃 : 갖출 비 備 : 갖출 비

사지(四智): 부처님이 갖춘 4가지 원만한 깨달음의 지혜를 말한다. 대원경지(大圓鏡智), 평등성지(平等性智), 묘관찰지(妙觀察智), 성소작지(成所作智).

팔해(八解): 4선(禪)과 4무색정(無色定)을 통한 해탈을 말한다.

입신(立身): 명예나 부, 확고한 지위 등을 획득하여 사회적으로 출세함.

2. 나라를 돕지 않는 것은 불충(不忠)이다.

曰人生斯世 當盡忠於君 傾誠輔國 今浮圖氏 不朝天子 不事王侯
高棲遐擧 坐觀成敗 豈可謂忠乎

　말하기를, 사람이 이 세상에 태어났으면 마땅히 임금에게 충성을
다하고 정성을 기울여 국사를 도와야 한다. 지금의 승려들은 천자에
게 조예(朝禮)하지 않고 왕후를 섬기지도 않으며 멀리 떠나 고상한
삶을 살면서 앉아서 성패(成敗)만을 관(觀)하니, 어찌 충이라고 말
하겠는가? 하였다.

曰敎中使爲君者 先受戒品 潔淨身意然後 方登寶位 又令凡出家
者 莫不朝焚夕點而祝君祝國 可不謂之忠乎 且君者 爵祿以勸善 刑
罰以禁惡之外 吾佛示之以爲善招慶 爲惡招殃 人之聞者 自然收其
惡心 發其善意 吾佛之敎 不假爵賞之勸 刑罰之威 令人靡然趨化
豈無輔於君國乎

　답한다. 부처님 가르침 가운데에는 임금이 될 자는 먼저 계품(戒
品)을 받아 몸과 뜻을 청결하게 한 이후에 비로소 보위(寶位)에 오
르게 한다. 또 무릇 출가한 이들로 하여금 아침에 향을 사르고 저녁
에는 등을 켜서 임금을 축원하고 국운을 축원하지 아니함이 없다.
어찌 충이라 말하지 않을 수 있겠는가.
　또한 임금이 작위와 녹봉으로 선(善)을 권하고 형벌(刑罰)로 악을

금지하는 것 이외에, 우리 부처님은 선을 행하면 좋은 일을 부르고, 악한 행을 행하면 재앙을 부르는 것을 보이시니, 사람들이 이를 듣고 자연히 악한 마음을 거두어들이고 착한 마음을 낸다.

우리 부처님의 가르침은 작위와 상을 권하거나 형벌로 위엄을 빌리지 않아도, 사람들로 하여금 바람에 기우는 초목처럼 가르침을 따르게 하시니 어찌 임금을 섬기고 나라에 충성함이 없다 하겠는가.

*보국(輔國): 나라님을 도와 국정을 보살핌.

부도(浮屠): 중국어로 불타(浮屠).

왕후(王侯): 제왕과 제후를 아울러 이르는 말.

하거(遐擧): 중국 고사 장수를 꿈꾼다, 얽매이지 않고 자유분방하게 살길 꿈꾼다는 뜻이다.

미연(靡然): 초목이 바람에 기울어지는 모양.

3. 육식을 금하는 것은 예(禮)가 아니다.

曰人食物 物給人 固其自然也 而七十者 非肉不飽故 養老者不可
不以此供之 又春蒐夏苗秋獮冬狩 乃先王之所以爲民除害 順時立
法 不可易也 且犧牲 從古于今 奉祀之禮物 尤不可廢也 今浮圖 親
老而食不甘 不供之以肉 敎人亦廢先王之制 犧牲之禮 豈非過歟

말하기를, 사람은 온갖 음식을 먹는다. 온갖 음식을 사람에게 공
급하는 것은 지극히 자연스러운 것이다. 나이 칠십에는 고기가 아니
면 배가 부르지 않는다. 노인을 봉양함에 이로써 공양하지 않을 수
없다. 또 봄 사냥, 여름 사냥, 가을 사냥, 겨울 사냥은 선왕(先王)이
백성들을 위해 해로움을 없애려고 절기에 따라 법을 세운 것이므로
바꿔서는 안 된다. 또 희생(犧牲)은 예로부터 지금에 이르도록 제사
를 받드는 예물(禮物)이다. 더욱 없애서는 안 된다.
지금의 불제자들은 부모가 늙어 음식이 입에 맞지 않는데도 고기
를 공양하지 않고, 사람들로 하여금 또한 선왕의 제도인 희생의 예
를 폐하라 하니 어찌 허물이 아니겠는가? 하였다.

曰暴殄天物 聖人之所不與也 況天道至仁 豈令人殺生以養生哉
書云惟天地 萬物父母 惟人 萬物之靈 亶聰明作元后 元后作民父母
天地既爲萬物之父母 則生乎天地之間者 皆天地之息也 天地之於
物也 猶父母之於子也 子有愚智之殊 猶人與萬物之有明昧也 父母
之於子也 雖愚不肖 亦愛而恤之 猶恐不得其養焉 況其如害乎 殺生

養生 如殺同息以自養也 殺同息以自養 則於父母之心爲如何哉 子
之相殺 非父母之心也 人物之相殘 豈天地之意乎 人與萬物 旣同得
天地之氣 又同得天地之理 而同生於天地之間 旣一氣一理之所賦
焉有殺生養生之理哉

답한다. 천지 만물을 포악하게 죽여 없애는 것은 성인이 허락한
것이 아니다. 하물며 하늘의 도(道)는 지극히 어질다 하면서 어떻게
사람들로 하여금 살생을 하여 삶을 살찌우라 했겠는가. 서경에서 말
하기를 "오로지 천지(天地)는 만물(萬物)의 부모(父母)이며, 사람은
만물의 영장이다. 매우 총명한 이는 임금으로 되고, 임금은 백성의
부모가 된다."고 하였다.
천지가 이미 만물의 부모가 되었으니 천지간의 생물은 모두 천지
의 자식이다.
천지(天地) 만물은 부모 자식과 같다. 자식에게 어리석고 지혜로
움의 차이가 있듯이 사람과 만물에게 밝음과 어두움이 있다. 부모는
자식이 비록 어리석고 못났더라도 사랑하고 연민하며 그를 양육하
지 못할까 근심 걱정을 한다. 하물며 저를 해치겠는가.
생명을 죽여 삶을 살찌우는 것은 형제를 죽여 스스로를 살찌우는
것과 같다. 형제를 죽여 스스로를 살찌운다면 부모의 마음은 어떻겠
는가. 자식들이 서로를 죽이는 것은 부모의 마음이 아니다.
사람과 만물이 서로를 죽이는 것이 어찌 천지의 뜻이겠는가. 사람
과 만물은 이미 천지의 기운을 같이 받고, 또 천지의 이치를 같이 받
았다. 천지 사이에 함께 태어나 이미 하나의 기운(一氣)과 하나의 이

치(一里)로 부여했다. 어찌 생명을 죽여서 생명을 기르는 이치가 있 겠는가.

*식물(食物): 먹을 수 있는 온갖 것.

불가불(不可不): 어찌할 수 없이

사시지제(四時之祭): 춘수(春蒐) 봄 사냥. 하묘(夏苗) 여름 사냥. 추선(秋獮) 가 을 사냥. 동수(冬狩) 겨울 사냥.

춘수(春蒐): 봄 사냥을 수(蒐)라고 해서 새끼를 배지 않은 짐승을 잡는다.

하묘(夏苗): 여름 사냥을 묘(苗)라 해서 오곡에 해를 끼치는 짐승을 골라잡는다.

추선(秋獮): 가을 사냥을 선(獮)이라 하여 가을 숙살(肅殺) 기운에 응(應)하여 살 찐 짐승을 잡는다.

동수(冬狩): 겨울 사냥을 수(狩)라 하여 짐승을 에워싸고 잡는다.

희생(犧牲): 천지나 종묘에 제사를 지낼 때 제물로 쓰는 살아 있는 소. 색이 순수 한 소를 '희(犧)'라 하고 길함을 얻지 못해 죽이는 것을 '생(牲)'이라 한다. 남을 위해 자신의 목숨이나 재물, 또는 권리를 버리는 것을 말한다.

폭진(暴殄): 낭비하다. 멸절(滅絶)시키다. 물건을 아낄 줄 모르고 거칠게 다루어 없애다.

원후(元后): 군주. 원후(元后)는 임금을 말한다. 서경 태서 상(泰誓上)에 "천지는 만물의 부모요, 사람은 만물의 영장이다. 이 가운데에서 진실로 총명한 사람이 임 금이 되니, 임금은 곧 백성의 부모가 되는 것이다[惟天地萬物父母 惟人萬物之靈 亶聰明作元后 元后作民父母]."라는 말이 나온다.

불초(不肖): 어버이의 덕망이나 유업을 이을 만한 자질이나 능력이 없음.

양생(養生): 병에 걸리지 않고 건강하게 오래 살도록 몸 관리를 잘함.

如云天地與我同根 萬物與我一體 此釋氏之言也 仁者以天地萬物
爲一己 此儒者之言也 爲行一如其言然後 方盡仁之道矣 醫書以手
足痿痺爲不仁 蓋手足一身之微者也 雖微 病焉則氣不通矣 仁也者
天地萬物 融爲一體 而無所間然之謂也 深體此理者 則雖微物 未嘗
有所加害也 可謂得仁人之道矣 如鵝珠草繫 蓋其人矣 不如是則人
與物 氣而不旼 理礙而不通 如手足之痺也 醫書所云 可謂善狀其仁
矣

"천지(天地)와 나는 더불어 근본이 같고, 만물은 나와 더불어 한
몸[一體]이다."고 말했다. 이는 불가의 말이고, "어진 사람은 천지만
물을 한 몸으로 여긴다." 이것은 유가의 말이다. 행이 그 말과 하나
가 된 이후에야 비로소 인(仁)의 도를 다했다 할 것이다.

의서(醫書)에 '손발이 저리고 마비되는 것을 불인(不仁)이 된다.'
고 하였다. 대개 수족(手足)은 한 몸으로 볼 때 작은 것이다. 비록 작
지만, 병이 나면 기가 통하지 않게 된다.

인(仁)이란 천지만물이 융통하여 한 몸(一體)이 되어 간연(間然)
하는 것이 없음을 말하는 것이다. 이러한 이치를 깊이 체득한 자라
면 비록 미물이라 할지라도 일찍이 해(害)를 가하지 않을 것이다. 참
으로 '인인(仁人)의 도(道)를 얻었다.'고 말할 수 있을 것이다. 아주
(鵝珠)와 초계(草繫)가 모두 그와 같은 사람이다. 이와 같지 아니하
면 사람과 만물의 기가 온화하지 못하고 이치에 막혀 통하지 못하는
것이 수족이 마비되는 것과 같다. 의서(醫書)에서 말한 것은 인(仁)
이 참으로 가장 좋은 상태임을 말한 것이다.

*여운(如云): 天地與我同根 萬物與我一體 -승조(僧肇 - 384년~414년)의 조론(肇論).

동근(同根): 근본이 같음. 같은 뿌리. 형제.

위비(痿痹): 마비되다. 중국 의학 팔다리가 마비되는 병. 저리다.

간연(間然): 남의 결점을 들추어 헐뜯음.

인인(仁人): 어진 사람.

아주(鵝珠)초계(草繫): 아주(鵝珠) 비구와 초계(草繫) 비구, 초계와 아주 비구 이야기는 <대장엄경론>에 실려 있다.

선장(善狀): 좋은 상태, 좋은 모양.

詩云一發五豝 論語云 釣而不綱 弋不射宿 孟子云 君子遠庖厨也
聞其聲 不忍食其肉 又云數罟不入汚池 魚鼈不可勝食 此皆爲仁 而
未盡其道也 何不契於一己之言乎 中庸云 言顧行行顧言 君子胡不
慥慥 尒今何至此乎 此儒者之所以善 論爲仁之道 而未盡善也 既要
殺少 何必發矢 既憐其宿 何射不宿 既遠庖厨 何必食肉 小既傷殘
何須害大 佛於大戒 以不殺居先 又慈心因緣不食肉經 云如佛所說
食肉者 此人行慈不滿足 常受短命多病身 迷沒生死 不成佛 又敎中
所以敎持漉囊者 恐傷微命也

시경(詩經)에 '한 발의 화살로 다섯 마리 돼지를 잡는다,' 하였고, 논어(論語)에 '낚시에는 그물로 하는 것이 아니며, 화살로는 잠자는 새를 잡지 않는다.'고 했다. 맹자(孟子)에는 '군자(君子)는 푸줏간을 멀리하며 그의 소리를 듣고 차마 그 고기를 먹지 않는다.' 했다. '또

262

촘촘한 그물을 더러운 연못에 드리우지 않으며 자라와 고기를 더는 먹지 못한다.'라고 하였다. 이는 모두 인(仁)은 되지만 도(道)를 다한 것은 아니다. 어찌 '하나의 몸이다.'고 말한 것에 계합하지 않는가.

　중용(中庸)에 말(言)하기를 '말은 행(行)을 돌아보고, 행은 말(言)을 돌아보게 한다. 군자가 어찌하여 독실하게 하지 않겠는가.' 하였는데. 너는 지금 어찌하여 이에 이르렀는가? 이는 유자(儒者)들이 선(善)한 것을 논(論)하여 인(仁)으로 도(道)를 삼았지만 선(善)을 다한 것은 아니다.

　이미 적게 죽이기를 바라면서 어떻게 반드시 화살을 쏘며, 이미 그가 잠자고 있는 것을 불쌍히 여기면서 어떻게 잠자지 않는 것은 화살로 쏘며, 이미 푸줏간을 멀리하면서 어떻게 반드시 고기를 먹으며, 작은 고기가 죽는 것은 아파하면서 어찌 큰 고기를 죽이라 하는가?

　부처님의 대계(大戒)는 살생하지 않는 것을 제일 먼저 두었다. 또 자심인연불식육경(慈心因緣不食肉經)에 '부처님이 말씀하신 것과 같이 고기를 먹는 자, 이런 사람은 자비를 충족하고 만족하게 행하지 못함으로 항상 단명하고, 병이 많은 몸을 받아 생사의 길에 빠져 헤매며 성불하지 못한다.'라고 하였다. 또 가르침 가운데 녹낭을 가지게 한 것은 작은 생명을 해칠까 걱정해서이다.

　*시운(詩云): 시경(詩經), 소남(召南), 추우(騶虞).

　논어(論語): 논어(論語), 술이(述而).

　맹자(孟子): 맹자, 양혜왕 상(梁惠王上).

　포주(庖廚): 주방. 요리사. 부엌.

수고(數罟): 눈을 매우 잘게 떠서 촘촘하게 만든 그물.

언고행(言顧行): 중용장구 제13장(中庸章句 第13章).

조조(慥慥): 언행이 독실(篤實)한 모양. 착실할 조.

상잔(傷殘): 물체가 손상을 입어 생긴 흠. 해치다. 상처를 입어 불구가 되다. 상해하다.

록낭(漉囊): 비구 6물(物)의 하나. 수라(水羅), 녹수낭(漉水囊), 녹수대(漉水袋), 녹낭(漉囊), 녹대(漉袋), 누수낭(漏水囊)이라고도 한다. 물을 먹을 때에 물속에 있는 작은 벌레를 죽이지 않기 위해서, 또는 티끌 같은 것을 없애기 위하여 물을 거르는 주머니를 말한다.

昔有二比丘 同欲見佛 行於曠野 渴遇蟲水 一人云但得見佛 飮之
何罪 卽飮 一人云佛戒殺生 若破佛戒 見佛何益 忍渴不飮 死生天
上 先見於佛 得佛讚嘆 此乃仁人之眞語實行 而冥相契於一己之言
慥慥之訓也 余未出家 有釋曰海月者 讀論語於予 至博施濟衆 堯舜
其猶病 諸註云仁者 以天地萬物 爲一己之言 置卷而問予曰 孟子仁
者乎 曰然 雞豚狗彘萬物乎 曰然 曰仁者 以天地萬物爲一己 此眞
稱理之談也 孟子苟爲仁者 而雞豚狗彘 又爲萬物 則何以云雞豚狗
彘之畜無失其時 七十者可以食肉乎

옛날에 두 비구가 있었다. 함께 부처님을 뵙고자 했다. 광야(曠野)를 지나다가 목마르던 차에 벌레가 살고 있는 물을 만났다. 한 사람은 '오직 부처님을 뵐 수 있다면 마신들 무슨 죄가 되리오.' 하고는 그 물을 마셨다. 다른 한 사람은 '부처님께서는 살생을 경계하셨는데 만약 부처님의 계율을 파한다면 부처님을 뵌들 무슨 이익이 있겠는가?' 하고는 마시지 않고 죽어 천상에 태어나서, 먼저 부처님을 친견하고 부처님에게 찬탄을 들었다고 한다. 이는 어진 사람의 참된 말이고 진실(眞實)한 행동이며, 깊이 '하나의 몸으로 여긴다.'는 말과 '독실하게 해야 한다.'는 가르침에 서로 계합하는 것이다.

내가 출가하기 전에 부처님 제자 해월(海月)이 있었다. 나에게 논어를 읽다가 '널리 베풀어 중생을 구제함에 요 임금, 순 임금도 아파했다.'라는 대목에 이르러, 모든 주(註)에서 말하기를 '어진 사람은 천지만물을 한 몸으로 여긴다.'라는 말에 책을 밀치고 나에게 물었다.

'맹자는 어진 사람입니까.' '그렇다.' '닭(雞), 작은 돼지(豚), 개(狗), 큰 돼지(彘)는 만물입니까?' '그렇다.' 말하기를 '어진 사람(仁者)은 천지만물을 한 몸으로 여긴다.' 함은 참다운 이치를 일컫는 이야기이나, '맹자가 진실로 어질고 닭, 작은 돼지, 개, 큰 돼지 또한 만물이라면, 어찌하여 닭, 작은 돼지, 개, 큰 돼지를 기르는데 그 때를 잃지말라 하고, 칠십이면 고기를 먹어야 된다고 합니까.' 하였다.

*昔有二比丘 <法句譬喩經護戒品第二>
돈(豚): 저(猪)는 멧돼지다 돈(豚)은 작은 돼지(小豕) 체(彘)는 큰 돼지다.

予於是辭窮而未能答 考諸經傳 而無有殺生稱理之論 博問先知
而無有釋然決疑之者 常蘊此疑 久未能決 越丙子許游三角山 到僧

伽寺 與一老禪夜話 話次 禪云佛有十重大戒 一不殺生 予於是釋然
心服 而自謂此眞仁人之行也 而深體乎仁道之語也 從此不疑於儒
釋之問 而遂有詩云 素聞經史程朱毁 未識浮圖是與非 反復潛思年
已遠 始知眞實却歸依

나는 이 말을 궁리하다가 답을 못했다. 모든 경전을 자세히 보아
도 살생의 이치를 헤아리는 논리는 있지 않았다. 널리 선지자에게
물어보았지만 확실하게 의심을 풀어 주는 이도 없었다. 항상 이를
의심하고 쌓아 두었다. 오래도록 해결하지 못하다가 병자년이 넘어
갈 즘 삼각산(三角山)을 유람하다가 승가사(僧伽寺)에 이르러 노선
사(老禪師)와 함께 밤늦게까지 이야기를 하게 되었다. 이야기를 나
누던 차제에 선사가 '불교에는 열 가지 무겁고 큰 계율이 있는데 첫
번째가 살생하지 말라(不殺生)는 것입니다.'라고 말씀하셨다.

나는 이에 의심이 확실히 풀리면서 마음으로 감복하였다. 스스로
이는 참으로 어진 사람의 행이며, 깊이 인(仁)의 도(道)를 체득(體
得)한 말이다라고 하였다. 이로부터 유교와 불교를 묻는 의심이 없
어졌다.

마침내 시를 짓게 되었다.

평소에 경전과 사서로 정자와 주자의 헐뜯음만 듣고
불교의 옳고 그름을 알지 못하였다.
곱씹어 생각하며 여러 해가 지나서야
비로소 진실을 알아 도리어 귀의했네.

*궁리(窮理): 일을 처리하거나 개선하기 위하여 마음속으로 이리저리 따져 깊이 생각함.

경사(經史): 경서와 사기를 아울러 이르는 말

선지(先知): 선각자. 예언자(豫言者). 미리 알다.

석연(釋然): 확실하다.

심복(心腹): 심복하다. 진심으로 감복하다.

평소(平素): 보통의 때나 여느 때.

정주(程朱): 중국 송나라의 유학자 정호(程顥, 1032년~1085년), 정이(程頤, 1033년~1107년), 주희(朱熹, 1130년~1200년)를 아울러 이르는 말.

夫巢知風 穴知雨 蜘蛛有布網之巧 蜣蜋有轉圜之能 物皆如是 同禀靈明 至於好生惡殺之情 亦何嘗異於人哉 方其耆然奏刀 愬然就死之時 盼盼然視 喑喑然鳴 豈非含怨結恨之情狀也 而人自昧耳 所以人與物 相作而不覺 相償而無休 安有仁人 見其如是而忍爲之哉 以我之嗜味 較彼之忍痛 苦樂皎然 而輕重可忖 報應之說 如其妄也 則一任其作 如其不妄 來苦難當 可不愼歟

저 둥지의 새도 바람 불 줄 미리 알고, 구멍에 사는 짐승도 비 올 줄 미리 안다. 거미는 그물을 치는 기술이 있고, 쇠똥구리는 둥글게 굴리는 능력이 있다. 만물이 모두 이와 같이 신령하고 밝음을 한 가지씩 받는다. 살기를 좋아하고 죽기를 싫어하는 심정에 이르기까지 또한 어찌 사람과 다르다 하겠는가. 비로소 칼끝에 뼈와 살이 갈라지는 두려움으로 죽음에 이를 때에 힐끔힐끔 바라보고 울부짖는다. 어찌 원망을 품고 원한 맺힌 심정의 모습이 아니겠는가? 이는 사람이 스스로 모를 뿐이다.

　이런 까닭에 사람과 만물은 서로 업을 지으면서도 깨닫지 못하고, 서로 원한 갚기에 쉼이 없다. 어찌 어진 사람이라면 이와 같음을 보고 차마 그리하라 하겠는가.

　내가 즐기는 입맛에 따라 저들이 참아 내야 할 고통에 비교한다면, 괴롭고 즐거움이 분명해서 가볍고 무거움을 헤아릴 수 있을 것이다. 인과응보라는 말이 거짓이라 여길 것 같으면 그가 짓는 대로 맡겨 두겠지만, 그것이 거짓이 아니라고 여길 것 같으면, 다가올 고통이 감당하기 어려울 것이니 진실로 삼가야 하지 않겠는가.

*지주(蜘蛛): 절지동물 거미류 거미목에 속한 동물을 통틀어 이르는 말.

강랑(蜣蜋): 쇠똥구릿과에 속한 곤충.

주도(奏刀): 칼을 쓰다.

획연(砉然): 살과 뼈가 갈라지는 소리.

교연(皎然): 명백하다. 고결(高潔)하다. 밝다. 분명하다.

夫春蒐夏苗秋獮冬狩 雖先王之法制 今有大山之中 海島之間 敗所不及之處 人與物各遂其生 各安其所 而善終天年者 以此觀之則夫民也 何必因其獵而遂其生也 古人敎以不合圍不掩群 此知其殺之不可而事出乎不得已也 大抵不得已底事 或中而不必合理也 旣

不合理 何以爲大經乎

    춘수(春蒐), 하묘(夏苗), 추선(秋獼), 동수(冬狩)는 비록 선왕이 제정한 법이라 하지만, 지금의 큰 산속과 바다와 섬 사이에는 사냥이 미치지 못하는 곳이 있다. 사람과 만물은 각각 그 사는 곳에 따라 각기 머무는 곳에서 편안하게 천명을 잘 마친다. 이로써 보면 저 백성이 어찌 반드시 사냥함으로 인해서 그의 생을 이룬다 하겠는가?

    옛사람의 가르침에 '포위하지 말고 무리를 덮치지 말라 하였다.' 이는 살생이 옳지 않음을 알지만 일에 있어서는 어찌할 수 없이 나온 것이라 한다. 대저 어쩔 수 없는 일은 간혹 맞기는 하지만 반드시 합당한 이치는 아니라는 것이다. 이미 합당한 이치가 아니라면 어찌 대경(大經)이 되겠는가.

    *합위(合圍): (전투나 사냥할 때)포위하다.

    대경(大經): 사람이 지켜야 할 큰 도리.

    전(畋): 사냥 전 사냥의 통칭.

易云古之聰明睿智神武而不殺者 蓋四時之畋 聖人托此 示之以神武 預防其外寇尒 豈以殺爲心哉 此乃爲天下者之大權者尒 以此觀之 則夫畋也 正同嫂溺 援之以手之義 嫂溺手援 暫時之用尒 何以爲人問之常法也 至於犧牲則人居平日 以肉爲甘旨 則其死也 以其所嗜 祭之宜也 然潑水添冰 罪必加矣 昔人有殺羊祭先 其先托夢而禁之 此其驗也 迹此觀之 則犧牲 雖曰盛禮 亦廢之可也

주역(周易)에서 말하기를 '옛날에 총명하고 예지하며 신무하면 살생하지 않는다.' 하였다. 대개 사계절의 사냥이란 성인이 이를 의탁해 신비한 무술을 보여 외부의 침략을 예방하게 한 것이다. 어찌 살생을 마음먹게 하였겠는가. 이는 천하를 위하는 자의 큰 방편일 뿐이다. 이로써 저를 살펴보면 사냥이란 제수(弟嫂)가 물에 빠졌을 때 손으로 건져 낸다는 뜻과 같다. 제수가 물에 빠져 손으로 구한다는 것은 잠시 방편을 썼을 뿐이다. 어찌 인간의 항상 한 법도로 삼겠는가.

희생(犧牲)에 이르러서는, 사람이 머무는 평범한 일상에 고기를 달게 먹고 그가 죽으면 그가 즐긴 음식으로 제사를 지내는 것이 마땅하다. 그러나 물을 뿌리면 얼음이 더하듯 죄가 반드시 더해질 뿐이다. 옛날에 어떤 사람이 양을 잡아서 선영(先靈)께 제사를 지냈다. 조상이 꿈에 나타나 그것을 금하게 하였다. 이것이 그것의 영험(靈驗)이다. 이러한 자취로 저를 살펴보면 희생(犧牲)이 비록 성례(盛禮)라고 하나 이 또한 폐지하는 것이 옳다.

*주역(周易): 주역, 계사전 상, 11장.

예지(叡智): 예지롭다. 예지.

신무(神武): 대단히 뛰어난 무용(武勇). 영명하고 위풍당당하다.

외구(外寇): 외구. 외적. 외국의 침략자.

기(嗜): 즐길 기.

수익(嫂溺): 《맹자》 <이루 상(離婁上)>의 "남녀 간에 직접 주고받지 않는 것은 예법이고, 제수(弟嫂)가 물에 빠졌을 때 손으로 건져 주는 것은 방편이다. [男女授

受不親 禮也 嫂溺援之以手 權也]"라는 말에서 나온 것이다.

희생(犧牲): 다른 사람이나 어떤 목적을 위해 자신이나 가진 것 등을 바치거나 포기함.

발수(潑水): 물을 뿌리다.

성례(盛禮): 극진한 예의. 성대한 의식.

4. 술 마시지 말라는 것은 허물이다.

曰酒 所以合歡之藥也 調和血脈 以却風冷 又於祭祀 酒令降神 不
可無也 今浮圖 設戒以禁 不酤不飮 豈非過歟

말하기를, "술은 함께 기쁘게 하는 약이다. 혈(血)과 맥(脈)을 조화
롭게 하며 풍기(風氣)와 냉기(冷氣)를 물리친다. 또 제사에 술은 신
을 내려오게 하니 없어서는 안 된다. 지금의 불가에서는 계를 시설
(施設)하여 금지하게 하며, 사지도 못하게 하고 마시지도 못하게 한
다. 어찌 허물이 아니겠는가." 하였다.

曰酒爲亂神敗德之本 而尤害於道也 故律中 指其過曰三十有六
儒傳亦明其失云 內昏其心志 外喪其威儀 斯言善明 爲過之甚也 內
昏其心志故 妨其自修也 外喪其威儀故 妨其化道也 非惟無益於自
他 亦乃招殃禍於無窮也

답한다. 술은 정신을 어지럽게 하고 덕을 무너뜨리는 근본이 되고
도(道)에는 더욱 해롭다. 까닭에 율(律) 가운데 그 허물을 지적하여
서른여섯 가지를 말하였다. 유교의 전적(傳籍)에서도 또한 그 잘못
됨을 분명하게 말하기를 '안으로 심지(心志)를 어둡게 하고 밖으로
위의(威儀)를 잃게 한다.'고 하였다. 이 말씀은 허물됨이 심한 것임
을 잘 밝힌 것이다. 안으로 심지(心志)를 어둡게 하는 까닭에 스스로

의 수행을 방해하고, 밖으로 그 위의(威儀)를 잃게 하는 까닭에 교화하는 길을 방해한다. 오직 나와 남에게 이익이 없을 뿐 아니라 또한 다함이 없는 재앙과 허물을 초래한다.

*유전(儒傳): 心經附註 제2권 禮記3. <君子樂得其道章>
합환(合歡): 모여서 기쁨을 함께 나눔.
화도(化道): 가르치고 이끌어 좋은 방향으로 나아가게 하는 도.

由是儀狄獻之 而致疎於禹 羅漢飮之 而見呵於佛 夫禹之所以疎
儀狄 佛之所以責羅漢者 豈非以酒之爲害 當使人婬荒迷亂 至於滅
身敗道 亡國失位者乎 禮將有事於天地鬼神 必先數日齋然後 行一
日祭 齋者 不茹薰酒 專誠而致潔也 以誠不專潔不至則神不享矣 佛
之齋戒也 誠則長誠而無雜 潔則終身而不汙 若以數日比之 天地何
遠 旣知齋之爲是 何必數日而已哉 數日之外 無祭之時 其可放緩乎
此儒之所以與佛有間者也

이런 까닭에 의적(儀狄)은 술을 바치고 우 임금과 멀어지게 되고, 나한(羅漢)은 술을 마셨다가 부처님께 꾸중을 들었다. 우 임금이 의적을 멀리한 것과 부처님이 아라한을 꾸짖은 것은 술의 해로움이 마땅히 사람들로 하여금 음란하고 거칠고 어리석고 심난하게 하여 몸을 망치고 도(道)를 깨뜨리는데 이르고, 나라를 망하게 하고 직위를 잃게 하는데 어찌 아니라 하겠는가?

예로써 '장차 천지(天地) 귀신(鬼神)을 섬길 일이 있으면 반드시 먼저 여러 날을 재계한 이후에 하룻날에 제사를 지내야 한다.'고 하였다. 재(齋)에 오신채와 술을 마시는 것이 아니다. 정성을 오롯이 하고 지극히 정결하게 하는 것이다. 정성이 지극하지 않고 정결함이 지극하지 않으면 귀신(鬼神)은 흠향(歆享)하지 않는다. 불교는 재계(齋戒)를 한다.

정성(精誠)은 곧 오래도록 지성을 들여 잡(雜)됨이 없고, 정결(精潔)은 곧 몸을 마치도록 더럽히지 않은 것이다. 만약 유가(儒家)의 수일(數日)로 이를 비교할 것 같으면 하늘과 땅 차이로 멀다. 이미 재계(齋戒)하는 것이 옳다고 여긴다면 어찌 반드시 수일에 마치겠는가? 여러 날이 지나 제사가 없을 때에는 풀어져 느슨해도 된다는 것인가. 유가(儒家)에서 하는 것과 불가에서의 차이가 있다.

*의적(儀狄): 중국 옛 전설상의 인물. 하(夏)나라 때 처음으로 술을 만들었다. 우(禹)는 그 해로움을 걱정하여, 술을 끊었다고 한다.

훈주(薰酒): 훈채(마늘 달래 생강 부추 무릇 五辛菜)와 술

전성(專誠): 한결같이 진실하다. 정성을 다하여.

위시(爲是): 옳다고 여기다. ……인가 아니면 ……인가. ……하는 것이 옳다.

방완(放緩): 늦추다. 완만하다. 풀다.

5. 보시의 응보(應報)는 궁핍하다.

曰珍財 人之所賴以生 當用之有節畜而不費 以遺夫子孫 令不墜
其宗祀 不見其窮露 今浮圖 逃於四民之外 不事王事 亦已足矣 更
誇人以布施報應 令人盡持奉佛 而終至於飢寒窮露 豈非過歟

말하기를 "보배와 재물은 사람이 살아가면서 의지해야 하는 것이
다. 마땅히 쓰는 데 절약하고 저축하여 낭비함이 없어야 하며, 자손
에게 남겨 주어 종묘에 제사가 끊어지지 않게 하고, 그들에게 궁핍
함을 보여서는 안 된다. 지금의 불가는 사민(四民)의 밖으로 도망쳐
나라의 일과 왕을 섬기지 않는 것만으로도 또한 이미 충족한데, 다
시 보시의 보응(報應)으로 허풍을 떨어 모든 사람들로 하여금 부처
님을 받들게 하고 계를 지니게 하여, 끝내는 배고프고 춥고 궁핍함
에 이르게 한다. 어찌 허물이 아니겠는가?" 하였다.

曰珍財 長貪取禍之具也 布施 淸心致福之方也 儒傳豈不云乎 財
聚則民散 財散則民聚 佛之所以勸人行施者 非爲自利而然也 只要
令人 破除慳貪 以淨心田而已 佛誡比丘 三常不足 三不足者 衣食
睡眠 皆不足也 旣以此 誡其徒也 豈爲衣食於人 而勸之以施乎 若
以衣食爲心 則佛之敎 豈到今日 至於報應之說 則豈獨吾敎乎 易云
積善有餘慶 積惡有餘殃 又如洪範 人合乎皇極 則天應之以五福 違
則應之以六殛 此非報應歟 形存而其應已然 及其死也 形雖謝而神

存 善惡之應 豈不然乎 佛之言曰 假饒百千劫 所作業不亡 因緣會
遇時 果報還自受 豈欺人哉

　답한다. "보배와 재물은 오래도록 탐하는 것은 화를 부르는 도구
요. 보시는 마음을 청정하게 하고 복에 이르게 하는 방편이다." 유
가의 전적(傳籍)에 어찌 말하지 않았겠는가? '재물을 모으면 백성
이 흩어지고 재물을 풀면 백성이 모인다.'고 하였다. 불가에서 사람
들에게 보시를 행하게 한 까닭은 스스로를 이롭게 하기 위해서 그런
것이 아니다. 오로지 사람들로 하여금 아끼고 탐하는 마음을 타파해
없애고, 마음 밭을 깨끗하게 하기를 바라서일 뿐이다.

　부처님은 비구들에게 '항상 세 가지 것을 부족(不足)하게 하라고
훈계 하셨다.' 세 가지 부족이란, 의복, 음식, 수면 모두를 부족하게
하라는 것이다. 이미 이것으로 제자들에게 훈계하셨는데 어찌 사람
들에게 입고 먹기 위해 보시하라 권하겠는가. 만약 옷과 음식을 마
음에 두는 부처님의 가르침이라면 어찌 오늘에 이를 수 있었겠는가.
인과응보에 이르는 말이 어찌 유독 불교의 가르침에만 있다 하겠는가?

　주역(周易)에 말하기를 '선(善)을 쌓으면 남은 경사로움이 있고,
악(惡)을 쌓으면 남은 재앙(災殃)이 있다.'고 하였다. 또 저 홍범에
'사람이 황극에 합하면 하늘이 오복(五福)으로 응하고, 어기면 육극
(六極)으로 응한다.'고 하였다. 이는 보응이 아닌가? 형상이 있으므
로 그 응보가 이미 그러한 것이고, 죽음에 미쳐서는 형상은 비록 사
라지나 정신은 남는다. 선과 악(善惡)의 응보(應報)가 어찌 그러하
지 않다 하겠는가?

부처님이 말씀하시기를 "가사 백천 겁을 지나더라도 지은 업은 없어지지 않는다. 인연(因緣)이 모이고 만날 때면 과보도 되돌려 스스로 받는다."고 하셨다. 어찌 사람을 속이셨겠는가?

*사민(四民): 사(士)·농(農)·공(工)·상(商).

왕사(王事): 임금이 나라를 다스리는 일이나, 임금에 관한 일을 가리킨다.

전적(傳籍): <대학(大學), 전10장(傳十章)>.

과인(誇人): 허풍쟁이. 허풍선이.

역운(易云): <주역(周易), 곤괘(坤卦) 문언(文言)>.

홍범(洪範): <書經 周書 洪範>. 9개 조항의 큰 법이라는 뜻으로, 중국 하(夏)나라 우왕(禹王)이 남겼다는 정치 이념을 가리키는 유교 용어.

황극(皇極): 황제가 나라를 다스리는 표준이 될 만한 한쪽으로 치우치지 않는 바른 법.

오복(五福): 수(壽), 부(富), 강녕(康寧), 유호덕(攸好德), 고종명(考終命).

육극(六極): 흉단절(凶短折), 병(病), 우(憂), 빈(貧), 악(惡), 약(弱).

회우(會遇): 한데 모여 만남.

6. 영혼이 천당과 지옥의 과보를 감당한다는 것은 거짓이다.

日人之生也 陰以稟其質 陽以稟其氣 一陰一陽 配爲魂魄而成形 及其死也 魂昇魄降而就盡 夫人之所以有知覺者 以其心也 心也者 魂魄之合而一身之主也 其死也 與氣俱散 而更無有形神 尙留於寞漠之中 誰更受福受殃 今浮圖 忻之以天堂 怖之以地獄 令人致惑 天是蒼蒼 而所有者 日月星辰而已 地是土石 而所載者 人與萬物而已 謂之不亡者存而感天堂地獄者 豈非妄乎

말하기를, "사람은 태어난다. 음(陰)으로 그 질(質)을 받고, 양(陽)으로 그 기(氣)를 받아 하나의 음과 하나의 양이 짝으로 혼(魂)과 백(魄)이 되어 형상을 이룬다. 죽게 되면 혼은 오르고 백은 내려가 다하게 된다.

대저 사람에게 지각(知覺)이 있는 까닭은 마음을 쓰기 때문이다. 마음이란 혼백(魂魄)이 합친 한 몸의 주인이다. 그가 죽으면 기와 함께 흩어진다. 다시는 형상과 정신이 있지 않는다. 오히려 어둡고 막막한 가운데 머무는데 누가 다시 복을 받고 재앙을 받는다고 하는가? 지금의 불제자는 기쁘게 하는 것에 천당을 쓰고 두렵게 하는 것으로 지옥을 써서 사람들로 하여금 지극히 미혹하게 한다.

하늘은 푸르고 푸르러 있는 것이라고는 해와 달과 별뿐이고, 땅은 흙과 돌로 실린 것은 사람과 만물뿐이다. '없어지지 않는 것이 있어서 천당과 지옥의 과보를 감당(堪當)한다.' 하니 어찌 거짓이 아니겠는가?” 하였다.

曰陰陽 固人之所賴以生者也 陰陽合而受生 陰陽散而就死 若固
有之眞明則不隨形生 不隨形謝 雖千變萬化 而湛然獨存也 夫心有
二 曰堅實心 曰肉團心 肉團心者 魂魄之精也 堅實心者 眞明之謂
也 今所謂心者 眞明也非肉團也 夫心者 身之主也 形者 心之使也
善惡等事 心君命之 形臣作之至於報應 生則君臣等受 死則形臣已
謝 而心君獨受 詩云文王陟降 在帝左右 陟降之者 豈非在天之靈乎

답한다. 음양(陰陽)은 진실로 사람이 힘입어 태어나는 것이다. 음양(陰陽)이 합하면 태어남을 받고, 음양(陰陽)이 흩어지면 죽음에 이르지만, 마치 원래부터 있었던 진명(眞明)은 형상을 따라 생겨나지도 않고 형상을 따라 사라지지도 않는다. 비록 천 번 변하고 만 번 바뀌어도 담연(湛然)히 홀로 존재한다.

대저 마음에 둘이 있으니, ‘견실심(堅實心)’과 ‘육단심(肉團心)’이다. 육단심(肉團心)은 혼백의 정(精)이요. 견실심(堅實心)을 ‘진명(眞明)’이라 말한다. 지금 말한 마음이라는 것은 ‘진명(眞明)’이다. 육단(肉團)이 아니다.

대저 마음은 몸의 주인이다. 몸은 마음이 부리는 것이다. 선악(善惡) 등의 일을 마음인 군주가 명령을 하면, 몸인 신하가 그 일을 하고 응보를 받는데 이른다. 살아서는 임금과 신하가 동등하게 받지만, 죽어서는 몸인 신하와 이미 이별하였으므로 마음인 군주가 홀로 받게 된다.

시경(詩經)에 이르기를 '문왕(文王)이 오르고 내릴 적에 상제(上帝)의 좌우에 있었다.'고 하였다. 오르고 내리는 자가 어찌 하늘에 있는 영혼이 아니겠는가!

*소뢰(所賴): 남의 덕을 입음.

척강(陟降): 오르내리다.

시경(詩經): 대아(大牙) 문왕편(文王篇).

昔有秀才曰 王淮之 自小不信佛法 一日死而復蘇曰 向者自謂形神俱滅 今始知佛之所謂形謝而神存 信不誣矣 又宋人李源 與僧圓澤交 相約世世無相棄 一日同遊 澤見夫人之汲者曰 此婦姓王氏 吾當爲其子 十二年後 杭州天竺寺外 須公相見 以明交義 至暮澤果死 源果十二年 赴其約 聞葛洪川畔 有牧童扣牛角而歌曰 三生石上舊精魂 賞月吟風不要論 慚愧情人遠相訪 此身雖異性長存 及相見曰 李公眞信士也 而又歌曰 身前身後事茫茫 欲話因緣恐斷腸 吳越山川尋已徧 却回煙棹上瞿塘

옛날에 수재라고 말하는 왕회지(王淮之)가 있었다. 어려서부터 불법을 믿지 않았는데 하루는 죽었다가 다시 살아나서 말하였다. '종전에는 스스로 몸과 정신이 함께 없어진다고 말하였는데, 오늘에야 비로소 부처님께서 말씀하신 형상은 사라져도 정신이 남아 있다는 것을 알았다. 잘못되지 않았음을 믿는다.'고 하였다.

　또 송나라 사람 이원(李源)은 원택 스님과 교류하면서 서로 약속하기를 '세세생생 서로 버리지 말자.'고 하였다. 하루는 함께 놀다가 원택 스님이 부인이 물을 긷는 것을 보고 말하였다. '저 부인의 성은 왕씨(王氏)이다. 내가 마땅히 저의 아들이 될 것이다. 십이 년 후에 항주(杭州) 천축사(天竺寺) 밖에서 모름지기 공과 서로 보고 사귈 뜻을 밝히겠다.'고 하였다. 저녁에 이르러 원택 스님은 죽었다. 이원(李源)이 십이 년이 지나 그가 약속한 곳에 다다르니 갈홍천(葛洪川) 변에서 목동이 소뿔을 두드리며 노래하는 소리가 들렸다.

　　삼생석(三生石) 위의 옛 영혼으로
　　달을 감상하고 풍월을 읊던 일을 논하고자 하는 것이 아니라
　　정든 사람을 멀리서 찾아오니 참으로 부끄러움에
　　이 몸이 비록 다르지만 성품은 오래도록 있음이로다.

　서로 보고서는 말하기를 '이공(李公)은 진실한 선비입니다.' 하면서 또 노래를 했다.

　　전신(前身)과 후신(後身)의 일들은 아득하나
　　인연(因緣)을 이야기 하려니 창자가 끊어질까 두렵네.
　　오월(吳越)의 산천(山川)을 찾아 이미 두루 했으니
　　안개 낀 뱃머리를 돌려 구당(瞿塘)으로 오른다.

*왕회지(王淮之): 송(宋)나라. 자는 원증(元曾)이며, 낭야(琅琊) 사람이다. 법원 주림, 79권에 나온다.

부소(復蘇): 재생(하다). 회복(하다). 소생(하다).

향자(向者): 이전. 종전. 그전

삼생석(三生石): 이야기는 소식(蘇軾)의 《승원택전(僧圓澤傳)》에 나오는데, 여기에서 '삼생유행'이 나왔다. 두 사람이 만났다는 삼생석(三生石)은 항주 천축사에 있다. 불가에서 말하는 삼생은 전생(前生), 금생(今生), 내생(來生)이다.

정혼(精魂): 죽은 사람의 영혼.

참괴(慚愧): 부끄럽다. 송구스럽다. 면구스럽다.

신사(信士): 성실한 사람. 신용을 지키는 사람.

망망(茫茫): 망망하다. 아득하다. 한없이 넓다.

오월(吳越): 춘추 전국 시대, 중국에 있었던 오나라와 월나라.

구당(瞿塘): 구당협(瞿塘峽). 중국 장강(長江) 상류에 있는 협곡(峽谷).

至如羊祜爲李氏之子 王子爲蔡氏之孫 余曾觀此傳 爲羊李頌云 羊李只一人 往復非異環 誰知七歲子 滅已五年還 爲王蔡頌云 昔日 王家子 今爲蔡氏孫 不因一點墨 同異議紛紜 觀此數事 則足知靈明 之不隨形變也 謂之人死 而形神俱滅 豈非昧乎 至於天獄 則非是實 然固有 乃人之業感 自然如是也

양호(羊祜)는 이씨의 아들이 되고, 왕씨의 아들이 채씨의 손자가 되는 것과 같다. 내가 일찍이 이 전기(傳記)를 보고 양씨와 이씨를 위해 시를 지었다.

양씨와 이씨는 오로지 한 사람이다
가고 오는 것이 다른 길이 아니다.
누가 알겠는가. 칠세 아이가
죽은 지 오 년 만에 돌아올 줄을

왕씨와 채씨를 위해 시를 지었다.

옛날에 왕가(王家)의 아들이
오늘은 채씨의 손자가 되었다.
한 점의 글자가 아니었다면
같다 다르다 의논이 어지러웠을 것이다.

이러한 여러 일들을 살펴보면 신령하게 밝음(靈明)은 형상을 따라 변하지 않음을 족히 알 수 있다. '사람이 죽으면 형상과 정신이 함께 없어진다.'고 말한 것이 어찌 우매하지 않은가? 천당과 지옥에 이르는 것은 실제로 본래부터 지니고 있는 것이 아니다. 사람들의 업감(業感)으로 스스로 그러함이 이와 같은 것이다.

*양호(羊祜): 진서(晉書) 34, 양호전(羊祜傳).

우매(愚昧): 어리석고 사리에 어두움.

실연(實然): 실제 상황.

고유(固有): 어느 사물에만 특별히 있거나 본래부터 지니고 있음.

孔子嘗曰 吾不復夢見周公久矣 蓋夢者 人之神游 非形之使然也
夫子之所以夢與周公見者 蓋平日心存周公之道 專而行之故 其精
神自然相感而然也 人亦如是 日於善惡 爲之旣專 則善者夢見其榮
惡者夢見其辱 所以然者 善者亹亹然 惟義是從 惡者悻悻然 惟利是
求 善者惟義是從故 事事而適宜 惡者惟利是求故 事事而違義 善者
事事而適宜故 人必善之 惡者事事而違義故 人必惡之 善者人善之
故 自達於上 而加之以爵祿 惡者人惡之故 自達於上 而加之以刑罰

공자가 일찍이 말했다. '내가 꿈에 다시 주공을 오래도록 보지 못
했다.'라고 하였다.

대개 꿈은 사람의 정신이 노니는 것이지 육신이 부리는 것은 아니
다. 공자가 꿈에 주공을 본 것은 평소에 마음을 주공의 도(道)에 두
고 오로지 행했기 때문에 그의 정신이 자연히 서로 감응하여 그러한
것이다.

사람들도 또한 이와 같다. 선악(善惡)을 날마다 오롯이 하면, 선한
이는 꿈에 영화로움을 보고, 악한 이는 꿈에 치욕(恥辱)을 보게 된
다. 그러한 까닭은 선한 이는 부지런히 오직 의(義)를 따르기 때문이
요, 악한 이는 탐하고 아끼는 것으로 오직 이익만을 구하기 때문이
다. 선한 이는 오직 의(義)를 따르기 때문에 하는 일마다 옳고 적합
하며, 악한 이는 오직 이익만을 구하는 까닭에 하는 일마다 의(義)에
어긋난다. 선한 이는 하는 일마다 옳고 적합한 까닭에 사람들이 반
드시 그를 좋게 여기고, 악한 이는 하는 일마다 의롭지 못한 까닭에
사람들이 반드시 그를 싫어한다.

선(善)한 이는 사람들이 그를 좋게 여기는 까닭에 윗자리에 오를수록 작록(爵祿)이 더해지고, 악(惡)한 이는 사람들이 싫어하는 까닭에 윗자리에 오를수록 형벌이 더해진다.

*미미(亹亹): 근면(勤勉)하며 지칠 줄 모르는 모양.

모모연(悖悖然): 탐하고 아끼는 모양.

작록(爵祿): 관작과 봉록을 아울러 이르는 말.

由是善者與與忻致其榮 惡者錯愕謀避其殃 善惡之習 忻厭之情 蘊在情神故 其於夢也 亦見榮見辱 其神往而不返 則便是來生 此善者之所以感天堂 惡者之所以感地獄者也 天堂地獄 設使無者 人之聞者 慕天堂而趨善 厭地獄而沮惡 則天獄之說之於化民 利莫大焉 果其有者 善者必昇天堂 惡者必陷地獄故 使之聞之 則善者自勉而當享天宮 惡者自止而免入地獄 何必斥於天獄之說 而以爲妄耶

이런 선함으로 말미암아 함께 기뻐하는 영광이 지극하고, 악한 이는 뜻밖의 일로 깜짝 놀라며 그 재앙을 피하려고 꾀한다. 선하고 악한 습관과 기뻐하고 싫어하는 정은 정신에 쌓여 있는 까닭에 꿈을 꾸게 된다. 또 영광스러움을 보고 치욕스러움을 보게 된다. 그 정신이 가서 돌아오지 않으면 곧 문득 내생이다. 이는 선한 이는 천당을 느낄 것이요. 악한 이는 지옥(地獄)을 느낄 것이다.

천당(天堂)과 지옥(地獄)이 설사 없다 할지라도 사람들이 들으면 천당(天堂)을 바라며 선(善)으로 달려가고, 지옥(地獄)을 싫어해 악(惡)을 그칠 것이다. 곧 천당과 지옥을 설하여 민중을 교화하는 것만으로도 그 이익이 막대할 것이다. 과보(果報)가 있다는 것이다. 선한 이는 반드시 천당에 오르고, 악한 이는 반드시 지옥에 떨어지는 까닭이다. 이를 듣는 이로 하여금 선한 이는 스스로 힘써서 천궁(天宮)에 머물 것이고, 악한 이는 스스로 그쳐서 지옥에 들어가는 것을 면할 것이다. 어찌 반드시 천당(天堂)과 지옥(地獄) 이야기를 배척(排斥)하며 허망하다고만 하겠는가?

　*여여(與與): 함께하다.

　착악(錯愕): 뜻밖의 일로 놀람.

7. 화장하는 허물이 하늘에 가득하다.

曰夫送死 人間世之大事者也 故丁父母之喪者 不可不以爲重也
聖人垂厚葬追遠之訓 所以示其重也 所以令厚葬者 如木根深則枝
葉扶踈而實多 根淺則枝葉夭關而無實 夫父母之於子也 如木之於
實也 子之於父母 猶實之於木也 故云父之傳於子 猶木之傳於實也
由是遇其喪者 要須擇其地得其宜 深其穴厚其葬 茂其林貯其水 令
陰深而畜氣 土厚而不澆 致令子孫繁衍 而厥祀綿綿 今浮圖 不顧此
理而妄設火化之法 令人無後而絶嗣 豈非過也 況方其火化之際 人
子之心其可忍視乎 以是惑人 過犯漫天

말하기를, "대저 죽은 이를 보내는 일은 인간 세상의 큰일이다. 까
닭에 부모의 상을 당하면 어쩔 수 없는 중한 일이 된다. 성인께서 후
하게 장례를 지내고 추모하기를 오래도록 하라고 가르치시는 것은
중함을 보이신 것이다.

후하게 장례를 지내라고 하는 것은, 나무의 뿌리가 깊으면 가지와
잎이 무성하여 열매가 많고, 뿌리가 얕으면 가지와 잎이 일찍 떨어
져 열매가 없는 것과 같다. 부모에게 자식은 나무의 열매와 같고, 자
식에게 부모는 열매를 맺는 나무와 같다. 까닭에 '아버지가 아들에
게 전하는 것은 나무가 열매에게 전하는 것과 같다.'고 말씀하신 것
이다.

이런 까닭에 상(喪)을 당하게 되면 모름지기 땅을 고르고 마땅한
곳을 얻어서, 웅덩이를 깊이 파서 두텁게 장사를 지낸다. 숲을 무성

하게 하고 물을 저장하는 것은 음(陰)이 깊어져 기가 쌓이게 하는 것이며, 땅을 두텁게 하여 물이 스며들지 않게 하는 것은 자손들로 하여금 번창하여 제사가 끊이지 않고 이어 나아가게 하는 데 이르게 하는 것이다.

지금의 절에서는 이러한 이치를 돌아보지 않고 망령되이 화장하는 법을 설하여 사람들로 하여금 후손이 끊어지고 제사가 없어지게 하니, 어찌 허물이 아니겠는가? 하물며 바야흐로 화장해 마칠 때에 사람의 자식 된 마음으로 참아 볼 수 있겠는가? 이는 사람을 현혹한 허물이 하늘에 가득 찼다 할 것이다." 하였다.

*후장(厚葬): 정성스럽고 성대하게 장례를 치름. 정중한 장례.

부소(扶疎): 나무의 가지와 잎이 무성함(우거짐).

요알(夭閼): 어린 생명이 제명을 다하지 못한 채 죽임을 당함.

번연(繁衍): 많이 퍼지다. 번영하다. 번성하여 뻗어 나가다.

과범(過犯): 과실. 죄를 범하다. 잘못.

만천(漫天): 온 하늘에 가득 차다. 무한정이다. 끝없다. 엄청나다.

화화(火化): 불로 익히다. 화장(火葬)(하다). 태우다.

日夫人者 有形焉 有神焉 形比則如屋 神比則如主 形謝而其神往焉 猶屋倒而主不得住焉 夫屋也 成以土木嚴以雜穢 人以爲己有 貪湎其中而不知其陋也 雖見其倒 未能頓忘 而不能遠去也 夫身也 水土以搆其形 火風以持其質 中含雜穢 不淨流溢 人之護之 甚於金玉

何嘗有厭離之情也 及其死也 火風先去 而地水猶存 其爲地水 前所
愛護故 不能頓忘而隨往無碍也 智者焚其地水 而指其往生之路 其
神更無稽滯之情 即同膠葛而淸昇也

　답한다. 대저 사람에게는 형상이 있고 정신이 있다. 형상을 비유
하자면 집과 같고, 정신을 비유하자면 주인과 같다. 형상이 사라지
면 정신이 떠나간 것은 마치 집이 무너지면 주인이 머물 수 없는 것
과 같다. 집은 흙과 나무로 이루고 잡되고 더러운 것으로 장엄했다.
사람들은 자기를 위해 있는 것으로 여기고 이를 탐하고 그 가운데
빠져 더러움을 알지 못한다. 비록 무너지는 것을 보더라도 능히 몰
록 잊지 못하고 능히 멀리 떠나지도 못한다.

　대저 몸은 물과 흙으로 그 형상(形)을 구성하고 불과 바람이 바탕
(質)을 유지한다. 그 가운데 온갖 잡되고 더러운 것을 담아 깨끗하지
못한 것이 흘러넘친다. 사람들은 이를 보호하기를 금과 옥보다 심하
게 여긴다. 어떻게 일찍이 싫어하며 버리려는 뜻이 있었겠는가?

　죽음에 이르러서는 불과 바람이 먼저 가고 흙과 물이 오히려 남아
있다. 흙과 물이 되었어도 이전에 사랑하고 보호했던 것이라 능히
몰록 잊고 걸림 없이 따라가지 못한다. 지혜로운 사람이 그 흙과 물
을 태워서 왕생(往生)하는 길을 가리키면 그 정신이 다시 머뭇거리
는 생각 없이 곧 교갈(膠葛)과 같이 맑게 올라간다.

*유일(流溢): 흘러넘치다.

수왕(隨往): 수행하다. 선물을 가지고 교제하다. 따라가다.

계체(稽滯): 일이 밀려 늦어짐.

교갈(膠葛): 넓고 큰 모양이다. 광대(廣大)함.

由是吾佛世尊 丁父之喪 躬自執爐 四天擧棺 羅漢採薪而闍維 令
其父之神 清昇而生天 黃蘗運公之度母也 陳懷白佛 隔江擲炬 其母
於火焰中 化爲男子身 乘大光明 上昇天宮 兩岸皆見 咸以爲奇 江
名福川 官司改福川爲大義渡 以是觀之 則火化之法 令人去穢而就
淨 神清而遐擧 堪爲薦往之助道 垂世之洪規 若以火化爲不忍 方其
穴土而埋之 其可忍也

이로 말미암아 우리 불세존께서는 아버지의 상(喪)을 당하자 몸소
스스로 향로를 들으셨고, 사천왕(四天王)이 관을 들고, 아라한(阿羅
漢)들이 나무를 모아 화장하여, 아버지의 정신으로 하여금 맑게 올
라 하늘에 태어나게 하셨다.

황벽 희운(黃蘗 希運) 스님은 어머니를 천도할 적에 마음에 품은
뜻을 부처님 전에 고하고 강을 사이에 두고 횃불을 던졌다. 불꽃 가
운데 어머님이 변화하여 남자의 몸이 되어 큰 광명을 타고 하늘 궁
전에 올랐다. 양쪽 언덕에서 모두 보고 다 함께 기이하게 여겼다. 강
이름이 복천(福川)이었는데 관청에서 복천(福川)을 고쳐 대의도(大
義渡)라 하였다.

이로써 그것을 살펴보면 화장하는 법은 사람들로 하여금 더러운
것을 없애고 깨끗한 곳에 나아가게 하는 것이며, 정신을 맑게 하여

멀리 오르게 하는 것이며, 감내함으로 천도 왕생함을 돕는 길이며, 세상을 거두는 넓은 규범이다. 만약 화장하는 것은 차마 못할 짓이라면 사각의 흙구덩이를 파고 묻는 것은 차마 할 수 있는 것인가.

*채신(採薪): 나무를 하다. 땔감을 하다.

사유(闍維): 불에 태운다는 뜻으로, 죽은 이의 시신을 불에 태워 그 유골을 거두는 불교의 장례 방법.

불세존(佛世尊): 불설정반왕반열반경(佛說淨飯王般涅槃經).

황벽희운(黃檗希運, ?년~850년): 시호 단제(斷際). 황벽(黃檗) 단제 선사(斷際禪師)로 알려졌다. 배휴(裴休)가 집대성한 《황벽산단제선사 전심법요(傳心法要)》(1권)를 남아 있다.

화화(火化): 화장(火葬)(하다). 태우다.

今有大山之麓 大野之原 多有古墳 盡爲農者之所耕 頭骨星散 日曝風飄 無人顧護 其初莫不立石栽松以嚴其地 以圖子孫之繁衍 厥祀之綿綿 今何至此乎 但生前五蘊皆空 六根淸淨 一念無生者 則雖寓形宇內 而常棲神於物表故 澄澄合空 湛湛如水 猶以有身爲幻也 由是及其化也 如決去垢 如解懸脫枷 如鳥出籠 如馬出閑 洋洋乎于于乎 逍遙自適也 去留無碍也 其於地水 安有稽滯之情哉 此人分上 沈之可也 露之可也 鑿石而藏之 穴土而坑之 以至爲野火之所燒 蟲蟻之所食 無所施而不可也

지금 큰 산의 기슭과 넓은 들의 평원에 많은 고분(古墳)이 있었으나 모두 농부의 경작지가 되었고, 두개골은 별처럼 흩어져 햇볕에 쪼이고 바람에 휘날려도 돌아보고 보호하는 사람 없다. 처음에는 비석을 세우고 소나무를 심어 그 땅을 장엄하며 자식이 번창하고 제사가 이어지기를 도모하였지만, 지금은 어찌하여 이 지경에 이르렀는가.

다만 살아생전 오온이 모두 공(空)하고 육근(六根)이 청정하여 한 생각도 생기지 않는 자는 곧 비록 형상은 집 안에 머물러 있지만, 정신은 만물 밖에 항상 깃든다. 까닭에 맑고 맑아 공(空)에 합하고, 담담하기가 물과 같아서 오히려 몸을 허깨비로 여긴다.

이로 말미암아 그가 천화(遷化)하는 것이 더러운 때를 제거하는 것 같고, 매달렸던 것을 풀고 형틀을 벗어나는 것 같고, 새가 새장을 벗어난 것 같고, 말이 울타리를 벗어난 것 같아 한없이 자유롭게 소요하며 만족해하고 가고 오는 데 장애가 없다.

땅과 물에 어찌 머뭇거리는 정이 있겠는가. 이 사람의 분상은 물에 가라앉히어도 옳고, 이슬에 드러내 놓아도 옳고, 돌을 뚫어 장사 지내도 옳고, 흙을 파고 구덩이에 묻어도 옳고, 들불로 태우거나 벌레와 개미의 먹이가 되어도 옳고, 시행하는 것마다 옳지 않음이 없을 것이다.

*결거(決去): 말미를 청하여 떠나감.

양양(洋洋): 가득하다. 망망하다. 풍부하다. 끝없이 넓다.

우우(于于): 어슬렁어슬렁 걷는 모양. 자족(自足)하는 모양.

계체(稽滯): 머뭇거리어 늦어지거나 늦어지게 함.

충의(蟲蟻): 벌레와 개미.

시행(施行): 어떤 제도나 법령의 효력을 현실적으로 발생시키는 일.

故達磨葬於熊耳 六祖全身留世 普化搖鈴騰去 清凉命飴林獸 此
皆達人遺世之高蹤 忘我之勝迹者也 自餘則未能忘形無我故 須經
火化然後其神清昇而無滯也 有人客死他鄕 收其骨而火之 而其後
德望高於世 寵望歸於己 子孫振振而厥祀綿綿 謂之火化而利不及
後者 私憂過計之甚也 毌以無稽之談 枉招冥龜之報

까닭에 달마(達磨)는 웅이산(熊耳山)에 장사 지냈고, 육조(六祖)
혜능(慧能)은 전신을 세간에 두었다. 보화(普化)는 요령을 흔들며
하늘로 올랐고, 청량(清凉)은 '숲속 짐승이 먹게 하라.'고 하였다. 이
모두 달인(達人)들이 세상에 남긴 드높은 행적이며, 자아를 잊은 수
승한 자취이다. 이로부터 나머지는 곧 능히 형상을 잊고 자아를 없
애지 못한 까닭에 화장을 지낸 이후에야 그 정신이 맑게 올라 걸림
이 없는 것이다.

어떤 사람이 타향에서 객사를 하였기에 그 뼈를 거두어 화장해 주
었다. 그런 이후에 덕망(德望)이 세상에 높아졌고 총망함이 그에게
로 돌아와 자손이 창성(昌盛)하고 그의 제사가 연이어졌다. '화장을
함으로 이익이 후대에 미치지 못한다.'고 말한 것은 사사로운 걱정
과 지나친 꾀가 깊은 것이다. 생각 없는 말로 자못 명구(冥龜)의 과
보를 초래하지 말 것이다.

*보화(普化, ?년~860년): 당대(唐代) 선종의 승려. 보화종(普化宗)의 개조(開祖). 종을 흔들며 여러 지방을 다니며 수행하고 중생을 교화했다.

청량(清凉) 국사 징관(澄觀, 738년~839년): 성씨는 하후(夏侯), 자는 대휴(大休), 시호는 청량이며, 지금의 중국 절강성 소흥현 출신이다.

진진(振振): 마음이 인후한 모양, 성대한 모양, 신의심이 두터운 모양.

무계(無稽): 황당무계하다. 근거가 없다. 터무니없다.

자여(自餘): 모자람이 없이 넉넉하여 저절로 남음.

명구(冥龜): 눈먼 거북이.

과계(過計): 어떤 일을 이루기 위해 마련한 꾀나 방법이 잘못됨.

웅이산(熊耳山): 허난(河南) 협현(陝县) 이촌향(李村乡)에 있는 웅이산(熊耳山).

8. 전생 현생 내생을 말하는 것은 사람들을 속이는 일이다.

曰人之生死 即人之始終也 故孔子只言生死而未嘗言其前後也 今浮圖言其前後而并其死生之間 謂之三世 夫生前死後 非耳目之所接 孰親視之乎 以之惑人 豈非誕也

말하기를, 사람의 나고 죽는 것은 곧 사람의 시작과 끝이다. 까닭에 공자께서는 다만 나고 죽는 것만을 말씀하셨지 일찍이 그 전후를 말씀하시지 않으셨다.

지금의 절에서는 그 전후를 말하고 아울러 태어나고 죽는 사이에 삼세(三世)를 말한다. 대저 태어나기 전과 죽은 이후를 귀와 눈으로 접할 것이 없는데 누가 친히 보았겠는가. 이는 사람들을 현혹하는 것이니 어찌 속이는 것이 아니라 하겠는가? 하였다.

曰人之生死 猶晝夜之代謝 旣有代謝則自成前後 晝則以去夜爲前 來夜爲後 夜則以去日爲前 來日爲後 并其晝夜 自成三際 晝夜旣尒 歲月亦然 歲月旣尒 生死亦然 已往之無始 未來之無窮 亦由是而可知也 易云彰往察來 明失得之報 往來之言 豈非所謂前後乎 以三世之說爲誕者 未之思也

답한다. 사람이 나고 죽는 것은 낮과 밤의 변화와 같은 것이다. 이미 변화가 있으면 곧 자연히 전후(前後)를 이룬다. 낮은 곧 지난밤으로 앞을 삼고 오는 밤으로 뒤를 삼는다. 밤은 곧 지난 낮으로 앞을 삼고 오는 낮으로 뒤를 삼는다. 아울러 낮과 밤이 자연스럽게 삼제(三際)를 이루었다. 낮과 밤이 이미 그러하니 세월 또한 그러하고, 세월이 이미 그러하니 생사(生死) 또한 그러하다. 과거는 비롯함이 없고 미래도 다함이 없으니 또한 이로 말미암아 잘 알 수 있다.

주역(周易)에 말하기를 '과거를 밝히고 미래를 살펴 득실(得失)의 과보를 밝힌다.' 했다. 왕래(往來)한다는 말이 어찌 전후(前後)를 말한 것이 아니라 하겠는가. 삼세를 이야기하는 것으로 속임을 삼다는 것은 잘못된 생각이다.

*대사(代謝): 생물체 안에서 일어나는 모든 물질의 변화를 통틀어 이르는 말.

삼제(三際): 과거, 현재, 미래를 아울러 이르는 말.

이왕(已往): 이전. 과거. 이미 정해진 사실로 어쩔 수 없게 된 바에.

주역운(周易云): 주역(周易), 계사하전(繫辭下傳).

창왕찰래(彰往察來): 과거의 일을 분명히 밝혀서 장래의 득실을 살피다.

9. 불법은 오랑캐 도(道)이다.

曰天下之可遵者 五帝三王之道而已 故孔聖祖述 而羣賢相傳 載
諸方策而列國皆遵 此道可求之於中國 不可求之於夷狄也 佛西夷
之人也 豈以其道流行於中國也 漢明帝 求其法於西域昧也非明也

물어 말하기를, 천하가 따르는 것은 오제(五帝) 삼왕(三王)의 도
(道)뿐이다. 까닭에 공자께서 성조(聖祖)라 기술하시고 많은 현인들
에게 서로 전하여 제방의 책에 실려서 열국(列國)이 다 따른다. 이러
한 도(道)는 중국(中國)에서 구해야 옳은 것이지 오랑캐에게 구하는
것은 옳지 않다. 부처님은 서쪽 오랑캐 사람이다. 어찌 그의 도(道)
를 중국에 유행시키겠는가? 한(漢)나라 명제(明帝)가 그 법을 서역
에서 구한 것은 우매한 것이다. '현명하지 못하다.' 하였다.

曰道之所存 是人之所歸也 五帝三王 旣道之所存故 爲人之所歸
而王於華夏也 佛之興天竺 而爲法輪王 亦復如是 華夏之指天竺爲
西 猶天竺之指華夏爲東也 若取天下之大中 則當午無影爲中 天竺
乃尒 佛之所以示生於彼者 豈非以其天下之大中也 所謂東西者 蓋
彼此時俗之相稱尒 非占其中而定其東西也 苟以佛爲夷而不遵其道
則舜生於東夷 文王生於西夷 可夷其人而不遵其道乎 所出迹也 所
行道也 但觀其道之可遵不可遵也 不可拘其所出之迹也 前不云乎
道之所存 是人之所歸也 春秋以徐伐莒而夷狄之 狄人與齊人 盟于
邢而中國之 夫徐以中國而受夷狄之名 以其不義也 狄人受中國之

稱 以其有義也

답한다. 도(道)가 있는 곳이 사람들이 귀의할 곳이다. 오제(五帝) 삼왕(三王)도 이미 도(道)가 있었기 때문에 사람들의 귀의처가 되어 중국(華夏)의 왕이 된 것이다.

불법을 천축에서 일으켜 법륜왕(法輪王)이 되신 것 또한 이와 같다. 화하(華夏)에서 천축(天竺)을 가리켜 서쪽이라 한다. 마치 천축에서 화하(華夏)를 가리켜 동쪽이라 하는 것과 같다.

만약 천하에서 가장 큰 중심을 말한다면 정오가 되어서 그림자가 없는 곳이 중심이 될 것이다. 천축(天竺)이 그곳이다. 부처님이 저곳에서 태어나심을 보이신 곳인데 어찌 그곳이 천하에서 가장 큰 중심이라고 하지 않겠는가? 동, 서를 말하는 것은 다 저곳과 이곳의 세시풍속으로 서로 그렇게 부른 것이다. 그 가운데를 점찍어 동, 서를 정한 것은 아니다.

참으로 부처님이 오랑캐이어서 그의 도(道)를 따르지 않는다고 한다면, 순(舜) 임금은 동쪽 오랑캐로 태어났고, 문왕(文王)은 서쪽 오랑캐로 태어났다. 참으로 그 사람이 오랑캐이어서 그의 도(道)를 따르지 않겠다는 것인가. 태어난 것은 자취이요. 행하는 것은 도(道)이다. 다만 그의 도(道)를 따르는 것이 옳은가 따르는 것이 옳지 않은가를 관할 것이지, 그가 태어난 자취로 구속하는 것은 옳지 않다.

앞에 말하지 않았던가. '도(道)가 있는 곳이 사람들이 귀의하는 곳이다.'라고. 춘추(春秋)에서는 서(徐)나라가 거(莒)나라를 정벌하자 오랑캐라 하였다. 북방사람[狄人]이 제나라 사람과 함께 형(邢)나라

298

에서 맹약을 맺고 중국(中國)이라 하였다. 저 서(徐)나라가 중국인데도 오랑캐라는 이름을 받은 것은 의(義)롭지 못했기 때문이고, 북방사람(狄人)을 중국(中國)이라고 부름을 받는 것은 의(義)가 있어서이다.

*오제(五帝): 황제·전욱·제곡(帝嚳)·요(堯)·순(舜).

삼왕(三王): 하(夏)의 우왕(禹王). 상(商)의 탕왕(湯王). 주(周)의 문왕(文王).

공성(孔聖): 공자를 성인으로 여겨 이르는 말.

성조(聖祖): 거룩한 조상.

조술(祖述): 선인의 주장이나 학설을 본받아 서술함.

화하(華夏): 중국을 달리 이르는 말.

시속(時俗): 당시에 일반적으로 행해지는 풍속.

이적(夷狄): 동방(東方)의 오랑캐와 북방(北方)의 오랑캐.

춘추(春秋): 춘추좌씨전(春秋左氏傳).

적인(狄人): 중국에서, 한인이 북쪽 변방의 이민족을 이르던 말.

凡於襃貶之間 但觀人之明昧 事之當否 豈以其所出 而議其人乎 如不求其迹 而求其所行之道 則但五戒十善之道 可無愧於五帝三王之道矣 況諦緣六度等法乎 若使五帝三王遇之 則必合掌跪膝而聽受矣 明帝之求 不其宜乎

무릇 과장하고 폄하(貶下)할 때에는 다만 사람의 현명함과 우매함과 일의 합당함과 부당함을 볼 것이지, 어찌 그가 태어난 곳으로 그 사람을 논의하는가? 그의 행적을 책망하지 않고 행한 도(道)를 찾을 것 같으면, 다만 오계(五戒)와 십선(十善)의 도(道)만으로도 오제(五帝) 삼왕(三王)의 도(道)에 부끄러울 것이 없다. 하물며 사제(四諦) 십이인연(十二因緣) 육바라밀(六波羅密) 등의 법이겠는가?

　만약 오제(五帝) 삼왕(三王)으로 하여금 이 가르침을 만나게 하였다면 반드시 합장하고 무릎 꿇고 가르침 받았을 것이다. 한나라 명제(明帝)가 불법을 구한 것이 마땅하지 않는가?

*포폄(襃貶): 높이거나 낮춰 말함. 포장(襃獎) 폄하(貶下).

청수(聽受 : 들어주다.

10. 불법은 재앙을 부른다.

曰自佛法入中國以來 世漸澆漓 飢饉荐臻 民多失所 爲癘日甚 其
爲害也不亦大哉

    말하기를. 불법이 중국에 들어옴으로부터 세상은 점점 야박해지
고 기근(飢饉)이 거듭되어 백성들은 다분히 살 곳을 잃고 전염병은
날로 심해졌다. 그 해됨이 또한 크지 아니한가? 하였다.

曰堯舜禹湯 以天下之大聖 而尙未免水旱之災 桀紂幽厲 以天下
之人主而未免爲獨夫 周衰而人民已匱 秦作而天下大亂 以孔子之
大聖 而未免於絶粮 顏回之亞聖 而未免於夭折 原憲之大賢 而未免
於家貧 此亦以佛而然歟 佛興天竺 正當周昭

    답한다. 요(堯), 순(舜), 우(禹), 탕(湯) 임금은 천하의 대 성인이나
오히려 수재(水災)와 가뭄을(旱災) 면하지 못했고, 걸(桀), 주(紂),
유(幽), 려(厲) 왕은 천하 사람들의 주인이었으나 독부(獨夫)가 되는
것을 면하지 못했다.
    주(周)나라가 쇠약해지니 인민이 이미 궁핍해지고, 진(秦)나라가
되어서는 천하가 크게 혼란해졌다. 공자는 대 성인이었으면서 식량
이 떨어지는 것은 면하지 못했고, 안회(顏回)는 아성(亞聖)으로 요
절(夭折)을 면하지 못했으며, 원헌(原憲)은 큰 현인(賢人)으로 집안

이 가난함을 면하지 못하였다. 이 또한 불법이 그렇게 한 것인가. 불교는 천축(天竺)에서 일어났다. 바로 주(周)나라 소왕(昭王) 대에 해당한다.

*요리(澆漓): 경박하다. 야박하다.

기근(飢饉): 식량이 모자라서 굶주리는 일.

천진(荐臻): 거듭된다.

걸주유려(桀紂幽厲): 중국 4대 폭군은 걸주유려(桀紂幽厲)인데, 걸(桀)은 하(夏)나라를 망친 마지막 왕이고, 주(紂)는 상(商)나라를 망친 마지막 왕이며, 유(幽)는 서주(西周)의 마지막 왕으로 오랑캐의 칼에 맞아 죽었고, 여(厲)는 유왕의 조부로 백성들이 폐위시킨 왕이다.

독부(獨夫): 인심을 잃어 남의 도움을 받지 못하는 남자.

절량(絶粮): 식량이 떨어지다.

아성(亞聖): 유교에서, 성인에 버금간다는 뜻으로, 대 성인 공자에 대하여 맹자 또는 안연을 이르는 말.

至漢明帝法流東土 三代以前 佛未之作 孔顏之時 名亦未聞 彼時 當無災孽 亦無飢饉 堯何有九年之水 湯何有七年之旱 孔顏何窮而 原憲何貧乎 唐太宗與魏徵李淳風等 協心同德 混一天下 兆民咸熙 率土來賀 新羅眞德王 自製大平歌 織錦爲文而獻之 其略曰 大唐開 洪業 巍巍皇猷昌 止戈戎威定 修文契百王 深仁諧日月 撫羣邁虞唐 以至云 維岳降宰輔 惟帝任忠良 五三成一德 昭我唐家皇

한(漢)나라 명제(明帝)에 이르러 불법이 동으로 전하여졌으니 하,

은, 주(夏, 殷, 周) 이전에는 불법이 있지도 않았다. 공자(孔子)와 안회(顔回)의 시대에도 이름 또한 듣지 못했다. 저때에는 마땅히 재앙도 없고 또한 기근(飢饉)도 없어야 하지만, 요(堯) 임금 때에는 어찌하여 구 년의 홍수가 있었고, 탕(湯) 임금 때에는 어찌하여 칠 년의 가뭄이 있었으며, 공자(孔子)와 안회(顔回)는 어찌하여 궁핍하고, 원헌(原憲)은 어찌하여 가난하였는가.

당(唐)나라 태종(太宗)은 위징(魏徵), 이순풍(李淳風) 등과 마음을 모으고 덕을 같이하여 혼란한 천하를 통일하니 만백성 모두가 기뻐하며 온 나라가 축하했다.

신라 진덕왕(眞德王)은 스스로 태평가를 지어 비단에 글을 수놓아 바쳤다.

그 대략은 이렇다.

대 당(唐)나라 위대한 나라를 세워
드높은 황제의 위용을 드날리니
전쟁이 그치고 위의가 엄정하여
학문은 모든 왕과 계합하고
깊고 깊은 어지심은 해와 달과 같아
백성을 어루만지심은 요순을 만난 듯하네.

끝에 이르러 말하기를

저 산악은 재상을 내리고

오로지 임금은 어진 충신을 임용함에

오제(五帝) 삼왕(三王)이 한 덕을 이루어

우리 당나라 황제를 빛내시네.

*위징(魏徵): 당나라 초기의 공신·학자. 자는 현성玄成. 태종을 모시고 간의대부(諫議大夫)가 되어 태평성대를 이루니 이 시대를 '정관(貞觀)의 치(治)'라고 한다.

재얼(災孼): 재화(災禍). 재난.

조민(兆民): 만백성. 만민.

솔토(率土): 큰 강과 바다에 접한 육지의 모두라는 뜻으로, 온 나라나 온 천하를 이르는 말.

홍업(洪業): 나라를 세우는 큰 사업.

외외(巍巍): 높고 큰 모양.

황유(皇猷): 황제가 행해야 할 도리.

우당(虞唐): 요순(堯舜)을 뜻한 것.

재보(宰補): 천자(天子)를 보좌하고 정사를 통할하는 것. 재상(宰相).

이지(以至): ……까지. ……로 하여. ……에 이르기까지. ……때문에.

又新羅太宗春秋公 與金庾信 同心勠力 一統三韓 有大功於社稷
彼時年豊穀賤 一疋布價 租三十碩 民樂無憂 皆謂之聖代 若是佛法
使不昇平 此當佛法盛行之時也 何其昇平 至於如是之極乎 趙州稔
禪師 生經七百甲子 五臺開法師 生存三百餘載 若是佛法 令人夭折
彼旣佛子 何其命也 至於如是之壽乎 古今治亂脩短苦樂 大關時運

之盛衰 亦是衆生之業感 以世不昇平 民不聊生 歸咎於佛法 亦未之
思也

　　또 신라 태종 김춘추는 김유신과 마음을 같이하고 힘을 합쳐서 삼
한을 통일하여 사직(社稷)에 큰 공을 세웠다. 그때에 풍년이 들어 곡
식이 싸서 비단 한 필의 가격이 벼 삼십 석(碩)을 쌓을 정도이어서
국민은 즐거워하고 근심이 없어 모두 성인의 시대라 말했다. 불법
(佛法)이 평온함을 주는 것이 아니라고 할 것 같으면, 이 당시는 불
법이 성행한 시기였다. 어떻게 평온함이 이와 같이 극진함에 이르렀
겠는가.
　　조주(趙州) 종심(從諗) 선사는 태어나서 칠백 갑자를 지냈고. 오대
의 개(開) 법사(法師)는 태어나서 삼백여 년을 살았다. 만약 불법이
사람들을 요절(夭折)하게 한다면 저들은 이미 부처님 제자들이다.
어찌하여 그의 수명이 이와 같이 장수함에 이를 수 있었겠는가.
　　예나 지금이나 정치적 어려움과 수명의 길고 짧음과 삶의 괴로움
과 즐거움은 크게 시절 운의 성하고 쇠함에 관련되었으며, 또한 중
생의 업으로 받은 것이다. 세상이 평온하지 못해서 백성이 안락하지
못한 것을 불법의 허물로 돌리는 것은 이 또한 잘못된 생각이다.

*곡천(穀賤): 곡식이 많이 생산되어 시세보다 싸다.
승평(昇平): 나라가 안정되어 아무 걱정이 없고 평안함.
칠백갑자(七百甲子): 날짜로 700갑자는 햇수로는 120년
수단(脩短): 수요(壽夭). 긴 것과 짧은 것. 장단(長短).

료생(聊生): 안심하고 살다. 의지하여 믿고 살다.

업감(業感): 선악의 업인으로 말미암아 고락의 과보를 받는 일.

11. 걸식은 백성을 번거롭게 한다.

曰尒浮圖輩 逸爲遊民 不蠶不耕 而衣食於人故 民被其惱 屢至於
窮 其爲廢也 不亦大哉

말하기를, 너희 불교도들은 방일하고 유랑민이 되어 누에도 치지
않고 밭도 갈지 않으면서 사람들에게 밥과 옷을 베풀라 한다. 백성
들에게 번거로움을 끼쳐 자주 궁핍함에 이르게 하니 그 폐해(弊害)
가 됨이 또한 크지 않은가? 하였다.

曰僧之任 在弘法利生 弘法而令慧命不斷 利生而使人人自善 是
僧之務也 苟能如是 則可無愧於爲人之所奉矣 苟不能然 是其人之
罪也 豈佛之過歟 孟子曰 於此有人焉 入則孝出則悌 守先王之道
以待後之學者 不得食於子 子何尊梓匠輪輿 而輕爲仁義者哉 此豈
非以守道利人 而可衣食於人乎 夫人之貧富 各自有素分 宿有善種
者則雖日費而有餘 宿無善種者 則雖日聚而不足 世有人焉 見佛不
禮 見僧呵毀 終身而不施一錢 衣不蔽形 食不充口 此亦因僧而致然歟

답한다. 승려들의 맡겨진 것은 법을 널리 펴고 중생을 이롭게 하
는 것에 있다. 법을 널리 펴는 것은 혜명(慧命)이 끊어지지 않게 하
는 것이며, 중생을 이롭게 하는 것은 사람 사람들을 스스로 착하게
살게 하는 것이다. 이것이 스님들이 해야 할 임무이다. 참으로 능히
이와 같다면 사람들에게 공양을 받아도 부끄러움이 없다 할 것이요.

참으로 능히 그러하지 못한다면 이 사람은 죄이다. 어찌 부처님의 허물이겠는가?

맹자가 말하기를 '여기에 어떤 사람이 들어가서는 효도하고 나가서는 공경하며, 선왕의 도를 지키고 후대를 기다리며 가르치는데도 그대(彭更)에게 먹을 것을 얻지 못한다면, 그대는 어찌하여 목수와 수레를 만드는 사람은 높이 사면서 인의(仁義)를 위하는 자를 가벼이 하는가?'라고 말하였다. 이것이 어찌 도를 지키고 다른 사람을 이롭게 하는 것으로 다른 사람들에게 옷과 먹을 것을 받아도 된다는 말이 아니겠는가?

대개 사람들이 가난하고 부자인 것은 각자 스스로 작은 분상이 있다. 숙세에 선근(善根)을 심었다면 비록 날마다 소비하여도 남음이 있고, 숙세에 선근(善根)을 심지 않았다면 비록 날마다 모아도 부족할 것이다.

세상 어떤 사람이 부처님을 보고도 예경할 줄 모르고, 스님을 보면 비웃고 헐뜯으면서 죽는 날까지 한 푼도 베풀지 않았어도 옷은 몸을 가리지 못하고 먹을 것은 입을 충족시키지 못했다. 이 또한 승려들로 인하여 그러함에 이른 것인가?

*유민(遊民): 직업이 없이 놀며 지내는 사람.

폐해(弊害): 어떤 폐단으로 인하여 생기는 해로움.

재장(梓匠): 목공(木工). 판목장이. 목수.

윤여(輪輿): 수레를 만드는 사람.

맹자(孟子): 팽갱(彭更) 맹자(孟子)의 제자 -孟子 滕文公章句 下-.

숙세(宿世): 전생(前生). 이 세상에 태어나기 이전의 세상.

12. 지금의 승려들은 부처를 팔아 몸을 기르고 목숨을 유지한다.

日淸淨寡欲 爲法亡軀 多聞强記 接引後來 固釋子之行也 今浮圖輩 不修其行 反汚師法 人問其道 如立面墻 裨販如來 資養身命 廬其居人 其人以充乎四民之數 而令轉弼乎君國 可也

말하기를, 청정(淸淨)하고 욕심을 적게 하여 법을 위해 몸을 잊고 많이 듣고 굳게 기억하여 내세로 인도하는 것이 진실한 부처님 제자의 행이다. 지금의 불교도들은 그러한 행을 닦지 않고 도리어 스승의 법을 더럽힌다. 사람들이 도(道)를 물으면 얼굴은 담장을 대하고 서 있는 것 같이 하면서, 여래를 팔아 몸을 기르고 목숨을 유지한다. 그러니 '그들이 거처하는 집은 사람들이 머물게 하고, 그 사람들은 사민(四民)의 수에 충당하여 임금과 나라를 보필하게 하는 것이 옳다.' 하였다.

*과욕(寡欲): 욕심이 적음.
접인(接引): 영접하다. 접견하고 인도하다. 중생을 극락정토(極樂淨土)로 인도하다.
비판(裨販): 소규모 상인. 소규모 장사.
사민(四民): 사농공상, 곧 선비, 농부, 장인, 상인 등 모든 백성.

日騏驎鸞鳳 族不成羣 尺璧寸珠 市不可求 孔門三千 稱哲人者 十人而已 如來海會 稱第一者 亦不過十人而已 況今去聖愈遠 根機微劣 安得使人人 如迦葉之淨行 阿難之多聞乎 孔顏之後 千載之下 如顏淵閔子騫者 亦未之聞也

답한다. 기린(麒麟)과 난봉(鸞鳳)의 종족은 무리를 이루지 않고, 한 자 되는 구슬이나 한 촌 되는 진주는 시장에서 구할 수 없다. 공자의 문인이 삼천 명이지만 철인(哲人)이라 불리는 사람은 열 명뿐이다.

여래는 바다의 회상이라 하지만 제일이라 불리는 자가 또한 열 사람에 지나지 않을 뿐이다. 하물며 지금은 성인이 떠나신 지 점점 더 멀어져 근기는 미약하고 열등(劣等)한데 어떻게 모든 사람들로 하여금 가섭(迦葉)의 정행(淨行)과 아난의 다문과 같게 하겠는가? 공자(孔子)와 안회(顏回) 이후로 천 년이 지났으나 안연(顏淵)과 민자건(閔子騫) 같은 자, 또한 듣지 못했다.

*난봉(鸞鳳): 난조와 봉황을 아울러 이르는 말.

척벽(尺璧): 지름이 한 자 되는 구슬. 귀중한 물건.

철인(哲人): 철학에 대한 지식이나 이해가 깊은 사람.

열등(劣等): 질의 정도나 등급이 보통의 수준이나 다른 것보다 낮음.

안회(顏回): 안회(顏回, 기원전 521년?~기원전 491년?)는 중국 춘추 시대 노나라 사람, 공자의 제자이다. 안연(顏淵) 안자연(顏子淵)이라고도 부른다.

민자건(閔子騫): 공문십철(孔門十哲)의 한 사람. 이름은 손(損). 노(魯)나라 사람.

夫僧之爲僧 具五德 脩六和然後 方稱其名也 然名實相符者 蓋難
其人矣 林有不材之木 田有不實之禾 縱有不能如法奉行者 不可疾
之甚也 但令因其形服 漸薰成性 不失其道而已 豈得因其失而廢其
法也

　대저 승가의 승려가 된다는 것은 오덕(五德)을 갖추고 육화(六和)
를 갖춘 이후에야 비로소 그 이름을 부를 수 있다. 그러나 이름이 실
질적인 모습에 부합(符合)하는 자, 대체로 그런 사람 어렵다. 숲에는
재목(材木)이 아닌 나무가 있고 밭에는 부실한 곡식이 있다. 비록 능
히 법답게 받들어 행하지 못하는 자가 있더라도 심하게 미워[疾]하
는 것은 옳지 않다. 다만 그 형상과 복식(服飾)으로 인해 점차적으로
훈습하여 성품(性品)을 이루게 하고 도(道)를 잃지 않게 할 뿐이다.
어찌 잘못으로 인하여 그 법을 폐지하라 하는가.

　*오덕(五德): 비구(比丘)가 중히 여기는 다섯 가지 덕. 포마(怖魔), 걸사(乞士),
정계(淨戒), 정명(淨命), 파악(破惡)을 이른다.
　육화(六和): 신화동주(身和同住), 구화무쟁(口和無諍), 의화무위(意和無違), 견
화동해(見和同解), 계화동준(戒和同遵), 이화동균(利和同均).

13. 불경은 자기를 수행과 남을 다스리는 방법은 되지 못한다.

曰考其爲書 務於虛遠 崇於寂滅 其功倍於小學而無用 其高過於大學而無實 不可以爲修己治人之方也矣

말하기를. 저들의 불경을 생각해 보면 '공허하고 아득한 것에 힘쓰며 적멸을 숭상한다. 그 공은 소학(小學)의 배가 되지만 쓸데가 없고, 드높기는 대학을 능가하지만 실리가 없다. 자기를 수행과 남을 다스리는 방법은 되지 못한다.' 하였다.

曰書者 載道之具也 弘化之方也 見其書則知其道之可遵不可遵 知其禮之可慕不可慕也 其道可遵 其禮可慕則 豈以非吾所習而可棄之也 君不聞乎 天下無二道 聖人無兩心 夫聖人者 雖千里之隔 萬世之遠 其心未嘗有異也

답한다. 책은 도를 실어 나르는 도구이며 널리 교화하는 방편이다. 그 책을 보면 그 도(道)를 따를 만한가 따를 만하지 못한가를 알 수 있고, 그 예법을 사모할 만한가 사모할 만하지 못한가를 알 수 있다. 그 도(道)를 따르고 그 예(禮)를 사모할 만한다면 어찌 내가 익히지 않은 것이라고 버릴 수 있는가?

그대들은 듣지 못했는가. '천하에 두 도(道)가 없고 성인(聖人)은 두 마음이 없다.'는 것을. 저 성인이 비록 천 리에 떨어져 있고 만세

만큼 멀어도 그 마음은 일찍이 다름이 있지 아니하다.

孔夫子之言曰 毋意毋必毋固毋我 易又云艮其背 無我也 行其庭
無人也 無我無人 何垢之有 釋迦老之言曰 無我無人 修一切善法
即得菩提 此聖人之所以異世而同其心也 所謂虛遠寂滅之言 三藏
十二部中 據何典而言歟 大戒云 孝順至道之法 孝名爲戒 亦名制止
一向謂之虛遠可乎 圓覺云 心花發明 照十方刹 一向謂之寂滅可乎
若欲驗其眞僞 必先審其書也 不審其書而妄排之 則必爲達者之所
嗤矣 君不聞乎 未盡天下文章 不得雌黃古今

공자가 말씀하시기를 '사사로운 뜻도 없고 기필코도 없고 집착
할 것도 없으며 이기적인 것도 없다.' 했다. 주역(周易)에 또 말하기
를 '등에서 그치면 아(我)가 없고, 정원을 다녀도 다른 사람(人)이 없
다.'고 하였다. 나도 없고 남도 없는데 무슨 허물이 있겠는가?
  석가모니 부처님이 말씀하시기를 '나[我]도 없고 남[人]도 없는,
모든 선법(善法)을 닦으면 곧 보리(菩提)를 얻는다.' 하였다. 이는 성
인들이 머무신 세상은 다르지만 그 마음은 같은 것이다. 말한 '허원
(虛遠)하고 적멸(寂滅) 하다.'라는 말은 삼장(三藏) 십이부(十二部)
가운데 어느 경전을 들어 말하는 것인가?
  범망경에서 보살 대계(大戒)에 대해 말하기를 효순(孝順)은 도
(道)에 이르는 법(法)이다. '효(孝)를 이름하여 계(戒)라 하고, 또 제
지(制止)라 이름한다.'고 하셨다. 한결같이 '허원(虛遠)하다.'라고 말

하는 것이 옳은가?

원각경(圓覺經)에 '마음 꽃이 밝게 피면 시방 국토를 비춘다.' 하였다. 한결같이 '적멸(寂滅)하다고 말하는 것이 옳은가? 만약 그 참되고 거짓됨을 증험하고자 한다면 반드시 먼저 그 책을 살펴야 한다. 그 책을 살피지 아니하고서 망령되이 배척한다면 반드시 통달한 이의 비웃음거리가 될 것이다. 그대들은 듣지 못했는가? '천하의 문장을 다하지 않고서 고금(古今)을 첨삭할 수 없다.'고 하였다.

*무고(毋固)하고 무필(毋必)해야 하고: 논어 자한(子罕) "공자는 네 가지 일에서 완전히 자유로웠다. 그에게는 사적인 뜻과 기필하는 것과 집착하는 것과 이기적인 마음이 없었다(子絶四 毋意毋必毋固毋我)."라는 말이 나온다.

간(艮) : 그칠 간. 그치다.

간배(艮背): 주역(周易) <간괘(艮卦)>에 "그 등에 그치면 그 몸을 얻지 못하며, 그 뜰에 가면서도 그 사람을 보지 못하여 허물이 없으리라[艮其背, 不獲其身. 行其庭, 不見其人, 无咎.]." 하였다.

소이(所以): 어떤 일을 하게 된 이유.

제지(制止): 어떤 행동을 말려서 못하게 함.

원각경(圓覺經): 大方廣圓覺修多羅了義經 卷一

일향(一向): 언제나 한결같이.

*효순지도지법(孝順至道之法) -범망경(梵網經) 2권, 梵網經盧舍那佛說菩薩心地戒品第十卷下.

자황(雌黃): 유황과 비소의 혼합물. 노란색의 채료(彩料)로서 옛날에 이를 시문(詩文)의 첨삭(添削)에 썼으므로 전하여 자구(字句)의 첨삭(添削)에 비유한 말이다.

*미진천하문장 부득자황고금(未盡天下文章 不得雌黃古今)을 남명화상송증도
가사실 권 제1(南明泉和尙頌證道歌事實卷第一)에서는 史記에서 말한 것으로 되
어 있다.

孔之言曰 夫孝 天之經也 地之義也 民之行也 豈非至道之謂乎 感
而遂通天下之故 豈非明照之謂乎 儒之所謂明德 即佛之所謂妙精
明心也 所謂寂然不動 感而遂通 即佛之所謂寂照者也 所謂 有善於
己 然後 可以責人之善 無惡於己 然後 可以正人之惡者 與吾敎所
謂斷惡修善 饒益有情者 何以異乎 所言之理旣同 而所敎之迹 何以
異乎 專己略人 是此非彼 人之常情也 通人達士 唯義是從 豈以人
我彼此而是非者乎 使人不待爵賞之勸而靡然從化者 三敎之中 佛
敎能然也 蓋以吾佛大聖大慈之所感也

공자가 말씀하시기를 '효는 하늘의 길이요. 땅의 올바름이며, 백성
의 행이다.' 하셨다. 어찌 지도(至道)를 말하는 것이 아니겠는가? 감
응함이 천하에 통하는 까닭인데 어찌 밝게 비춘다고 말하지 않겠는
가? 유가(儒家)에서 말하는 명덕(明德)은 곧 부처님이 말씀하신 묘
정명심(妙精明心)이다. 말한 바 적연(寂然)하여 움직이지 않으나 감
응하면 천하에 통한다는 것은 곧 부처님이 말씀하신 적조(寂照)이다.
　말한 바 '자기에게 선(善)함이 있은 연후에 다른 이의 선(善)을 따
질 수 있고, 자기에게 악(惡)을 없앤 연후에 다른 사람의 악(惡)을 바
르게 하는 것이 가능하다.'라고 하는 것과 우리 불교에서 말하는 '악

을 끊고 선을 닦아 널리 중생들을 이익 되게 하라.'는 것과 어떻게 다른가? 말한 이치가 이미 같다면 가르치는 자취가 어찌 다르겠는가?

스스로를 오롯이 하고 다른 이는 간략히 하며, 이는 옳고 저는 아니다라고 하는 것은 사람들의 일상적인 정(情)이다. 통인(通人)과 달사(達士)는 오직 의(義)로써 이를 따를 뿐이니, 어찌 나와 남, 이것과 저것으로 옳고 그르다 하겠는가? 사람들은 작위(爵位)와 상(賞)으로 권함을 기대하지 않고도 자연스럽게 교화하는 것은 삼교 가운데 불교가 능히 그럴 수 있다. 이는 우리 부처님이 대성인으로 대자비에 감응하기 때문이다.

*천지경야 지지의야 민지행야(天之經也 地之義也 民之行也)

-효경(孝經) 삼재장 제8(三才章 第八).

감이수통(感而遂通): 점괘에 신이 감응하여 모든 일이 통하게 됨.

묘정명심(妙精明心): 미묘하고 정밀하게 밝은 마음.

책인(責人): 남을 나무라다.

*유선어기(有善於己) (대학장구 전 9장 주희의 주)

통인(通人): 사리에 깊이 통달한 사람. 흔히 있는 평범한 인간.

달사(達士): 사물의 이치에 깊고 넓게 통하여 얽매임이 없는 사람.

미연(靡然): 한쪽으로 쏠리는 모양. 풍미(風靡)하는 모양.

舜好問而好察邇言 隱惡而揚善 禹拜昌言 若使舜禹 遇佛之化 則豈不歸美乎 而以爲不可爲修己治人之方者 亦未之思也

순(舜) 임금은 묻기를 좋아하고 가까운 말을 살피기를 좋아하였으며, 악(惡)은 숨기고 선(善)은 드러냈다. 우(禹) 임금은 참다운 말을 들으면 절을 했다고 한다. 만약 순 임금과 우 임금이 부처님의 교화를 만났다면 어찌 귀의하여 아름답다 하지 않았겠는가. 이러는 데도 '스스로를 수행하고 남을 다스리는 방법이 되지 못한다.'고 하는 것은 이 또한 잘못된 생각이다.

　*이언(邇言): 천근(淺近)한 말로서 신변담화(身邊談話) 같은 것.

　순호문이호찰이언(舜好問而好察邇言) -中庸章句第6章

　창언(昌言): 이치에 맞는 적절하고 훌륭한 말. 숨김없이 말하다. 올바른 말. 솔직하게 말하다.

14. 도교 유교 불교 가운데 우열(優劣)은 어떠한가?

曰老與儒釋 同異優劣如何

말하기를, 도가(道家)와 유가(儒家) 불가(佛家)의 같고 다름의 우열(優劣)은 어떠한가?

曰老之言曰 無爲而無不爲 當有爲而無爲 釋之言曰 寂而常照 照而常寂 孔之言曰 夫易無思也 無爲也 寂然不動 感而遂通 夫寂然者 未嘗無感 卽寂而常照也 感通者 未嘗不寂 卽照而常寂也 無爲而無不爲 卽寂而常感也 有爲而無所爲 卽感而常寂也

답한다. 노자(老子)는 말하기를 '함이 없으면서 하지 않음이 없으니 마땅히 함이 있으면서 함이 없다.'고 하였고. 부처님이 말씀하시기를 '고요(寂)하면서 항상 비추고, 비추면서 항상 고요하다.'고 하였으며. 공자(孔子)는 말하기를 '대저 역(易)은 생각이 없고 함도 없다. 고요하여 동함이 없으나 감응하면 통한다.'고 하였다.

대저 적연(寂然)이란 일찍이 감응이 없는 것이 아니라 곧 고요하나 항상 비춘다. 감통(感通)이란 일찍이 고요하지 아니한 것이 아니기에 곧 비추나 항상 고요한 것이다. 함이 없으나 하지 아니함이 없다는 것은 곧 고요하나 항상 감응하는 것이고, 함이 있으나 하는 것이 없다는 것은 곧 감응하나 항상 고요하다는 것이다.

*무위이무불위(無爲而無不爲) -도덕경(道德經) 제37장

易无思也无爲也: 주역(周易), 계사전 상(繫辭傳上)

據此則三家所言 冥相符契 而如出一口也 若履踐之高低 發用之
同異 則洗盡心垢 廓淸慧目然後 看盡大藏儒道諸書 叅於日用之間
生死禍福之際 則不待言而自點頭矣 吾何强辨以駭君聽

이를 의거하면, 삼가(三家)의 말이 은근히 서로 부합하고 계합하
는 것이 마치 한 입에서 나온 듯하나, 만약 실천하는 깊고 낮음이나,
작용하는 같고 다름에는, 마음의 때를 다 씻어 내고 맑고 밝은 지혜
의 눈으로 대장경(大藏經)과 유가(儒家)와 도가(道家)의 모든 서적
들을 다 보고, 일상생활 가운데 생사(生死), 재화(災禍), 복(福)의 사
이를 살펴보면 곧 말을 기다리지 않아도 스스로 고개를 끄덕일 것이
다. 내가 어찌 굳이 구분하는 말로 그대들이 듣고 놀라게 하겠는가?

*리천(履踐): 실행하다. 실천하다. 이행하다.

발용(發用): 작용(作用). 어떤 현상이나 운동을 일으킴.

확청(廓淸): 지저분하고 어지럽던 물건이나 제도를 없애서 깨끗하게 함.

顯正論終 현정론 끝.

嘉靖五年丙戌 七月 日 全羅道光陽地 白雲山 招川寺開板 幹善山人 子弘

大施主 梁花日兩主

化主 性淸

가정 오년 병술(1526년) 칠월 전라도 광양지 백운산 초천사 개판 간선산인 자홍

대시주 양화일 양주

화주 성청

*간선(幹善): 선한 일을 주관한다는 뜻.

다시 쓰는 현현정론(顯顯正論)

김은령(시인·문학박사)

1.

올봄이 끝나 갈 무렵 로담 스님이 메일로 원고 파일 하나를 보내 왔다.

정도전의 「불씨잡변(佛氏雜辯)」과 함허 기화(涵虛 己和) 스님이 찬(撰)한 「현정론(顯正論)」이었다. 그리고 그 파일의 말미에 <벽불소(闢佛疏)> 3건이 함께 있었다. 모두 한문으로 된 원문과 그것을 단락, 단락 나눠 가며 한글로 역(譯)을 한 것이었다.

스님은 원고 파일을 보내면서 책으로 묶으려고 하는데, 시간 날 때 한번 읽어 보고 책 말미에 소감 한마디만 보태 주면 좋겠다는 부탁을 했다.

원고들 중에 「불씨잡변(佛氏雜辯)」은 학창 시절 정도전의 문집을 접했던 탓에 그나마 이름 정도는 떠올려졌지만 「현정론」과 <벽불소>는 처음 대하는 것이어서 호기심과 함께 귀한 원고를, 그것도 읽기 쉽게 한역까지 한 원고를 보내 준 것에 대한 감사의 마음이 컸다. 하지만 보내 준 원고는 내가 다 읽어 내지 못한다는 것을 알고 있기에 읽어 본다고 한들 덧붙일 소감이 있을 수 없을 것이니 여간 난감하지 않았다. 그렇다고 딱 잘라 거절하기엔 또 예의가 아닌 것 같아서 어정쩡하게 얼버무리다 시일이 지나고 말았다.

이미 많은 사람들이 알고 있는 일이지만, 로담 스님은 수행자이며, 수행력을 글로써 전하는 시인이다. 스님은 도량에 전각을 세우고 탑을 세우는 불사(佛事)를 하는 대신에 글을 쓰고 책을 내는 것으로 부처님 법을 세우는 불사를 한다고 피력한 적이 있다.

책으로 세우는 스님의 도량불사는 그동안 꾸준하게 이어져 와서 이미 십여 권이 넘는 저서를 발간하였다. 그 저서들은 각각 한 채의 조사전이며, 미륵전이며, 무량수전으로 독자들에게 법향을 전달하고 있다. 그러한 불사를 해 오던 스님이 이번에는 좀 더 색다른 전각을 세우려는 모양이다.

문장(文章)이란 그 사람의 역사관, 민족사관을 기저로 하는 사상이 집약된 것이라 할 수 있다. 조선 건국의 일등 공신이며, 조선의 통치이념인 성리학을 사상 체계로 펼친 정도전도 많은 문장을 남겼다. 그의 문집인 『삼봉집(三峰集)』은 처음 그의 아들에 의해 2권으로 간행되었다가 몇 번의 증보. 증간을 거처 현재까지 전하는 것은 1791년에 14권 7책으로 만든 목판본이 있다. 이 문집은 현재까지 전해져 조선 왕조의 건국이념을 연구하는 데 귀중한 자료로 평가받고 있다.

여기에는 시(詩)·부(賦)·사(詞)·악장(樂章)·소(疏)·전(箋)·서(序)·기(記) 등 잡문과 중국 역대의 재상(宰相)·대간(臺諫)·위병(衛兵)·감사(監司)·수령(守令) 등의 연혁과 직무 등을 기술한 『경제문감(經濟文

鑑)』, 치국의 대요를 기술한 『주례(周禮)』의 육전 체재를 모델로 하여 치전(治典)·부전(賦典)·예전(禮典)·정전(政典)·헌전(憲典)·공전(工典)의 순으로 조선의 현실에 맞게 조정한 법전인 『조선경국전(朝鮮經國典)』 등 건국의 기초에 기여하는 저작물을 남겼다.

그리고 자신의 통치 이념인 성리학적 입장에 서서 「불씨잡변(佛氏雜辨)」·「심기리편(心氣理編)」·「심문천답(心問天答)」 등을 저술하여 불교와 도교의 사상을 이단으로 규정하여 배척하고, 유교적 입장에서 비판하며 유교의 정통성을 내세우고자 한 그의 사상을 피력하였다.

특히 「불씨잡변」은 그가 건국의 주체적 인물로서 불교 숭상을 근본으로 하고 있던 이전의 왕조인 고려를 무너트리고 새로 세운 나라의 통치 이념에 정당성을 부여받기 위한 의도적으로 직조한 저작이라 할 수 있다.

「불씨잡변」이 철저하게 부처님의 법과 뜻을 폄하고 훼손하기 위한 기획물이라는 것은 글의 제목을 '불씨잡변(佛氏雜辨=불교의 잡스러운 설에 대한 분별)'이라고 한 것에서 알 수 있다. 부처님의 가르침인 불교 교리를 -불씨윤회지변(佛氏輪廻之辨)·불씨인과지변(佛氏因果之辨)·불씨심성지변(佛氏心性之辨)·불씨작용시성지변(佛氏作用是性之辨)·불씨심적지변(佛氏心跡之辨)·불씨매어도기지변(佛氏昧於道器之辨)·불씨훼기인륜지변(佛氏毁棄人倫之辨)·불씨자비지변(佛氏慈悲之辨)·불씨진가지변(佛氏眞假之辨)·불씨지옥지변(佛氏地獄之辨)·불씨화복지변(佛氏禍福之辨)·불씨걸식지변(佛氏乞食之辨)·불씨선교지변(佛氏禪敎之辨)·유석동이지변(儒釋同異之辨)·불씨입중국(佛氏入中國)·사불득화(事佛得禍)·사천도이담불과(舍天道而談佛果)·사불

지근연대우촉(事佛至謹年代尤促)·벽이단지변(闢異端之辨)- 등으로 편편이 나누어서 비판하면서 글의 제목을 '불씨잡변'이라고 한 것은 불교의 존재를 의도적으로 훼손하고 격하한 것이라고 스스로 밝혔다.

이 책『잡변과 정론』에는 이처럼 태조 7년에 간행된 정도전의 척불을 위한 기획된 저작물인「불씨잡변」과 고려 공양왕 3년에 박초(朴礎)가 쓴 <벽불소>[2], 조선 세종 6년 어변갑이 쓴 <벽불소>, 그리고 세종 19년 정극인이 성균관 유생들과 주도하여 쓴 <벽불소> 등 '잡변' 4건과 정도전의 '불씨잡변'에 대해 조목조목 살펴서 불교의 교리를 바르게 밝혀 놓은 함허 기화 스님의 '정론(正論)'인「현정론」이 실려 있다.

어두운 눈으로 이 원고들을 읽어 내려가며, 600여 년이 훨씬 넘는 세월이 흐른 지금 이러한 글들을 다시 취합하여 책으로 묶어 내는 로담 스님의 깊은 뜻을 미력하게나마 알 것도 같았다.

그동안 불교의 깊고 오묘한 맛을 전달하기 위해 한 채, 한 채 전각을 세워 온 스님이 이번에 새로 세우는 전각인『잡변과 정론』내부에는 불교를 왜곡하고 폄훼한 내용인「불씨잡변」과 <벽불소>를 써서 잡설을 늘어놓은 유학자들에 맞서 조목조목 현현하게 밝혀 놓은「현정론」이 원문과 함께 한글로 해석되어 있었다.

2.

「불씨잡변」에 서문을 단 사람은 여말 선초의 문인인 권근(權近)이

---

2. 본문에 "공양왕 2년 신미년(1391)의 소와는 많이 다르다. 정도전이 불씨잡변을 저술한 것은 1394년이고, 윤기견에 의해 발행된 것은 1456년으로, 이 상소문은 1391년이다. 시대적 간격이 있다. 겸 대사성 정도전 등은 이후 첨가한 부분으로 보인다."라는 설명이 있다.

다. 권근은 새 왕조의 초대 대제학이 되었으며, 문필(文筆)에 관한 각종 업무를 관장하였다. 태조의 명에 따라 국가적으로 조성된 각종 불사(佛事)에 대해 많은 기문(記文)을 지었을 뿐 아니라, 개인적으로도 불교에 대한 높은 이해와 우호적인 태도로 불교와 관련된 글을 다수 집필하여, 여러 편의 산문과 한시를 남기는 등 친불교적인 면모를 보이는 인물이다.

그런 권근이 정도전의 '불씨잡변'에 대한 서문에서 말하기를 "내가 일찍이 불씨(佛氏)의 설(說)이 세상을 현혹함이 심한 것을 걱정하였다."라는 말과 함께 불교의 수미(須彌)에 대한 것은 없는 것이다라는 말로 배불(排佛)적 태도를 취하고 있다.

그에 더해 '사람들이 불가에 현혹된 것은 생사의 말보다 심한 것이 없다며 스스로 부처를 물리치면 죽어서도 편안하다.'고 한 정도전을 실로 존경하고 복종하며 배우고자 한다고 밝히고 있다.

권근은 정도전에게 '불씨잡변'의 원고를 건네받으며 "불씨(佛氏)의 해가 윤리를 헐어 버리니 반드시 장차 금수(禽獸)로 이끌어 인류가 멸함에 이르게 될 것이다. 명교(名敎)의 주인 된 자는 대할 때마다 적으로 삼아 공격해야 한다."는 말을 들었다고 기술하고 있다.

아무리 당시의 시대 상황이 유학을 통치 이념으로 삼았고, 자신들이 살아왔던 왕조를 자신들의 손으로 무너트리고 새로운 왕조를 건국한 것에 대한 변명거리를 찾아야 하였기로서니 불교를 대하는 권근의 이러한 생각이나 정도전의 이 같은 말은 그들이 금과옥조로 받드는 명교의 도와 예를 배운 지식인이 할 수 있는 말은 아니다.

정도전의 저 말은 불교가 윤리를 허물어 버려서 장차 사람들을 금수로 이끌어서 인류를 멸망하게 한다고 단정한 것인데, 지나친 비약이며 오판임을 알아야 한다. 저 글이 쓰여진 당시로만 보아도 불교는 여전히 백성들 사이에 숭상되고 있었고, 태조 이성계도 건국 초기에 도읍을 정하는 중대사를 불교계 인물인 무학 대사와 의논하였다.

시대 상황에 맞춘 정치 이념에 따라 조선의 정치사에서 억불과 훼불이 자행되어 왔지만 결국 나라의 미래와 백성을 위무한 것은 불교계였음을 우리는 알 수 있다. 아주 단적인 예로만 보더라도 외침에 맞섰던 승병(僧兵)의 역사를 폄훼할 수는 없을 것이다. 또 역사를 조금 더 거슬러 올라가 보아도 불교가 국가의 의지처(依支處)였음을 권근이나 정도전은 모를 리가 없었다.

불교가 인류를 멸한다는 정도전의 논리라면 불교가 이 땅에 들어온 지 1700여 년이 지나는 지금까지 여전히 불교를 믿고, 선한 세상 아름다운 세상을 위해 교법이 펼쳐지고 있는 이 상황은 어떻게 답할 것인가 궁금하다.

우리 민족은 불교의 가르침인 보시와 자비로 삼한의 통일을 이루었으며, 수많은 외침에서도 굳건히 민족의 정신과 문화를 지켜 왔다. 그 바탕에는 부처님의 가르침이 있었기 때문이다. 고려 말 일부 승려 집단의 부패와 망종을 전체 불교의 문제로 인식하는 것은 단지 자신들의 정변을 합리화하려는 비겁한 변명에 불과한 것이다.

이는 불교에 대한 이해가 높았다고 인정받았던 권근조차도 정도전의 '불교를 적으로 두는 것이 유학자들의 책무'라는 뜻의 그 말을 서문에서 다시 상기시킬 만큼 당시의 새 왕조는 고려왕조를 무너트려야만 했던 자신들의 정당성이 필요하였다. 그리고 그것을 고려의 정치 이

넘이었던 불교를 배척하는 것으로 정했다고 할 수 있다.

유교의 논리를 덕행에 쓰지 않고 정형(政刑)으로 씀으로써 국가는 그 권력을 누리고, 백성들에게 차등과 부끄러움을 느끼게 만들었음에도 불교의 자비와 평등의 깊은 심리를 왜곡하여 유교의 논리에 비견하여 조목조목 나누어 불교를 폄훼하면서 유교를 숭상하게 하였던 그 일부를 나는 이 책『잡변과 정론』을 통해서 다시 만날 수 있었다.

"명도(明道)선생이 말하기를 도(道) 밖에 물(物)이 없고 물(物) 밖에 도(道)가 없다 하였다. 이는 하늘과 땅 사이 어디를 가도 도가 아님이 없다는 것이다. 즉 부자는 부자(父子)의 친한 것이 있고 곧 군신(君臣)은 군신과의 엄한 것이 있다. 부부(夫婦)가 되고 장유(長幼)가 되고 붕우(朋友)가 됨에 이르러서도 하는 것에 도(道) 아닌 것이 없다. 까닭에 참으로 잠깐도 여이지 않는다. 그러나 인륜을 허물고 사대(四大)를 버리는 것은 도(道)와 멀리 나누인 것이다. 또 말하기를 말로는 두루 미치지 아니함이 없다 하였으나 실지로는 윤리(倫理) 밖이다. 선생이 분별을 다한 것이다."-(불씨훼기인륜지변 중에서)

"불씨(佛氏)는 인륜(人倫)을 가합(假合)이라 하여 아들은 아버지를 아버지라 아니하고, 신하는 임금을 임금이 아니라 한다. 은혜(恩惠)와 의리(義理)가 쇠진(衰盡)하고 각박(刻薄)하여 지친(至親) 보기를 길 가는 사람과 같이하고, 지경(至敬) 보기를 버릴 물건같이 한다. 그 근본(根本)과 원류(源流)를 먼저 잃어버린 것이다."-(불씨자비지변 중에서)

이것은 불교에 대해 인륜을 허물고 사대(四大)를 버리는 것으로 간주하며, 인륜의 근본과 원류를 잃어버리고, 인륜을 훼기(毀棄)하는 것이라고 단정하는 글이다.

불교가 인륜을 허문다고 하는 것은 '출가 사문'에 대한 비판일 것이다. 그러나 사람으로 태어나 부부의 도리를 맺어 대를 이을 자손을 보지 않고, 충직한 신하가 되어 나라의 부름에 응하지 않으며, 부모 봉양을 하지 못한다고 해서 오롯이 도(道)와 멀어지는 것이며, 인륜을 무너트리고 폐기하는 지경이 되는 것인가.

석가모니 부처님은 처자와 부왕을 떠나왔지만 인류의 스승이 되었고, 서산 사명 대사는 승려의 신분이었지만 왜적이 침략하자 승병을 일으켜 싸웠다. 그리고 적국에 가서 백성을 구해 오는 신하의 도리를 넘치게 하였다. 유가에서 말하는 도와 예를 따지면 부왕을 저버린 석가모니 부처님이나 부부의 도리를 행하지 않고 출가하여 부모의 봉양을 마치지 못한 사명 대사는 도와 예에서 벗어나는 일을 하였고 인류를 멸망시키는 행위를 한 것이 되는데, 도리어 도와 예를 벗어남으로 인류에 더 큰 평안과 복덕을 준 것이 아닌가.

정도전의 이런 편협적인 사고야 말로 필연적으로 맺어진 관계에서 벗어나 모든 것을 포용할 수 있는 더 큰 관계 맺음을 가르쳐 주는 불교의 기본 사상을 훼기하는 것이라 볼 수 있다.

불교의 기본 사상을 폄하하고 어지럽히는 그의 이러한 시선은 왜곡되고 편협하여 모자라고 부정적인 것에 '불교'를 연관시켜 비판하고 있음을 다음과 같은 것에서도 볼 수 있다.

"불씨의 가르침은 의(義)도 없고 이(理)도 없다(佛氏慈悲之辨).' / '불씨의 말은 처음 인연(因緣) 과보(果報)를 논하여 어리석은 백성을 속이고 유혹하는 데 불과하다. 달마가 중국에 들어옴에 이르러 스스로 그 말이 천하고 비루하여 족히 고명한 인사들을 현혹시키지 못함을 알았다(佛氏禪敎之辨).' / '양무제가 불씨의 법을 쓰면서 황후와 자제들이 다분히 교만하고 음란하여 법을 지키지 않았다. 양나라 무제는 부처에게 아첨하다 위태롭게 망하는 액난을 초래했다. 탐하고 아첨하여도 도와주는 것이 없음이 또한 분명해졌다(事佛得禍).' / '송(宋), 제(齊), 양(梁), 진(陳), 원(元), 위(魏) 이후 부처를 섬길수록 연대(年代, 재위 기간)는 더욱 단축되었다. 부처를 섬기고 복을 구했지만 도리어 화(禍)를 얻었다(事佛諶謹年代尤促).' / '불씨의 말은 고상하고 미묘하다. 성명(性命)과 도덕(道德) 가운데를 출입한다. 사람을 현혹함이 심하다."-(벽이단지변 중에서)

　불교의 가르침에 의로움도 없고 이익 됨도 없다는 것은 모든 도리를 물(物)을 중심에 둔 물(物) 우위의 사상으로 물이 바로 도(物=道)라는 인식에서 비롯된 사고이다. 또 불교의 인연과 과보의 논리는 어리석은 백성들을 속이고 유혹한다고 하는 것은 유교에서 말하는 인과 덕을 행하는 가르침을 부정하는 것이다. 인과 덕을 가르치는 유교의 논학은 받들어 숭상해야 하고, 인과 덕을 행함으로써 복된 삶을 보장받는다는 불교의 가르침은 백성을 속이고 유혹한다는 것은 지극히 편향적이고 왜곡된 견해이다.

　이러한 왜곡된 견해는 양무제 재임 시기에 신하나 가신의 부덕을 모두 양무제가 불교를 믿는 것에서 비롯하였다는 것이라고 한 것이나, 불교를 섬길수록 군왕의 재임 기간이 짧았다는 등의 억지의 논설을 펼치며 <불씨걸식지변>에 와서는 불교는 "인륜의 모적(蟊賊)이며, 하늘의 물건을 멸절(滅絶)시키니 실로 하늘과 땅의 좀벌레이다."라고 과격하고 불량한 언사를 써서 기술하고 있다. 이러한 격변이야 말로 정도전 자신이 숭상하여 통치 이념으로 세웠던 유가의 점잖은 예를 배운 사람이 할 수 있는 언사가 아님을 알 수 있다.

이 책에 실린 <벽불소(闢佛疏)> 3건도 정도전의 설과 별반 다르지 않다. 오히려 정도전의 설을 기반으로 하여 '척불(斥佛)'을 주장한 것들이다.

우선 박초의 상소를 볼 수 있다. 박초는 공민왕 3년에 척불을 주장하며 올린 상소로 인해 사형을 받았으나 정몽주의 변호로 사면을 받았던 인물이다. 그는 상소에 불교를 두고 '루(樓), 전(殿), 궁(宮), 각(閣)을 지어서 장식을 하고, 흙과 나무와 동과 쇠로 형상을 만들어 꾸미고, 착한 남자와 여자의 머리를 깎아 그곳에 살게 한다. 저 불씨(佛氏)의 무리가 밭을 갈지 않고 음식을 충족하고, 누에를 치지 않아도 의복을 갖추고, 편안하게 머물면서 사는 고로 몸이 얼고 굶주린 이가 얼마나 되는지도 알지 못합니다.' 하였다.

사람이 음식을 취함에 있어 꼭 직접 밭을 갈아야만 한다면 당시 유학자들은 직접 밭에 가서 소를 몰며 밭을 갈았단 말인가? 그들이 학문을 배우고 논설하는 행위로 음식을 취했다면 당시 불가에서는 법상을 열어 인류를 복되게 하는 법을 펼치는 '법시(法施)로 생업'에 몰두했다고 할 수 있는 것 아닌가.

또 왕이 회암사에 행차한 일을 두고 '한 나라의 군주로서 아버지도 없고 군주도 없는 가르침을 노래하게 하여, 불충, 불효의 속됨을 이루고 유교의 삼강오륜을 허물게 한다.'는 말로 지적하면서 삼강오륜을 허물게 하는 승려들이 수도 수행하는 사원은 몰수하여야 마땅하다고 간언하였다. 그리고 경전은 불태워서 그 근본을 끊어야 하며 동으로 된 불상은 녹여서 무기를 만들고, 사찰의 전답은 군자금으로 써야 한다고 주장한 것이다. 사원의 모든 것을 허물 때 사찰에 소속된 노비는 관아의 벼슬아치들에게 나누어 주어야 한다고 주장하였다.

박초가 상소를 올린 당시(고려 말)의 나라의 정세를 본다면 불교계의 부패와 다수 올바르지 않은 승려들의 득세로 이러한 비판은 일부 있을 수도 있었다. 하나 박초의 주장에는 불교에 대한 편향적인 왜곡과 배척 심리만 있고 유교를 따르는 사대부의 부패와 사욕에는 외면하거나 인식하지 못하고 있다.

이는 박초 자신도 1404년(태종 4년)에 사헌부좌헌납(司憲府左獻納) 재직 중, 전에 선공감승(繕工監丞)으로 있을 때 관의 공금인 관철(官鐵)을 사사로이 사용하였다는 사실로 인하여 장형(杖刑)에 처해졌으며, 1417년 제주목사에 임명되었으나 관물(官物)을 축재하였다는 죄목으로 파직당하였던 인물이었던 사실에서도 드러나고 있다.

이처럼 무조건적인 배불척불은 이후 세종 때에 어변갑과 성균관 유생들이 올린 상소에서 더욱 극해지고 있음을 확인할 수 있다.

"신등이 생각하니 불씨는 해가 된 지 오래되었습니다./ 오랑캐의 풍속으로 홀로 사민(四民) 밖에 머물면서, 백성으로 하여금 곤궁(困窮)

하고 도둑질하게 하니 그 죄는 마땅히 어떠한 것입니까. 대저 금수(禽獸)가 곡식을 해치면 반드시   아 멀리하게 하는데 이는 백성에게 해롭게 하기 때문입니다. 그러나 금수(禽獸)는 비록 사람이 먹는 것을 먹었으나 도리어 사람을 위해 쓸 수 있지만, 승려는 앉아서 먹으면서 그 이익을 볼 수 없습니다. 하물며 지금은 물이 가물고 흉년이 들어 창고가 비었습니다. 우리 백성들의 생계와 생사(生死)도 보호하지 못하는데 이 무리들이 먹는 것은 풍년이나 흉년이나 한결같습니다. 오직 백성이 굶주린 것은 보았어도 승려가 굶주린 것은 보지 못했으며, 오직 백성이 굶주려 죽는 것은 보았으나 승려가 굶주려 죽는 것은 보지 못했습니다. 날마다 방자하게 속이고 꾀어서 암암리에 백성의 고혈을 녹여 내니 신등은 가만히 통절(痛切)할 뿐입니다./ 엎드려 바라옵건데 전하 오랑캐의 법을 깨끗이 씻어 없애시고, 풍속을 변화시키고, 탑과 사당을 헐어 버리고, 경율(經律)은 불태우고, 경내에 있는 승니(僧尼)는 속가로 돌려보내십시오."-(어변갑 상소 중에서)

"정사(丁巳)년에는 흥천사(興天寺)를 중창하면서 토목공사를 크게 일으키고, 공양(供養) 보시(布施)에 많은 재화를 지출하였습니다. 비록 손을 놀리는 무리들에게 일을 시켰다고는 하나 가난한 사람들을 돌보는 비용은 어디로부터 나오는 것입니까. 이는 반드시 우리 백성의 피와 땀을 짜서 쓸 수 없는 빈 그릇을 만드는 것이기에 신 등은 마음이 불편하였습니다./ 헛된 것을 펼치며 미친 말로 꾀어 우매한 백성을 유혹합니다. 무지(無知)한 사람에게는 화(禍)와 복(福)의 이야기로 두려워하게 합니다. 뒷날의 배고픔을 생각하지 않고 가산(家産)을 탕진하도록 하여 그들의 욕심을 채웁니다. 이렇게 우리 백성의 재산을 도적질하고, 이만 석의 벼를 쌓아 대도시 가운데에서 크게 안거(安倨)의 모임을 베풀고, 공공연히 부끄러움도 없으며, 그칠 줄도 알지 못합니다.”-(성균관 유생 상소 중에서)

앞의 예문을 보면 어변갑은 불교를 오랑캐의 법이라 칭하며, 불법을 수행하는 스님들에 대하여서 날마다 방자하게 속이고 꾀어서 백성들의 고혈을 찬탈하는 도적으로 몰고 있다. 그러니 탑과 부처님의 도량인 사찰을 헐어 버려야 하고, 경전을 불태우고 스님들은 모두 속가로 돌려보내야 한다고 주장하였다.

어변갑의 주장대로 흉년이 들고 창고가 비어 백성들의 생계와 생사를 보호하지 못하는 것이 오로지 불교가 있어 그러하다는 주장은 어떤 증거나 논리도 형성되지 않은 그저 무조건적인 배불배척의 우격다짐일 뿐이다.

또 성균관 유생 정극인이 주도하여 올린 상소의 내용을 보면 여기에는 당시 흥천사 중수 불사에 대한 왕실의 지원과 거기에 드는 비용에 대한 것을 비판하면서 본보기로 전체 불교의 폐단을 척결하라는 내용으로 역시 단편적인 사례를 들어 훼불의 정당성을 주장하고 있다.

이렇듯 조선 초기 배불척불은 유학을 숭상하는 정도전의 「불씨잡변」을 기저로 하여 불교의 진정한 가르침을 왜곡하여 유식자들은 물론 백성들을 도리어 현혹하였다. 그리고 인의(仁義)를 잃어버리고 가난에 직면한 사회적 상황을 맞을 때 그 탓을 모두 불교로 돌리는 것으로 유학자들은 이기적 집단성을 보였다.

그들의 이러한 배불의 저변에는 조선 건국의 정당성을 망국인 고려의 '불교 숭상'이라는 것에 맞추기 위한 것이었다고 본다. 또 그들이 그러한 사고를 할 수 있었던 것은 고려 말 공민왕의 왕사인 신돈의 개혁 정치 자문이 그 원인 제공을 한 것도 일면 있으며, 동시에 불교의 진정한 참뜻을 알지 못했거나 애써 외면한 까닭일 것이다.

  3.

  함허 기화 스님은 조선의 왕사인 무학 자초(無學 自超, 1327년~1405년) 스님의 법을 계승한 인물이다. 조선의 태조 이성계는 건국 시기에 무학 대사를 왕사로 삼아 불교에 의탁했다. 그러나 새 왕조를 새운 신진 세력은 전 왕조인 고려의 몰락을 '불교'에 두고 통치 이념을 성리학으로 삼았다.

  건국 초기 이러한 정치적 상황에 따른 배불 정책이 극에 이르렀고, 유학자들의 척불 주장과 상소로 조선은 '억불숭유(抑佛崇儒)' 정책을 펼쳤다. 이러한 때에 함허 스님은 불교의 정법(正法)과 그 이치를 밝힘으로써 유학자들이 자행한 불교 비판의 오류를 시정시키고자 노력하였다. 그 산물이 「현정론」이다.

  함허 스님은 이글을 지으면서 서문에서 "유교는 오상(五常)으로 도추(道樞)를 삼는다. 불교에서 말하는 오계(五戒)가 곧 유교에서 말하는 오상이다."라고 하였다. 즉, 불교와 유교의 근본적인 성정론(性情論) 측면에서 불교의 5계를 유교와 비유해서 '살생하지 않는 불살생(不殺生)은 인(仁)이요', '훔치지 않는 부도(不盜)는 의(義)이며', '사음하지 않는 불음(不邪淫)은 예(禮)요', '술 마시지 않는 불음주(不飮酒)

는 지(智)요', '거짓말하지 않는 불망어(不妄語)는 신(信)'에 비교하였다.

이처럼 오계(五戒)와 오상(五常)을 비교하여 불교와 유교의 그 근본
이 같음을 피력하면서도 불교의 자비와 유교의 인애(仁愛)는 사상적
인 뿌리는 같지만 그 깊이와 행동은 다르다고 지적했다. 유교가 살생
을 하면서 인을 주장하는 것은 불교가 살생을 하지 않고 자비를 주장
하는 것과는 다르다는 점을 밝힘으로써 불교의 우위성을 강조했다.

또한 유교는 사람을 가르치는 방법이 상벌이지만 불교는 인과법이
라 하고, 상벌로 가르치는 것은 일시적인 복종에 불과하지만 인과법
으로 가르치면 각자 느끼고 깨달아 마음으로 복종하게 된다고 했다.
이어서 상벌로 지도해야 할 사람이 있고, 인과법으로 지도해야 할 사
람이 있기 때문에 유교와 불교가 모두 필요하다는 점도 밝히면서 유
학자들의 작위적이고 편향된 배불론을 논리적으로 밝혀내었다.

우선 유학자들의 '출가사문'에 대한 원론적 비판인 '충효'에 대한 견
해를 함허 스님은 이렇게 밝히고 있다. 부처님의 가르침 가운데 임금
이 된 자에게 계(戒)를 받아서 바르고 깨끗한 심신으로 정사를 다스
리게 가르치고 있으며, 아침저녁으로 임금과 국가를 위하여 기원하며
선악과보(善惡果報)를 가르쳐 국가에 선을 행하는 경사를 가져오게
하므로 이는 충(忠)을 다하는 것이다.

부처님이 왕궁을 나온 것은 불효로 보이지만 설산에 들어가 생의 고
난을 이기며, 진리가 밝고 맑게 드러나기를 기다린 연후에 고향으로
돌아가 아버지를 뵈었고, 하늘에 올라 어머니를 뵙고 법요(法要)를 설
하여 모두 윤회를 건너 해탈하게 하였으니 효를 저버린 것이 아니라
오히려 대효(大孝)를 한 것이다.라고 하여 그들이 말하는 충과 효에 대

한 뜻을 다시 짚어 내고 있다.

　이와 같은 견해는 유학자들은 출가사문에 대한 원론적 비판을 '충효'에 두고 있지만, 사실 불교의 가르침은 한 사람의 출가사문이 한 가정의 안위에서 벗어나 궁극에는 인류의 안위에 관계한다는 것을 깨우쳐 주는 것이다. 그리고 「불씨잡변」에서 인과설을 퍼뜨려 보시를 하게 하는 것은 백성들을 미혹시키는 것이라고 비판하는 것에 대해 다음과 같이 반박하여 답하였다.

　"부처님은 비구들에게 세 가지 것을 항상 부족(不足)하게 하라고 훈계하셨다. 세 가지 부족(不足)은 옷(衣)과 먹(食)을 것과 잠자(睡眠)는 것으로 모두 부족하게 하라는 것이다. 이미 이것으로 저들에게 훈계하였는데 어찌 사람들에게 입고 먹기 위해 보시를 권하겠는가. 만약 옷과 먹는 것을 마음에 두는 부처님의 가르침이라면 어찌 오늘에 이를 수 있었겠는가.

　인과응보에 이르는 말이 어찌 유독 불교의 가르침에만 있다 하겠는가. 주역(周易)에 말하기를 선(善)을 쌓으면 경사(慶事)함이 남음이 있고, 악(惡)을 쌓으면 재앙(災殃)이 남음이 있다 하였다. 또 저 홍범에는 사람이 황극에 합하면 하늘이 오복(五福)으로 응하고 어긴 즉 육극(六極)으로 응한다. 하였다. 이것이 인과응보 아닌가. 형상이 있으므로 그 응보가 이미 그러한 것이다. 죽음에 미쳐서는 형상은 비록 사라지나 정신은 남는다. 선악(善惡)의 응보(應報)가 어찌 그러하지 않다 하리요. 부처님이 말씀하셨다. 가사 백천겁을 지나더라도 지은 업은 없어지지 않는다. 인연(因緣)이 모이고 만나면 과보를 도리어 스스로 받는다라고 하였다. 어찌 사람을 속이겠는가."

위와 같은 견해는 불교에서 보시(布施)를 권장하는 것은 승려의 이익 때문이 아니고, 보시 또한 물질만을 말하는 것이 아니며, 보시하는 마음으로 영원의 복을 부르려는 것이다. 그리고 천당과 지옥설은 악을 그치고 선을 닦게 하여 백성을 교화하는 데 이익이 크다는 것을 증명하는 것임을 알 수 있다.

유교가 노인 봉양과 제사를 들어 산목숨을 취하는 희생(犧牲)의 당위성을 앞세워 불교의 청정계인 살생과 음주를 금하는 것을 비판한 것에 대하여는 고기를 얻는 행위는 산목숨을 죽여 자신이 취하는 것이다. 모든 살아 있는 존재는 생을 좋아하고 죽는 것을 싫어한다. 어찌 사람과 다르지 않겠는가라는 말로 인(仁)의 도리를 밝혔다.

술을 마시면 안으로 심지(心志)를 어둡게 하여 스스로 수행을 방해하고, 밖으로 위의(威儀)를 잃게 해 교화하는 길을 방해한다. 유교의 전통에도 술은 정신을 어지럽게 하고 덕을 무너트리는 근본이 되며, 도를 해친다고 가르치고 있으니 어찌 불교의 청정한 계율을 비판할 수 있는가라고 밝히며, '불교는 재계(齋戒)이다. 성(誠)은 오랜 정성으로 잡됨이 없고, 결(潔)은 몸을 마치도록(죽을 때까지) 더럽히지 않는 것이다.'라는 말로 불교의 밝고 맑은 '근본'을 밝히고 있다.

"요(堯), 순(舜), 우(禹), 탕(湯) 임금은 천하의 대 성인이나 오히려 수재(水災)와 가뭄을(旱災) 면하지 못했고 걸(傑), 주(紂), 유(幽), 려(厲) 왕은 천하의 주인이면서 독부(獨夫)가 되는 것을 면치 못했다.

주(周)나라가 쇠약해지니 백성이 이미 무너지고, 진(秦)나라가 되어서는 천하가 크게 혼란했다. 공자는 대 성인이면서 식량이 떨어지는 것은 면하지 못했고, 안회(顔回)는 아성(亞聖)으로 요절(夭折)을 면하지 못했으며, 원헌(原憲)은 큰 현인(賢人)으로 집안이 가난함을 면하지 못하였다. 이 또한 불법이 그렇게 하신 것인가. 불교는 천축(天竺)에서 일어났다. 바로 주(周)나라 소(昭)왕 대에 해당한다.

한(漢)나라 명제(明帝)에 이르러 불법이 동으로 전하였으니 삼대(夏, 殷, 周) 이전에는 불법이 전해지지 않았다. 공자(孔子)와 안회(顔回)의 시대에도 이름 또한 듣지 못했다. 저 때에 마땅히 재앙도 없고 또한 기근(飢饉)도 없어야 하지만, 요(堯) 임금은 어찌하여 구 년의 홍수가 있었고, 탕(湯) 임금 때에는 어찌하여 칠 년의 가뭄이 있었으며, 공자(孔子)와 안회(顔回)는 어찌하여 궁핍하고, 원헌(原憲)은 어찌하여 가난하였는가.

신라 태종 김춘추는 김유신과 마음을 하나로 하여 힘을 합쳐서 삼한을 통일하여 사직(社稷)에 큰 공을 세웠다. 그때에 풍년이 들어 곡식이 싸서 비단 한 필의 가격이 벼 삼십 석(碩)을 쌓을 정도였다. 국민은 즐거워하고 근심이 없었다. 모두 성대라 말했다.

만약 불법(佛法)이 평안함을 주는 것이 아니라고 한다면, 이 당시는 불법이 성행한 시기였다. 어떻게 평안함이 이와 같이 지극함에 이르렀겠는가.

조주(趙州) 종심(從諗) 선사는 태어나서 칠백 갑자를 지냈고. 오대의 개(開) 법사(法師)는 태어나서 삼백여 년을 살았다. 만약 불법이 사람들을 요절(夭折)하게 한다면 저들은 이미 부처님 제자들이다. 어찌하여 그의 수명이 이와 같이 장수함에 이르렀겠는가.

예나 지금이나 정치적 어려움의 길고 짧음과 괴로움과 즐거움은 크게 시절 운의 성하고 쇠함에 관련되었으며 또한 중생들의 업감이다. 세상이 평안하지 못하고 백성이 안락하지 못하는 것을 불법의 허물로 돌리는 것은 이 또한 잘못된 생각이다."

위의 예문은 「불씨잡변」에서 불교는 백성들을 미혹에 빠지게 하는 것이며, 불교를 믿는 군왕은 나라가 쇠하였다고 주장하는 것에 대해서 답한 내용이다.

불교를 믿는 군왕은 나라의 쇠퇴를 가져온다는 유학자들의 주장에 대해서 그들의 주장대로라면 불법이 전해지지도 않은 시기에 일어났던 국가적 재앙이나 왕조의 패망은 누구의 탓인가라는 물음을 주는 현답이다. 유학자들이 숭상하는 공자와 안회 시대나 요 임금의 시대에는 불법이 전해지지도 않았는데, 가난과 질명과 가뭄 등 재난은 그럼 누구의 탓인가라는 질문을 하여 중국과 우리나라의 역사와 인물을 통해 조목조목 역사적 사실을 들어서 유학자들에게 답을 요하는 명문이라 할 수 있다.

이처럼 「현정론」은 당시 자신들의 통치 이념의 당위성을 확보하기 위해 '불교'라는 대상을 정해 두고서 계획적으로 공격을 가했던 유학자들에 대한 명쾌한 답이며 현명한 질문이다. 더불어 불교의 깊은 뜻을 올바르게 알려 주는 호소문이었음을 알 수 있다.

그리고 「현정론」의 마지막에서는 그동안 유학자들의 불교와 도교에 대한 비판적 논거에 대해서 '도가(道家)와 유가(儒家)와 불가(佛家)의 같음과 다름, 뛰어나고 낮은 것은 어떠한가?'라는 질문과 그 질문에 대한 답을 서로 대조 비교하며 내어 놓고 있다.

"노자(老子)는 말하기를 함이 없으면서 하지 않음이 없고, 마땅히 함이 있으면서 함이 없다 하였고, 부처님이 말씀하시기를 고요(寂)하면서 항상 비추고, 비추면서 항상 고요하다 하였다. 공자(孔子)는 말하기를 역(易)은 생각이 없고 함도 없다. 고요하여 동함이 없으나 감응하여 통한다 하였다.

대저 적연(寂然)이란 일찍이 감응함이 없는 것이 아니라 곧 적연하나 항상 비춘다. 감통(感通)이란 일찍이 적연하지 아니한 것이 아니기에 곧 비추지만 항상 적연한 것이다. 함이 없으나 하지 아니함이 없음으로 곧 적연하나 항상 감응한다. 함이 있으나 하는 것이 없으므로 곧 감응하나 항상 적연한 것이다.

이를 의거하면 삼가(三家)의 말은 은근히 서로 부합하고 계합하는 것이 한 입에서 나온 것과 같다."

여기에서 보면 '유불도' 삼교가 가르치는 그 근본은 같다는 것을 피력하고 있다.

그리고 글을 맺으면서 유학자들에게 유가(儒家), 불가(佛家), 도가(道家)라는 분별심을 버리고 지혜의 눈을 밝게 한 다음 이 세 군데에서 가르치는 생사, 재화, 복덕을 참고하여 보라고 가르친다. 더불어 '유불선(道)'에서 가르치는 것은 서로 부합하고 계합하는 것이 한 입에서 나온 것과 같다는 것을 유학자들 스스로 잘 알 수 있을 것이라고 맺고 있다.

「현정론」에 나타나는 함허 스님의 이러한 '삼교일치'의 사상관은 분별심과 배타심을 버리고 통합과 회통으로 나아가는 만물일체주의이며, 평등평화주의를 지향하고 있음을 알 수 있는데,이는 현대사회에도 크게 적용되어야 하는 큰 가르침이다.

4.

이 책『잡변과 정론』은 '배불척불론'자들의 불교에 대한 그릇된 견해를 밝힌 '잡변'과 그 잡변에 대해 불교의 바른 진리를 밝혀 반박한 함허 기화 스님의 찬인 '정론'이 함께 실려 있다.

역자인 로담 스님은 이 책의 첫머리 '시작하는 의미'라는 글을 실었다. 나는 그동안 스님이 펴낸 저서를 거의 접해 보았다.

그동안 10여 권이 넘는 책을 펴내시면서 자신의 수행력을 시로 써서 독자(불자)들에게 전달하였던 책들은 육조 혜능과 천로 야부의 금강경 해설에 아름다운 우리글(한글)로 향기를 입힌『꽃에 향기를 더하다』와 '현실정토(現實淨土)를 이루는 길잡이가 될 것으로 확신하면서 승속(僧俗) 간의 많은 분들이 좌우에 항상 놓고 자심을 바라보는 귀감이 되기를 바란다.'는 찬사를 받았던『염불하지 않는 이 누구인가』를 제외하고는 모두 시(詩)에 천착한 것이었다.

시집『나 너답지 못하고』,『뭐』,『아부지』등을 비롯한 여러 권과 우리나라의 역대 조사들의 깨침의 말씀인 게(偈), 송(頌)으로 된 시를 모아 묶은『한국의 詩僧』3권(삼국, 고려, 조선), 연방(蓮邦)인 극락세계를 노래한 선승과 제현들의 작품인『연방시선(蓮邦詩選)』, 중국 시승들의 선시인『중국의 시승(中國의 詩僧)』이 있다. 그리고 송대(宋代)의 선승인 희주(希晝), 보섬(保暹), 문조(文兆), 행조(行肇), 간장(簡長), 유봉(惟鳳), 혜숭(惠崇), 우소(宇昭), 회고(懷古) 등 아홉 분의 작품을 모은『九 詩僧의 詩』등이 있다.

특히 '염불을 하는 발원과 원력이며, 염불하여 얻은 연방(蓮邦) 시인들의 영험담'이라 지칭한 작품이 500수 넘게 실려 있는『연방시선』은 명대(明代)의 운서산의 묘의암 광귀 스님이 서방 극락세계를 찬탄하며 염불하기를 권하고, 정토를 생각하여 왕생을 원하는 제현들의 게송을 모아 가려서 묶은 것에 이후 정원사 현웅 장로가 빠트린 일백여 수를 더해서 묶어 낸 방대한 것을 한역한 것이다. '시인 로담(詩人 路談)' 스님의 빼어난 문학적 시선과 감성을 맛볼 수 있어 책을 접하는 이들에게 감흥과 환희심을 심어 준다고 믿는다. 그리고 책 후반에 원저를 부록으로 실어 후학들의 길눈을 밝혀 주는 귀중한 자료집으로 각광을 받고 있다.

또 2009년 가을 중국 최초 사찰인 낙양 백마사를 필두로 중국의 선종사찰 순례를 마친 다음 선의 순향(順向)을 짚으면서 "선어가 가지고 있는 마력 같은 힘은 선사들의 수행담과 대화에서 맛의 폭을 느낄 수 있지만 포괄적 깊이는 정리된 시어(詩語)에서 느낄 수 있다."는 말을 글로써 표현했다. 그로부터 3년째에는『中國의 詩僧』을 편역했다.

순례 중에 구입한 곽생욱(郭生旭)이 편저한 '중국의 시승 선시 300수 고승편'에서 청대 이후 중화민국의 고승 시는 삭제하고 편역을 마친『중국의 시승』은 원문 아래 원문의 음역은 물론 빼어난 감성으로 한역이 되어 있어 읽는 수월함과 함께 선시의 감흥을 깊이 느낄 수 있어 그야말로 그 마력이 대단하다. 그에 더해 작자인 시승들의 생몰 연대와 자료까지 기록하여 놓았기에 나는 읽으면서 옛 인물들을 만나는 재미에도 빠져들었다.

이처럼 자신의 시어는 물론 불교가 이 땅에 들어온 이래 한국의 역대 선사들의 시어, 그리고 역대 중국 선승들의 시어를 21세기에 살고 있는 우리들이 음향(飮香)할 수 있도록 맛깔나게 역(譯)한 이 책들은 '시승(詩僧) 로담(路談)'의 시어적 표현과 한국과 중국의 역대 조사들의 깨친 말씀 천여 편을 우리에게 선사해 주었다.

나는 발품 팔지 않고 가만히 앉아서 얼음 같고, 소나기 같고, 죽비 같고, 한 줄기 훈풍처럼 스치는 주옥같은 시편들을 만날 수 있었다. 그 감사한 마음은 여전히 책장 넘길 때마다 오롯해진다.

중국과 한국의 역대 선승들의 시어는 지금 이 순간도 독자들과 함께하고 있을 것인데, 그 속에 우리나라 역대 조사 스님 일백여 분의 진영(眞影) 사진과 함께 그 사진에 붙여진 '찬(贊)'을 모아 우리에게 선사한 저서 『진영에 깃든 선사의 삶과 사상』도 있다. 이 책에서는 선의 향이 그윽한 찬과 함께 전국 각지에 흩어져 있는 조사님들의 진영을 눈으로 친견할 수 있어 책을 엮으며 "진영을 우러러보고 있으면 조사 스님을 직접 친견하고 있는 것 같고, 영찬을 읽고 있으면 조사 스님 법문하는 법석에 함께하고 있는 것 같다."라고 한 스님의 말씀이 거짓이 아님을 알게 되어 한 장 한 장 책장을 넘길 때마다 공손히 두 손이 모아진다.

스님의 이러한 작업은 깊고 깊은 금강경의 향기를 맡게 하는 『꽃에 향기를 더하다』와 현실 정토(現實淨土)를 이루는 길잡이가 된다는

『염불하지 않는 이 누구인가』 등으로 이어졌다.

불법의 오묘한 진리에 쉽게 다가갈 수 있는 문을 보여 주며 "이 경전을 읽는 인연 공덕으로 모든 이웃들의 지혜와 복덕이 증장하여 다함께 성불하여지이다."라는 스님의 발원을 품은 『꽃에 향기를 더하다』는 스님이 세워 놓은 또 하나의 단아하면서도 장엄한 전각이다. 곁에 두면 알게 모르게 부처님의 향기가 몸에 배어들 것이다.

그리고 100여 명에 가까운 다양한 인물들이 읊으신 염불을 장엄한 '게(偈)·송(頌)·찬(撰)·술(述)·시(詩)' 등이 180여 편 수록되어 있는 『염불하지 않는 이 누구인가』는 스님이 가진 탁월한 문학적 시선으로 역(譯)을 해 놓았기에 부처님을 찬탄한 염불문에서 깊은 문학적 향취를 느낄 수 있어 승속 모두에게 사랑을 받고 있다. 80여종에 이르는 자료를 뒤져 찬자와 출처를 하나하나 밝혀 놓은 것으로 승속을 막론하고 애써 찾아 읽어야 하는 책이다.

이처럼 로담 스님은 직접 쓴 것으로 엮은 시집은 물론이거니와 석가세존을 위시하여 불보살, 임금, 역대 조사, 현인들의 깨침의 말씀을 하나하나 발췌하여 책으로 엮어 독자들에게 보시(布施)하였다.

그 저서들은 모두 '불법도량'이니 스님은 이미 법향 가득한 전각을 열 채나 지은 것이다. 그런 저력을 지닌 스님이 『잡변과 정론』을 엮으면서 '시작하는 의미'라는 글로 본인의 심경을 토로하였다. 나는 그 '시작'이라는 단어에 한참을 머물러 있었다. 그리고 그 전문을 읽었다.

그 글 속에는 함허 스님의 「현정론」은 "정도전이 1398년에 불씨잡변을 지어 유포한 지 22년이 지났으며, 한 유(韓愈)가 당(唐) 헌종(憲宗)에게 불골표(佛骨表)를 올린 지 819년이며, 이 나라(고구려 372년)

에 불교가 들어온 지 천 년 넘어 나타낸 정론"임을 강조하고 있었다.

이를 보면 함허 스님은 불교가 이 땅에 들어온 지 천여 년이 훨씬 지난 시기에 이르러 배불론이 극에 달했을 때, 배불론자들이 주장한 '벽불문(闢佛文)'과 그것들에 반박하며 불교의 올바름을 밝히는 글 '현정론'을 지어 유포하였다. 그런데 그로부터 602년이 지난 오늘에 로담 스님은 벽불문인 잡변과 정론인 현정론을 한군데 묶어 다시 우리들에게 유포하고자 한다.

우리는 이 책『잡변과 정론』에서 스님의 '시작'이라는 말과 '잡변과 정론'을 함께 엮어 책을 발간하는 그 의미를 헤아려야 할 것 같다.

책을 펴내는 것으로 불사를 하는 스님께서 "내가 승복을 입고 오래도록 살아 있는 한 불교는 남아 있을 것이라는 어린 생각을 했다."라고 고백한 것은 불교를 지키는 일, 그것이 지금 '잡변'에 맞서는 '정론'을 세우는 것이리라는 생각을 했다.

내가 알기로는 로담 스님이 불문에 들어온 지 올해(2023년)로 51년을 맞는 걸로 알고 있다.

스님의 말씀이고 염원이었을 '내가 승복을 입고 오래도록 살아 있는 한 불교는 남아 있는' 것이었으니 모름지기 반백 년은 불교를 지키신 셈이다.

앞서 말했듯이『잡변과 정론』은 그런 스님의 염원으로 지은 또 하나의 전각이다. 그 전각 안에는 배불론자들의 잡설과 그 잡설에 답한 현답이 한 단 위에 가지런히 놓여 있다.

한문으로 지어진 어려운 잡설과 현답을 알기 쉽게 원문에 더해 한글로 주해(註解)해 놓았다. 또 단락, 단락 원문에 사용된 한자와 등장하는 인물 등을 따로 빼내어 친절하게 뜻풀이를 해 두었다.

쉽게 접할 수 없고, 쉽게 읽을 수 없는 내용을 누구라도 보면 바로 읽을 수 있고, 바로 이해 할 수 있게 한 권의 책으로 엮어 놓았으니, 이렇게 하기까지의 노고가 얼마나 깊었겠는가를 감히 짐작해 본다. 이번에도 나는 발품을 팔지 않고 가만히 앉아서 현현하게 밝혀 놓은 불교의 정(政)한 도리를 음미할 수 있었다.

『잡변과 정론』은 불교에 대한 그릇된 견해를 주장하는 '잡변'과 불교의 바른 견해를 밝혀 놓은 '정론'을 나란히 세워 두고 다시 현현하게 밝혀 놓은 것이다. 이를 두고 이름 한다면 로담 정안 스님의 '현현정론(顯顯正論)'이 될 것이다.

유학자들의 배불론이 아니어도 여전히 불교의 참된 뜻을 왜곡하고 폄훼하는 무리들이 득세하는 세상이다. 불제자의 도리를 벗어나는 생활을 함으로써 불교를 폄훼하고 훼손하는 자들에게 그 빌미를 제공하는 인물들을 심심찮게 보고 듣는 작금에 이르러, 반백 년을 올곧이 투철하게 탁마하며 진정한 '승복(僧服)'의 의미를 일깨우고, 후학을 위해 불교의 근본 도리를 다시 깨우쳐 주기 위해 힘들게 새로운 전각 한 채를 세운 로담 정안(路談 正眼) 스님의 노고에 깊은 감사를 드린다.

— 김은령 두 손 모음.

잡변과 정론

초판 1쇄 발행 2023년 4월 21일

지은이 로담 정안
펴낸이 이계섭

책임편집 박찬세
디자인 이라희

펴낸곳 (주)백조
주소 경기도 화성시 남여울3길 19 201호
출판등록 2020년 8월 14일
전화 031-8015-0705
팩스 031-8015-0704
E-mail baekjo1120@naver.com

ISBN 979-11-91948-12-7(03220)
값 19,000원